ジョン R. W. ストット著

聖書理解のためのガイドブック

舟喜順一
岩井　満　共訳

聖書同盟

UNDERSTANDING THE BIBLE

by

JOHN R.W. STOTT

UNDERSTANDING THE BIBLE is published in Japan by Seisho Domei through special arrangement with the original publisher, Scripture Union, London, First published 1972

著者のことば

著者として私は、読者の皆様に弁明をしなければならない。宗教書も含めて、種々の書物が毎日のように印刷所から吐き出されて、氾濫している現在、私がもう一つ余分な本を加えてよいのだろうか。その十分な理由づけができるのだろうか。少なくとも私は次のことを認めていただきたいと思う。私は特定の人々を念頭に置いてこの書物を書いた。それは二種類の人々である。

第一は、新しくキリスト者となった人々。今日の社会では不信仰な生き方が広がっているので、宗教的な背景がなかった人が主を信じて教会に加えられるようになるという場合が、いよいよ多くなっている。たとえば、信仰がない家庭で育った青年がいるとする。この人はキリスト教の教育はほとんど受けたことがなく、また何か教えられたにしても、まちがったことを教えられていた可能性が大きい。とにかく学校全体の雰囲気は、キリスト教の教えは無視してしまうというのが当代の流行である。子どもの時、日曜学校にも行かなかったし、教会堂の中に入った経験は多くても一度か二度だろう。ところが、そのような青年が主を見出した。というよりも、主に見出されたのである。彼は、キリスト者として成長するためには聖書を毎日読まなければならないと教えられた。しかし彼は聖書を読んだことがない。聖書は彼にとって全く未知の世界である。だれが、いつ、どこで、なぜ聖書を書いたのか知らない。聖書が何を教えているのか、聖なる書、特別な書、神の書と言われる根拠はどこにあるのか。聖書はどんな方法で読み、どう解釈すればよいのか。このような質問は正当なものであり、新しいキリスト者が聖書を読んで最大の益を受けるためには、それらの質問の答えをある程度まで知っておく必要がある。

次には、キリスト者になって数年間経過した人々である。大体において、彼らは良心的に聖書を毎日読んできた。しかし、いつの間にか聖書がその新鮮さを失って、習慣的に読むだけになってしまった。数年間のうちに人格的には変わり、成長したが、信仰者としてはほとんど成長が見られなかった。その証拠は（または原因は）、彼らがまだ子どもの時または新しくキリスト者になった時に比べて、少しの進歩も見せないような仕方でしか聖書を読んでいないということである。ところが彼らは、自分の信仰が浅薄であり、成長していないことがいやになり、少なからず恥ずかしく感じ、もっと成熟した者となり、神を深く知り、神を喜ばせるしっかりしたキリスト者になりたいと願う。また、他の人々に奉仕する責任を果したいと望み、人生の目的を失って迷っている人々に対して、理解されることばで福音を語りたいと願っているのである。この人々の信仰が成長するための秘訣は、ほかでもない、聖書自体に備わっている。私はこのことをよくわかってもらいたいと思う。神のみことばには、平凡な私たちには知り尽くせない広さと深さがある。

具体的に言うと、私たちがキリスト教を貧弱に見せる原因は、私たちがキリストを知らないことにある。キリストの真の深さを知らないで、誤って低く評価しているために、自分で自分をおそまつなものにしているのである。

今日、ある人々の考え方によると、キリストは、何かポケットの中にしのばせておいて、憂うつになった時、一本打てば幻覚の世界へ飛び込ませてくれる麻薬と同様なものである。しかし、キリストをそのような方法で利用したり、そのように扱ったりすることはできない。今日の教会は、宇宙の創造主としての、また教会のかしらとしてのキリストをあまり理解していないようである。私たちは主の御前で、ちりと灰の中で顔を伏せていなければならない存在なのである。また私たちは、新約聖書に記されているように、すべてのものをその足の下に従わせる勝利の主であるキリストをよく知らないように思われる。私たちがそのキリストに結びついていれば、すべてのものは私たちの足の下にも従っているはずである。

今日私たちが特に必要としているのは、イエス・キリストを今までよりも大きく見ることである。私たちはそのうちに満ち満ちた神の本質が宿っているキリストを知らなければならない（コロ一19、二9 10参照）。私たちはそのようなキリストを知ってこそ、いのちにあふれた生涯を送ることができるのである。

私たちがキリストを至高な方として、明らかに、真実に、また新しく知るための唯一の道は、聖書である。聖書は、太陽光線をいろいろな光の色に分けるプリズムと同じように、イエス・キリストの光を多くのすばらしい色に分けて私たちに見せてくれる。聖書はイエス・キリストの御姿をそのまま表わしている。私たちは心から求めて主を見つめ（聖霊の恵みのみわざによって）、主に、私たちにとって生きておられる方、私たちに会ってくださる方、私たちをご自身をもって満たしてくださる方となっていただく必要がある。

私たちがイエス・キリストと、その満ちあふれた御姿を理解するためには、神がイエス・キリストを与えてくださったその背景をまず理解しなければならない。神は特定の地理的・歴史的・神学的背景の中で、キリストをこの世に与えてくださった。もう少しわかりやすく言えば、神はある特定の場所（パレスチナ）に、ある特定の時期（ユダヤ人の歴史上最も特筆すべき世紀）に、特定の宗教的真理（次々に啓示され、永久に残されている聖書の真理）の中で、キリストを送ってくださった。それで、以下の章で、聖書の地理、歴史、神学、権威と解釈などを扱うことにする。私がこの書を書いた目的は、神がかつてキリストを啓示し、いま与えてくださったその背景を知らせ、それによって、私たちが主イエス・キリストの満ち満ちた栄光の御姿を知り、また他の人々にそのキリストをあかしできるようになるということにある。

目次

1 聖書の目的

私たちの書物の選び方、読み方を決めるのに大きな役割を果たすのは、その書物の原著者の意図である。何かの情報を提供するための科学や歴史の教科書か、もっぱら興味本位の小説か、著者の人生論、また読者に人生を考えさせるまじめな文章か詩歌か、または現代の世界に対して訴えるところがあるものか、著者が自分の見解を論じるために慎重に計画して書いた論争の書か、さらには、著者に十分な資格と経験があるかなど、私たちが読むべき本かどうかを決めるにあたって考えるのは、以上のような問題である。たいていの書物には、その著者の紹介と執筆の目的が書かれている。著者がその序文の中で自分のことや執筆の目的を明

らかにするか、または出版社が本のカバーや帯などに、簡単な、人の興味をひくような紹介をつける。私たちはその個所に目を通してからでないと、その本を読んだり借りたり買ったりしないのが普通である。

聖書を読む人々がいつもこのような手順を踏んでいると言えないのは、全く残念である。たいていの人は、聖書を手に取ると、どこからでもかってに読み始めるようである。また創世記から読み始めて、レビ記あたりまで来るとうんざりしてやめてしまう人もいる。また勤勉な人は一種の義務感から少しずつ読み続け、五年もかけて聖書全体を読み終える場合もあるが、聖書全体の目的をつかんでいないので、あまり得るところがない。遠い国に昔住んでいた人々について書かれた聖書が、現代の自分たちと関係があるはずはないと思って、読み始めても途中でやめてしまう。また最初から全然読まない人もいる。

とにかく、事実、一冊の本ではなく、六十六冊の本の全集となっている聖書に、どうして一つの「目的」があると言えるだろうか。多くの著者が異なった時代に異なった目的で書いた本の寄せ集めではないのだろうか。その答えは、そうとも言えるし、そうでないとも言える。聖書は確かに多くの著者によって、いろいろな主題について書かれたものである。しかし、その背後にはそのすべての著者を指導している真の著者があり、すべての主題を結びつける共通の主題ないし目的がある、とキリスト者は信じている。

その共通の主題が何であるかは、聖書自体が明らかにしている。聖書は幾度かその点に触れているが、最もはっきりしているのは、使徒パウロのテモテへの手紙の中にあるものだろう。「あなたは自分が、どの人たちからそれを学んだかを知っており、また、幼いころから聖書に親しんで来たことを知っているからです。聖書はあなたに知恵を与えてキリスト・イエスに対する信仰による救いを受けさせることができるのです。聖書はすべて、神の霊感によるもので、教えと戒めと矯正と義の訓練とのために有益です。それは、神の人が、すべての良い働きのためにふさわしい十分に整えられた者となるためです」（Ⅱテモ三14―17）。この個所で使徒パウロは、聖書の起源と目的を結びつけている。その起源は「神の霊感によるもの」で、その目的は人々の「益」になることだと言っている。聖書は神の霊感によるものだから有益なのである。聖書の霊感については後に譲ることにして、ここでは聖書がどのように有益なのか考察しよう。そのために、パウロの用いた「救い」「イエス・キリスト」「信仰」という三つのことばを取り上げてみよう。

救いの書

聖書の中で「救い」ということばほど、誤用され、誤解されたことばはほかにないだろう。その責任は私たちキリスト者の側にある。正しい意味を伝えない、いいかげんな使い方をしていたからである。その結果、救いということばが用いられることを多くの人が恥じたり、それをあざけったりするようになってしまった。私たちは、このことばを低く狭い意味で用いることをやめて、その真の意味を回復させる必要がある。これからその説明をするが、救いとは大きな高貴なことばである。救いとは自由を意味する。それは新しい造りかえでもある。究極的にはこの宇宙の新しい造りかえを意味する。

パウロがテモテに書いたことだが、聖書の至高の目的は、その読者に救いを得させる知識を与えることである。そこで、聖書は実際的な目的を持っていること、またその目的は知的というよりはむしろ道徳的なものであることがわかる。もっと正確に言えば、聖書は人々に「救い」という道徳的な経験をさせるという目的で知的な教え(ギリシヤ語の意味は知恵)を与えるのである。

この聖書の目的の積極面をはっきり把握するために、まず否定面から考えてみよう。

まず、聖書の目的は科学を教えることにあるのではない。といっても、聖書の教えと科学が矛盾するという意味ではない。なぜなら、聖書と科学は、それぞれにふさわしい仕方で取り上げるなら、決して相互に矛盾しないからである。真理の根源である神が聖書と自然の造り主である以上、この二つが矛盾するはずはない。だからといって、聖書の分野と科学の分野が全く重なり合うことはなく、聖書には科学的な言及が全然ない、という意味でもない。聖書には科学的に証明できる、そして多くの場合すでに証明された事実の記述が確かに含まれている。たとえば、聖書には、バビロニヤの王ネブカデネザルがエルサレムを包囲し、占領し、壊滅させたこととか、ナザレのイエスはアウグストがローマの皇帝であった時に生まれたという史実が確かに含まれている。ここで私が言おうとしているのは、聖書が科学に関連した事実を含んではいるが、聖書の目的は科学にあるのではないということである。

科学（少なくとも自然科学）は、観察や実験や帰納によって労苦を積み重ねて獲得された知識の集大成である。しかし、聖書を与えてくださった神は、経験的な方法では決して発見されない真理を明らかにしようとされたのである。もし神が啓示しなければ、それらの真理が私たちにわかる方法は全然ないのである。たとえば、科学は私たちに、人間の肉体的起源について何かを教えることができるかもしれない（それさえもまだ大きな問題であるが）。しかし、聖書だけは、人間の性質、すなわち、人間は創造主に似せて造られた特別の高貴さを持っていながら、創造主に反逆した自分中心の、堕落した性質を持つようになってしまったことを明らかにしている。

次に、聖書は文学として読まれるために書かれたのではない。数年前、「文学として読むべき聖書」という題の本が出版された。その本はすばらしい出来ばえであった。一節二節というような節を示す数字も除かれていた。また詩歌と散文がはっきり区別できるような組み方で印刷されていた。このような試みは確かに有益である。また、信仰のあるなしにかかわらず、聖書にはりっぱな文学が含まれていることを否定する者はいないはずである。聖書は、人生問題や、人間の行き先というような問題を、単純率直に、洞察力、想像力をもって取り扱っている。またある国では、聖書の訳文がみごとなので、その国の文学的遺産の一部となっている場合もある。しかし、神は聖書を偉大な文学として書かせようとされたのではない。聖書の中には明らかに文体上の弱点と見られるところもある。新約聖書はほとんどが、ギリシヤ語のうちでもコイネー、すなわち市場や事務所で用いられる日常会話のことばで書かれているので、文学として洗練されておらず、文法の正確さを欠くところもある。聖書はメッセージを伝えようとしているのであって、りっぱな文章を作ろうとしているのではない。

第三に、聖書は哲学的な探究のために書かれたのではない。確かに聖書は深遠な知恵、すなわち神の知恵を含んでいる。しかし多くの哲学者たちがいつも苦闘してその解答を求めてきた問題でも、聖書が十分に扱っていないものもある。たとえば人生の苦難と悪について見よう。それらは人間の経験する現象としては、聖書全体を通してよく扱われている。ほとんどどのページにも、人間が罪を犯し苦しむことが記されている。またその両方の問題に関する解答が、この上ない仕方で十字架において与えられている。しかし、究極的な苦難と罪の起源については示されていないし、また苦難と罪に対する神の処置方法がどうして正しいのかについても論じられていない。苦難の問題を中心問題として取り上げているヨブ記でも、最後にヨブは神のご計画の実行について理解のないまま、神の前にへりくだっている。なぜそうなっているかと言えば、聖書は論理的な書であるよりもむしろ、実際的な書だからだと思われる。聖書は、苦難と罪の起源や目的を哲学的に追究することよりも、私たちがどのように苦しみに耐え、また罪に打ち勝つかを教えている。

以上のように、聖書は本来科学書でもなく、文学書でもなく、哲学書でもない。聖書は救いの書である。

こういうわけで、私たちは、救いということばをできる限り広い意味で使わなければならない。救いとは罪の赦しよりはるかに大きなことである。救いとは、全人類を、いや全被造物を贖い、回復する神の全目的を含むことばである。聖書は神のすべての計画を明らかにしていると言わなければならない。

聖書は創造の記事で始まっている。私たちに、人は神のかたちに造られたこと、守るべきことを定められていたのにそれを破ったこと、卓越した状態から堕落したことを知ることができるようにするためである。私たちは、創造された時にどういうものであったかがわからなければ、罪を犯した後どうなっているのか、また神の恵みによってどう回復されるのかも理解できない。

次いで、聖書は、罪が、またその結果としての死がどのようにこの世に入り込んで来たかを告げる。聖書は、私たちの創造者であり主である神の権威への反逆としての罪の恐ろしさ、その罪に対して神がさばきを行なわれることの正しさを強調している。また聖書は、神に不従順であることの危険について、多くの警告を与えている。

聖書の中心的な教えは、五章で詳しく述べることになるが、さばき以外何もうける資格のない者たちを神が愛しておられるという教えである。聖書によると、時が始まる以前に救いの計画はすでにでき上がっていた。その救いの計画は、神の恵み、すなわち神の自由意志に基づくあわれみから始まっている。神はアブラハムと恵みの契約を結ばれた。その契約は、アブラハムの子孫によって地上のすべての民族が祝福を受けるということであった。旧約聖書はそのあともっぱら、アブラハムの子孫であるイスラエルの人々を神がいかに恵み深く取り扱われたかを説明している。律法と預言者を通して示された神のことばをかたくなに拒否し続けたにもかかわらず、神はイスラエルを決してお見捨てにならなかった。契約を破ったのはイスラエルの人々であって、神ではなかった。

主イエスが歴史の中に来られたのは、神が結ばれた契約を成就するためである。

「ほめたたえよ。イスラエルの神である主を。

主はその民を顧みて、贖いをなし、
救いの角を、われらのために、
しもべダビデの家に立てられた。

古くから、その聖なる預言者たちの口を通して、主が話してくださったとおりに。
この救いはわれらの敵からの、
すべてわれらを憎む者の手からの救いである。
主はわれらの父祖たちにあわれみを施し、
その聖なる契約を、
われらの父アブラハムに誓われた誓いを覚えて、
われらを敵の手から救い出し、
われらの生涯のすべての日に、
きよく、正しく、
恐れなく、主の御前に仕えることを許される。」
（ルカ一68―75）

この個所で私たちが注目すべき重要な点は、約束されていた敵からの救いは「きよく正しくされる」ということであり、このすぐあとに記されているように、神の深いあわれみによって罪の赦しが与えられるということである。

新約聖書に入ると、イエス・キリストの死と復活と聖霊の賜物によって人々に赦しときよさを与えるという仕方でこの救いが現実化されることが、中心主題とされている。使徒たちは、罪を負うためのキリストの死によってのみ罪の赦しが可能であり、キリストの霊によってのみ、新しい生活をもたらす新生が与えられることを強調している。新約聖書中の手紙の部分は、実際的な倫理的な教えに満ちている。テモテへの手紙第二、三16にあるように、聖書は真理を教え、誤りを正すばかりでなく、私たちの生き方を改革し、正しい生活の訓練をするために有益なのである。またキリストの教会とは、救われた人々の集団であり、犠牲的な奉仕とあかしを続けるために召された人々の集まりであると聖書は言っている。

最後に、新約聖書の著者たちは、神の民として召された人々がある意味ではすでに救われているが、もう一方の意味では救いが未来に完成するものであると堅く信じている。私たちの体はいつか贖われると約束されている。私たちは「この望みによって救われている」(ロマ八24)。この最終的な贖いの中に、すべての被造物が何らかの仕方で加えられる。私たちが新しい体を与えられる時には、正しい者たちだけが居住する新しい天と新しい地が出現する。その時初めて、私たちの性質にも、社会にも、罪が全くなくなり、神の救いのご計画が完全に成就するのである。神の子どもたちに与えられる栄光の自由とは、神と人に仕える自由であり、神はすべてのものに対してすべてとなられる(ロマ八21、Iコリ一五28)。

聖書に描かれている全体的な救いとは、以上のようなものである。神の救いの計画は、永遠の過去において考えられ、歴史のある時期に成就され、人間が経験できるように歴史的に実現し、永遠の未来においてその完成した状態に到達するのである。聖書はそのような「すばらしい救い」（ヘブ二3）を得させるために、私たちを教え導く点で他に例のない書である。

律法の書に見られるキリスト

聖書が教え示す救いは、「キリスト・イエスに対する信仰」によって与えられる。聖書は救いの書であり、救いはキリストによって与えられるのであるから、聖書はその大部分がキリストのことを書いていると言える。

主イエスも、聖書の性質、その働きをそのように理解しておられた。主は、「聖書はわたしについて証言している」と言われた（ヨハ五39）。また主は復活されて後、二人の弟子とエルサレムからエマオへ向かう途中、彼らが聖書に対して無知であったために、愚かで不信仰だと言っておしかりになった。その出来事を記したルカは、「それから、イエスは、モーセおよびすべての預言者から始めて、聖書全体の中で、ご自分について書いてある事がらを彼らに説き明かされた」と付け加えている（ルカ二四27）。

この出来事の少しあとで、復活の主はもっと多くの弟子たちに、「わたしがまだあなたがたといっしょにいたころ、あなたがたに話したことばはこうです。わたしについてモーセの律法と預言者と詩篇とに書いてあることは、必ず全部成就するということでした」と言われた（ルカ二四44）。

キリストが主張されたことは、聖書がご自身について全体的にあかししているというだけでなく、旧約聖書の三区分、すなわち律法と預言者と詩篇（あるいは「諸書」）がそれぞれ、主イエスに関係のあることを含んでおり、そのすべてが成就されなければならないということである。

キリストによれば、旧約聖書と新約聖書の基本的な関係は、旧約が神の約束、新約がその成就、という関係である。主が公の働きを始める時に最初に言われた「時が満ちた」ということばが、まさにその関係を示している。

「時が満ち、神の国は近くなった。悔い改めて福音を信じなさい」（マル一15）。

イエス・キリストは、長い世紀にわたる待望の期間が終わって、その成就の時がご自身と共に到来したと深く確信しておられた。だから主は、弟子たちにこう言うことができた。

「あなたがたの目は見ているから幸いです。また、あなたがたの耳は聞いているから幸いです。まことに、あなたがたに告げます。多くの預言者や義人たちが、あなたがたの見ているものを見たいと、切に願ったのに見られず、あなたがたの聞いていることを聞きたいと、切に願ったのに聞けなかったのです」（マタ一三16 17）。

この主張を考慮に入れて、まず旧約聖書を三区分ごとに、次いで新約聖書を見ることにしよう。また救い主イエス・キリストご自身が、約束と成就という関係で、聖書に統一を与えている主題となっているのを見ることにしよう。

律法ということばは、旧約聖書の最初の五書、普通五書と呼ばれている部分を指す。ほんとうにその部分にキリストのことが書いてあるのだろうか。確かに書いてある。

まず第一に、律法には、キリストによる神の救いについての基本的な預言が幾つかある。そしてそれが、それ以後の聖書全体の底流になっている。神はまず、エバの子孫が蛇の頭を踏み砕くことを約束された（創三15）。次には、アブラハムの子孫によって地上のすべての民族が祝福されるという約束を与えられた（創一二3）。また、王権はユダを離れず、彼はその属する人々のところに来る。国々の民は彼に従うと言われた（創四九10）。このように、旧約聖書の最初の書から、救い主は人間（エバの子孫）であり、ユダヤ人（アブラハムの子孫、ユダの部族の者）であり、彼はサタンを砕き、世界の人々を祝福し、王として永遠に統治されることが啓示された。

律法には、キリストについての重要な預言がもう一つある。キリストが全き預言者であるという預言である。モーセはイスラエルの人々にこう言っている。

「あなたの神、主は、あなたのうちから、あなたの同胞の中から、私のようなひとりの預言者をあなたのために起こされる。彼に聞き従わなければならない。……わたしは彼の口にわたしのことばを授けよう。彼は、わたしの命じることをみな、彼らに告げる」（申命一八15 18）。

律法の書には、キリストの出現について、直接預言しているところがあるばかりでなく、もっと間接的な形で知らせているところもある。言い替えれば、キリストの出現は予告されたばかりでなく、その影があらかじめ現わされていたのである。神はイスラエルの人々を選び、贖い、彼らと契約を結び、犠牲による罪の赦しを彼らのために定め、彼らがカナンの地を相続できるように図ってくださった。これら神のお取り扱いのすべてには、後の時代にキリストを通して全世界のすべての人々に与えられる祝福を、小さくではあるが、一つの国民をモデルとして実現して見せてくださったという意義がある。今日私たちキリスト者は、次のように言うことができる。神は私たちをキリストにあって選び、神の所有の民とされた。キリストはその血を流して私たちの罪のために贖いを成就し、新しい契約を結んでくださった。神は私たちをエジプトの束縛からではなく罪の束縛から救い出してくださった。主は、ご自身を十字架にささげられた大祭司であり、罪のために永遠の犠牲となられたので、すべての祭司職といけにえの制度は、キリストによって完成された。その上、主の復活によって、私たちは新しく生まれて生ける望みを持つようになり、また朽ちることも汚れることも、消えて行くこともない資産を受け継ぐようにしていただいた。これらは私たちのために天にたくわえられている（Ｉペテ一３４）。これらの、キリストを通して与えられる救いの多様性を表わすキリスト者の用語すなわち選び、贖い、契約、救済、犠牲、相続財産などはすべて、イスラエルに対する神の恵みを表わすことばとして、旧約聖書の中ですでに使われている。

さらに、律法の書がキリストをあかししている第三の方法については、パウロがガラテヤ人への手紙の中で詳しく説明している。

「信仰が現われる以前には、私たちは律法の監督の下に置かれ、閉じ込められていましたが、それは、やがて示される信仰が得られるためでした。こうして、律法は私たちをキリストへ導くための私たちの養育係となりました。私たちが信仰によって義と認められるためなのです」(ガラ三23 24)。

ここで「監督の下に置かれ」と訳されているギリシャ語のことばは、軍隊の駐屯地に入れられていたという意味、「閉じ込められ」とは、かぎのかかった牢獄の中に閉じ込められたという意味のことばであり、「養育係」とは、未成年の子どもたちの訓育を託された後見人のことである。パウロは律法をこのように生き生きと描写している。このすべては道徳律法がそれ自体は何の救済の方法を与えようとしないでいて、それを破る者を容赦なく断罪したからである。律法はこのようにしてキリストを指し示している。律法のきびしい断罪自体が、キリストの救いの必要を示している。律法は、キリストが来られるまで、私たちを束縛していたのである。キリストのみが私たちを自由にすることがおできになる。私たちは律法によって断罪されたが、キリストを信じる信仰によって義とされたのである。

預言書に見られるキリスト

預言書を見る時に、まず次のことに注意すべきである。旧約聖書の中で預言書と呼ばれる区分には、前預言書という名で、歴史書すなわちヨシュア記、士師記、サムエル記、列王記が含まれている。なぜなら、この歴史書の著者たちは、大預言書小預言書とも呼ばれている後預言書の著者たちと同じように、預言的で聖なる歴史書を書いたと見られているからである。

聖書を読む多くの人々は、イスラエルの歴史はまことにたいくつで、あのつまらない王たちがキリストと関係があるとは全然考えられないと思ってしまう。しかし、キリストが公の働きを始めた時に言われたことばが、「時が満ち、神の国は近くなった」であったことを思い出すなら、その「神の国」ということばの中に、キリストを歴代の王たちと結びつけるかぎがある。イスラエルの国は最初、神権政治の国、すなわち神が直接統治される国であった。人々が神の統治を拒否して、ほかの国と同じような王制を要求し、神がそれをお許しになったあとも、人々は神が究極的には王であることを認めていた。その後も依然として彼らは神の民であり、彼らに与えられた王は真の王の代理者として統治する副王のような者だと認めていたからである。

しかし、それはそうとしても、現実の北王国イスラエルも南王国ユダも、その王たちの統治には、多くの問題があった。その王制は、外からは戦争により、内からは不義と圧制によって汚された。両王国には、人間の作ったどんな制度にもある不安定さが見られ、国は王の栄枯盛衰と共に揺れ動いた。ある時には外敵の侵略を受け、その領土がごく小さくなり、ついには南北王国の首都が共に敵の手に陥って、その国民は捕囚のはずかしめを受けなければならなかった。神が人間の支配の不完全さを経験させて、未来のメシヤの王国の完全さを人々に理解させようとし、神の国を待望する心を強めようとされたことは不思議なことではない。

神はすでにダビデ王に対して、彼の家を建て、またその子孫によって彼の王座を永遠に確立するという約束をしておられた（Ⅱサム七8―17）。いま預言者たちは、その「ダビデの子」がどんな人物であるかを明らかにし始めた。そのダビデの子は、王としての理想を実現する方であって、イスラエルやユダの王たち、いやダビデでさえも、その方を予示するというにはあまりにも不完全であるような方であることは、預言者たちが明示していたことである。王国では、正義が圧制に代わり、平和が戦争に代わる。その王国は、大きさにも、存続年数にも、制限は全くない。その統治は地の果てまで広がり、永遠に続く。これらのメシヤによる神の国の四つの特徴、すなわち平和と正義と普遍性と永続性は、イザヤの最も有名な預言の一つに集められている。

「ひとりのみどりごが、私たちのために生まれる。
ひとりの男の子が、私たちに与えられる。
主権はその肩にあり、
その名は『不思議な助言者、力ある神、

永遠の父、平和の君』と呼ばれる。
その主権は増し加わり、その平和は限りなく、
ダビデの王座に着いて、その王国を治め、
さばきと正義によってこれを堅く立て、
これをささえる。今より、とこしえまで。
万軍の主の熱心がこれを成し遂げる。」
（イザ九6 7）

預言者たちは、メシヤの栄光の姿を預言したばかりでなく、その苦しみをも預言した。その預言の中で、最も有名であり、また主イエスが理解しておられたご自身の使命を最もはっきりと示す預言は、イザヤ書五三章の苦難のしもべに関する個所である。

「しかし、彼は、
私たちのそむきの罪のために刺し通され、
私たちの咎のために砕かれた。
彼への懲らしめが私たちに平安をもたらし、
彼の打ち傷によって、私たちはいやされた。
私たちはみな、羊のようにさまよい、

おのおの、自分かってな道に向かって行った。
しかし、主は、私たちのすべての咎を
彼に負わせた。」

（イザ五三5 6）

諸書に見られるキリスト

旧約聖書の第三区分は「諸書」であるが、この中心が詩篇であるところから、「詩篇」とも呼ばれている。新約聖書においては、詩篇の幾つか、すなわち主の神性、人性、苦難と栄光などについて述べている個所のある詩篇が、イエス・キリストのことを指すとされている。こうして、「あなたは、わたしの子。きょう、わたしがあなたを生んだ」（詩二7）という詩篇のことばが、少なくともその部分が、父なる神によって、主の洗礼と変貌との両方の場合に主イエスに直接語りかけることばとして用いられた。詩篇八篇の「人を、神よりいくらか劣るものとし、これに栄光と誉れの冠をかぶらせました」という聖句は、ヘブル人への手紙でキリストに当てはめられている。主ご自身が十字架の上で、詩篇二二1の「わが神、わが神。どうして、私をお見捨てになったのですか」という聖句を用い、ご自分が、詩篇の作者の言った、神に見捨てられるという恐ろしい経験をしてその預言を成就したことを主張されたのである。また主イエスは、詩篇一一〇1

「主は、私の主に仰せられる。『わたしがあなたの敵をあなたの足台とするまでは、わたしの右の座に着いていよ。』」の聖句を引照して、主を批判する者たちに対して、メシヤはどうしてダビデの主であると同時にダビデの子になれるのかと、彼らの意見を問いただしておられる。

諸書にはさらに、旧約聖書のいわゆる知恵の書が含まれている。イスラエルの王国の後期には、「知恵ある者たち」の群れは、預言者や祭司と同じように、はっきりと地位を認められていたようである。彼らは、神を恐れ悪を離れることが知恵の初めであることを悟っていた。彼らは最上級のことばを用いて知恵をほめたたえた。たとえば、知恵は金や銀や宝石よりも値うちがあると言ったし、ある時には、神が知恵によって天地を創造されたからという理由で、知恵そのものに神格を認めたようである。

「神が天を堅く立て、
深淵の面に円を描かれたとき、
わたしはそこにいた。
神が上のほうに大空を固め、
深淵の源を堅く定め、
海にその境界を置き、
水がその境を越えないようにし、

地の基を定められたとき、
わたしは神のかたわらで、
これを組み立てる者であった。
わたしは毎日喜び、いつも御前で楽しみ、
神の地、この世界で楽しみ、
人の子らを喜んだ。」

（箴八27―31）

私たちキリスト者にとっては、この神の知恵が、独自な形でイエス・キリストご自身を示していることを認めることはむずかしいことではない。主イエスは人格を持たれる「ことば」であり、初めから神と共におられ、すべてのものは彼を通して造られた（ヨハ一1―3。コロ二3参照）。

旧約聖書のキリスト待望は、律法、預言者、諸書で、非常な相違を見せている。キリストご自身はそれを、「キリストは……苦しみを受けて、それから、彼の栄光にはいるはずではなかったのですか」ということばでそのすべてをまとめておられる（ルカ二四26）。また使徒ペテロは、それと同じことばを用いて、預言者たちは「自分たちのうちにおられるキリストの御霊が、キリストの苦難とそれに続く栄光を前もってあかしされたとき、だれを、また、どのような時をさして言われたのか」が、はっきりとは理解できなかったのだと認めている（Ⅰペテ一11）。しかし、預言の中にはこの二つの面があったのは確かであって、そこでは、キリストがご自身を罪のために犠牲にする祭司であり、またその治世が永遠に続く栄光に満ちた王であるとされていたのである。別のことばで旧約聖書のキリストに対するあかしを要約すれば、旧約聖書はキリストを、モーセよりも偉大な預言者、アロンよりも偉大な祭司、ダビデよりも偉大な王として描いている。キリストは人々に神を完全に示し、人を神と全く和解させ、神のために人々を完全に支配されるという意味である。旧約聖書に記されている預言と祭司職と王の支配は、キリストにあって全く完成したのである。

新約聖書のキリスト

旧約聖書からキリストについての記述を捜し出すことは、最初奇妙に感じられたかもしれないが、新約聖書の場合にはそのようなむずかしさはない。四福音書は、主イエスの誕生と生涯と死と復活とをいろいろな角度から扱っているし（そのことは五章で詳しく学ぶことにする）、また、主のみことばや、働きの実例を記している。

福音書は、初代教会では「使徒たちの回顧録」と呼ばれていたが、福音書として知られるようになったのはもっともなことである。というのは、著者たちは、福音すなわちキリストの良い知らせとその救いのことを語っているからである。彼らはキリストの伝記を書いたのではない。彼らは厳密にはあかし人たちであって、読者の関心を、自分たちの信じた神であり人である方に向けさせようとした。その方は、人々を罪から救い出すために生まれ、そのことばは永遠のいのちを与えることばとなり、その働きは神の国の栄光を具体的に現わし、罪人のために贖い代として死に、すべての人の主となるために復活された方である。

初代教会の様子を記している『使徒の働き』には、キリストのことよりもむしろ教会のことが多く描写されていると考える人がいると思うが、これはひどい誤解である。著者ルカは全然違った意図を持っていた。ルカはテオピロのために『使徒の働き』を書いたが、その初めの所で、彼が先に書いた書（ルカの福音書）は、イエスが行ない始め、教え始められたすべてのことを含んでいると述べている。彼のそのことばから、『使徒の働き』には、主が使徒たちを通して続けられた働きと教えのすべてが書かれていると推察できる。そこで『使徒の働き』では、ルカが記録したペテロやパウロなどの偉大な説教を通してではあるが、主イエスがなおも人々に語っておられるみことばに、私たちは耳を傾けるのである。彼らを通して主が行なわれた奇蹟を読むこともできる。というのは、「使徒たちによって、多くの不思議なわざとあかしの奇蹟が行なわれた」とあるからである（使二43）。またキリストが回心者を加えることによって、ご自身の教会を建て上げておられる様子も読むことができる。

「主も毎日救われる人々を仲間に加えてくださった」（使二47）。

使徒たちの手紙も、神であり人であるキリストとその救いのみわざの栄光を明らかにしていき、またキリスト者と教会とをキリストに結びつけることによって、キリストについてのあかしを続けている。使徒たちは、「満ち満ちた神の本質」が宿っている方として（コロ一19、二9 10）、また私たちに豊かないのちを与えてくださる方として、キリストをたたえている。彼らはまた、神がキリストにおいて「すべての霊的祝福をもって私たちを祝福してくださった」ので（エペ一3）私たちは心を強くしてくださるキリストによって、どんなことでもできる、と言っている（ピリ四13）。使徒たちが伝えているキリストは、すべてを満たすキリストであり、「ご自分によって神に近づく人々を」、完全に、いつでも救うことができる方である（ヘブ七25）。

キリストは、ヨハネの黙示録で最もはっきりと啓示されている。キリストは、この書の特徴である生き生きとした比喩的表現で描かれている。まずキリストは、燭台の間に立っておられる輝いたお方として登場される。この燭台は教会を象徴している。復活されたキリストがその教会を巡回して監督しておられるのである。それで、その一つ一つの教会に対して、「わたしは、あなたの行ない……を知っている」と宣言することがおできになる（黙一—三章）。それから場面は地上から天国へと変わって、イエス・キリストは「ほふられたと見える小羊」として登場される。全世界から集められた、数知れないほど多くの救われた者たちは、「その衣を小羊の血で洗って、白くした」とさえ言われている（黙五6、七14）。それは、彼らが正しい者と認められたのは、十字架につけられたキリストのみによるという意味である。この書の終わりには、キリストは、白馬にまたがって、世をさばくために出撃する、威光に輝く人として登場される。彼には「王の王、主の主」という名が記されている（黙一九11―16）。最後に、キリストは天の花婿として登場される。なぜなら「小羊の婚姻の時が来て、花嫁はその用意ができた」からである（黙一九7―9）。キリストの花嫁とは栄化された教会であり、その時には「夫のために飾られた花嫁のように整えられて、神のみもとを出て、天から下って来る」姿となる（黙二一2）。黙示録のほとんど最後のことばは、「御霊も花嫁も言う。『来てください。』これを聞く者は、『来てください。』と言いなさい」である（黙二二17）。

このように、聖書の各書は、その内容も文体も目的もずいぶん異なっており、ある場合はキリストに対するあかしも間接的であり、またあまり明瞭でないこともある。しかし私たちが試みたごく簡単な旧新約聖書の概説からも、「イエスのあかしは預言の霊です」（黙一九10）ということばは明白になったはずである。キリストとその救いを知りたければ、聖書を読まなければならない。聖書は神がお示しになったキリストの肖像画だからである。それ以外の方法でキリストを知ることは決してできない。紀元四世紀にヒエロニムスが言ったように、「聖書を知らない者はキリストを知らない」のである（彼のイザヤ書注解の序文に記されていることばで、第二回ヴァチカン教会会議の記録「神の啓示の教理規定」第二五項からの引用）。

子どもたちの宝捜しではないが、何の苦労もしないで偶然その宝にぶつかる場合もあるが、普通は与えられた手がかりを一つずつたどって、やっとその宝を発見するのである。聖書を読むのはそのようなものである。ある聖句は直接キリストをあかししているが、ある聖句はあいまいな手がかりのようなものである。しかし、その手がかりを苦労しながらも追究していけば、ついに何物にもまさる宝に到着できるのである。

信仰によって

使徒パウロは、聖書は私たちを教えて「キリスト・イエスに対する信仰による救いを受けさせることができる」と書いた。聖書の目的、ないしは聖書を書かせた神のご目的は、私たちに救いを得させることであって、その救いはキリストによるのであるから、聖書がキリストをあかししていることは、今まで見てきたとおりである。聖書の目的が私たちにキリストを指し示すことであるという意味は、私たちが聖書を通してキリストを知り、理解し、尊敬するようになることだけではない。私たちがキリストに完全に信頼するようになることも含まれている。聖書は私たちの好奇心を満足させるためではなく、私たちに信仰を与えるためにキリストをあかししているのである。

信仰ということばも、よく誤解されている。信仰とは理性と相いれない、「暗やみに飛び込むこと」だと思われているが、それはたいへんな誤りである。そうではない。真の信仰は決して非理性的ではない。なぜなら、その信仰の対象はいつも信頼できる方だからである。私たち人間が互いに信頼し合う場合にも、相手への信頼が理性にかなっていると言えるためには、当人たちがとにかく信頼できる人々である必要がある。聖書は、イエス・キリストが完全に信頼できる方であることを証言している。聖書は、キリストがどんな方で、どんなことをされたかを明らかにしている。また、キリストが特別な方であり、特別なことを成就された証拠は圧倒的である。私たちがこのキリストに対する聖書の証言をまじめに受け止め、深遠であるが単純な、多様であるが統一ある事実を身に感じる時、神は、私たちの心に信仰を生まれさせてくださる。私たちは聖書の証言を受け入れて、キリストを信じるようになる。パウロはそのことを次の聖句で言おうとしている。

「そのように、信仰は聞くことから始まり、聞くことは、キリストについてのみことばによるのです」（ロマ一〇17）。

私たちは、神が聖書を与えてくださった目的が非常に実際的であることを見てきた。神は人々を最も広くまた完全な意味での救いに導くために、その主要な手段として聖書をお定めになった。聖書全体が救いの福音であり、福音は「信じるすべての人にとって、救いを得させる神の力」である（ロマ一16）。聖書はその多くの面から誤りなくキリストを指し示しているので、聖書の読者は聖書によってキリストを見、キリストを信じ、救われる。

使徒ヨハネは、その福音書の最後にそれと同様なことを述べている。彼は、主イエスのなさったしるしの一部分を記述しただけであって、主イエスはほかにもっと多くのわざを行なわれたと言っている。それから続いて次のように書いている。

「しかし、これらのことが書かれたのは、イエスが神の子キリストであることを、あなたがたが信じるため、また、あなたがたが信じて、イエスの御名によっていのちを得るためである」(ヨハ二〇31)。

ヨハネは聖書(書いてあること)の究極の目的を、パウロと全く同じように理解している。ヨハネが「いのち」と言っているのに対して、パウロは「救い」と言っているが、この二つのことばは実質的には同義語である。この使徒は両方とも、「いのち」ないしは「救い」がキリストによるものであり、それを受けるためにはキリストを信じなければならないと言っている点でも一致している。聖書—キリスト—信仰—救いという順序も、両者とも全く同じである。聖書は、キリストに対する信仰を芽ばえさせるために、またその信仰を持つ者にいのちを与えるために、キリストをあかししている。

結論はまことに簡単である。私たちは聖書を読む場合、いつでも、キリストを見出すように努力しなければならない。キリストを見つけて信じるまで読まなければならない。私たちは信仰によって、キリストの豊かさをいただき続けて行ってこそ、霊的に成長し、完全になって、すべての良い働きのために整えられた神の人となることができる。

2　聖書の背景となった土地

神は世界の中から神のための民を召し出すことをよしとされたが、それは地球上の一地点で、歴史上の一時期に実現し始めた。それゆえ、神のみわざの意味を正確に把握するためには、その歴史的・地理的な知識が少しは必要である。

歴史と地理と聞いただけでうんざりする人もいるだろう。学校でのたいくつな授業と結びつけて考えてしまうからである。特に聖書の歴史といえば、覚えにくい王たちの名前を暗記することであったり、聖書の地理といえば、パウロの伝道旅行の行程を地図に書かされたりということで、全然おもしろくないと思う人もいると思う。私はその人々に対して大いに同情する。なぜなら、私も同じように苦しんだからである。この神学生は、ある時試験で、預言者エリヤとエリシャの相違を書くようにとの問題を出された。彼はその答えに全く見当がつかなかったので、次のように書き始めた。「この偉大な二人の預言者の違いについて、とやかく言うことはやめよう。むしろユダ王国とイスラエル王国のそれぞれの王の名を年代順に並べて書くことにしよう。」

歴史にも地理にも全く興味のない人は、「なぜ神は、信ずべき教理と従うべきおきてだけをお与えにならなかったのか。なぜご自身を遠い歴史的・地理的な背景の中で啓示しなければならなかったのか。神の啓示を理解する以前に、その背景を理解するために苦しまなければならないではないか」と、いくぶんいらいらして言うかもしれない。それに対して、「神がそうなさったのだから、不謹慎な質問はやめよ」と言う人もいるだろう。しかし、この質問は全く正当なものだと言わなければならない。

適切な答えは次のようなものであろう。生きておられる神は、お方であり、私たちをご自身のかたちに似せて、人格を持つ者としてお造りになった。神はご自分の造られた人をあくまでも人格として扱おうとされる。それで、啓示の進展は昔から、人格から人格への自己伝達、すなわち、私たちのようにある場所で、ある時期に、実際に生存した者に対しての啓示であったのである。だからといって、私は、神がことばを用いて真理を表わされたことを否定しているのではない。神は、人格に対して啓示されたと同時に、ことばをもって啓示されたのである。つまり、神が表わされた真理は、パラシュートで天から降って来たのではない。また毛沢東語録のように、ばらばらな形で「神の思想」として現われたのでもない。神の真理は、人間の生きた経験を通して知らされたのであって、肉体をとって現われたことばである神の御子は、その最高の啓示である。

もう少し言うなら、神が、これをせよ、あれはいけないという日常の信仰や行動に関する規定集をお与えになったのだったら、それはあまりにも抽象的で、何の役にも立たなかったであろう。またある時代にしか通用しない物の言い方で書かれていたとすれば、他の世代の人々にはあまり意味がなくなってしまったであろう。しかし現実には、神は、どんな世代の人にもわかる、具体的な、人間の経験できることによって、ご自身を啓示されたのである。私たちは聖書の記述と自分の経験を照らし合わせることができる。

神がイスラエルの民全体や個人を取り扱われた様子が記録されたのは、「私たちを教えるため」であると記されている（ロマ一五4、Ⅰコリ一〇11）。その教えは、励ましと警告から成っている。「聖書の与える励まし」（ロマ一五4）は全くすばらしい。聖書に出て来る偉人たちも、「私たちと同じ性質を持った人」（この表現は、旧約聖書ではエリヤのような預言者に、新約聖書ではパウロのような使徒に対して用いられている。ヤコ五17、使一四15を参照）であることが、強調されている。しかし同時に、彼らが誘惑や疑いに打ち勝つ様子、偶像崇拝を拒否して、いのちをかけて生ける神に忠節を尽くすこと、情況が全く絶望的でも神の約束を信じ通すこと、他の人々が信仰を捨てても自分たちは敢然と信仰を保ち続けていく様子、同時代の人々に愛をもって仕えることと、勇敢な態度で真理に対するあかしを続けることなど、彼らのすばらしい模範に私たちは目をみはらされる。

聖書は、励ましだけでなく、警告も与えている。聖書はどんな偉大な人物でも、その欠点を隠さない。正しいノアが泥酔したこと、信仰の巨人アブラハムも不信仰に陥り、自分のいのちを助けようとして、あやうく妻に道徳上の罪を犯させるところだったこと、ヤコブが奸計をめぐらし、ヨセフが傲慢《ごうまん》に陥ったこと、最も柔和なモーセも怒りを爆発させたこと、神に愛され喜ばれていたダビデも、ただその欲情におぼれて、盗み、殺人、姦淫を犯したこと、潔白で正しいヨブは神を恐れ悪から遠ざかっていたが、苦難に負けて自分の誕生日を苦々しくのろったこと、多くの特権を与えられていたイスラエルの民が神との契約を破ったことなど、すべて聖書は率直に記述している。新約聖書に出て来る人々も同様である。彼らも私たちと同じように肉と血を持った人間であり、時には不信仰、妥協、高ぶり、無秩序、不従順などに陥った。「これらのことが起こったのは、私たちへの戒めのため」である（Iコリ一〇6 11）。

神は聖書に出て来る人物をその時代と環境の中で取り扱われたように、私たちをも、私たちの時代と環境の中で取り扱われる。それゆえ、神が私たちを取り扱われる方法を知るためには、聖書の中で彼らをどう取り扱われたかを知らなければならない。それを知るために、その出来事がいつ、どこで起こったかを少しは知っておく必要がある。私たちはその出来事を心に描くことができるようにならなければならない。この章の聖地の学びと、三、四章の聖書物語の学びは、必要で興味深い学びとなるはずである。なぜなら、神は特別にその場所と時をお選びになったからである。

中世のキリスト者の地理学者たちは、エルサレムが地球の中心かどうか真剣に論争した。当時の地図が彼らの考えを裏づけている。主イエスの十字架と復活の現場だと信じられている地点には、聖墳墓教会が建てられているが、その床に一個の石がはめ込まれていて、そこが地球の中心だと見られていたことを示している。

言うまでもなく、地理学的に言えば、そのような信仰は全くばかげている。しかし神学的には正しい考え方だとするキリスト者はよくいる。その人たちにとって、パレスチナは聖地であり、他の土地とは区別される。そこはキリスト降誕より二千年も前に神がアブラハムに与えると誓われた「約束の地」であり、世の救い主が生まれ、また死なれた地であり、キリスト者による世界宣教の発祥地であり、その宣教がローマ帝国よりも長く続いて世界の歴史の流れを変えてしまった記念すべき場所であるから、その意味で世界の歴史と地理の中心地だと考えられる。

そればかりでなく、キリスト者は神の摂理を信じている。だから、救いのわざが実現する舞台として、神がパレスチナを偶然選ばれたとは考えない。だれが見ても明らかなパレスチナの特徴は、三大陸を結ぶ橋だと言えることである。ヨーロッパとアジヤとアフリカが地中海の東海岸でつながっており、人々はそこを商業用の陸海交通要路として自由に行き来していた。その結果パレスチナは、エジプト人、アッシリヤ人とバビロニヤ人、ペルシヤ人、それからギリシヤ人とローマ人によって侵略され征服されることになったばかりでなく、霊的な反撃のすばらしい根拠地となった。主イエスの兵士たちは、ここから東西南北に向かって全世界に福音を伝えるために出て行ったのである。主が弟子たちに残された最後のことばは、「エルサレム、ユダヤとサマリヤの全土、および地の果てにまで、わたしの証人となります」であった（使一8）。だから、神は霊的な戦いを進めるために、エルサレムを「諸国の民の真中」（エゼ五5）としてお定めになった。主のあかし人たちが、キリスト教は中東で起こったことをもっとはっきりと教えていたなら、アジヤ人やアフリカ人の考え方の中で、キリスト教が西洋人、白人と密接な関係があるものとされるようなことはなかったのではないだろうか。

パレスチナという名前は、その南西部を占領していたペリシテ人に由来している。パレスチナは、旧約聖書の背景となった土地全体から見れば、ごく一部分である。その地域全体はよく、「肥沃な三日月形の地」と呼ばれている、エジプトからメソポタミヤまで達する半円形の土地である。もっと詳しく言えば、ナイル川の流域からティグリス、ユーフラテス両川流域の沖積土による平原まで、乾燥しきったアラビヤ砂漠を包み込むようにして広がっている地域である。神の民

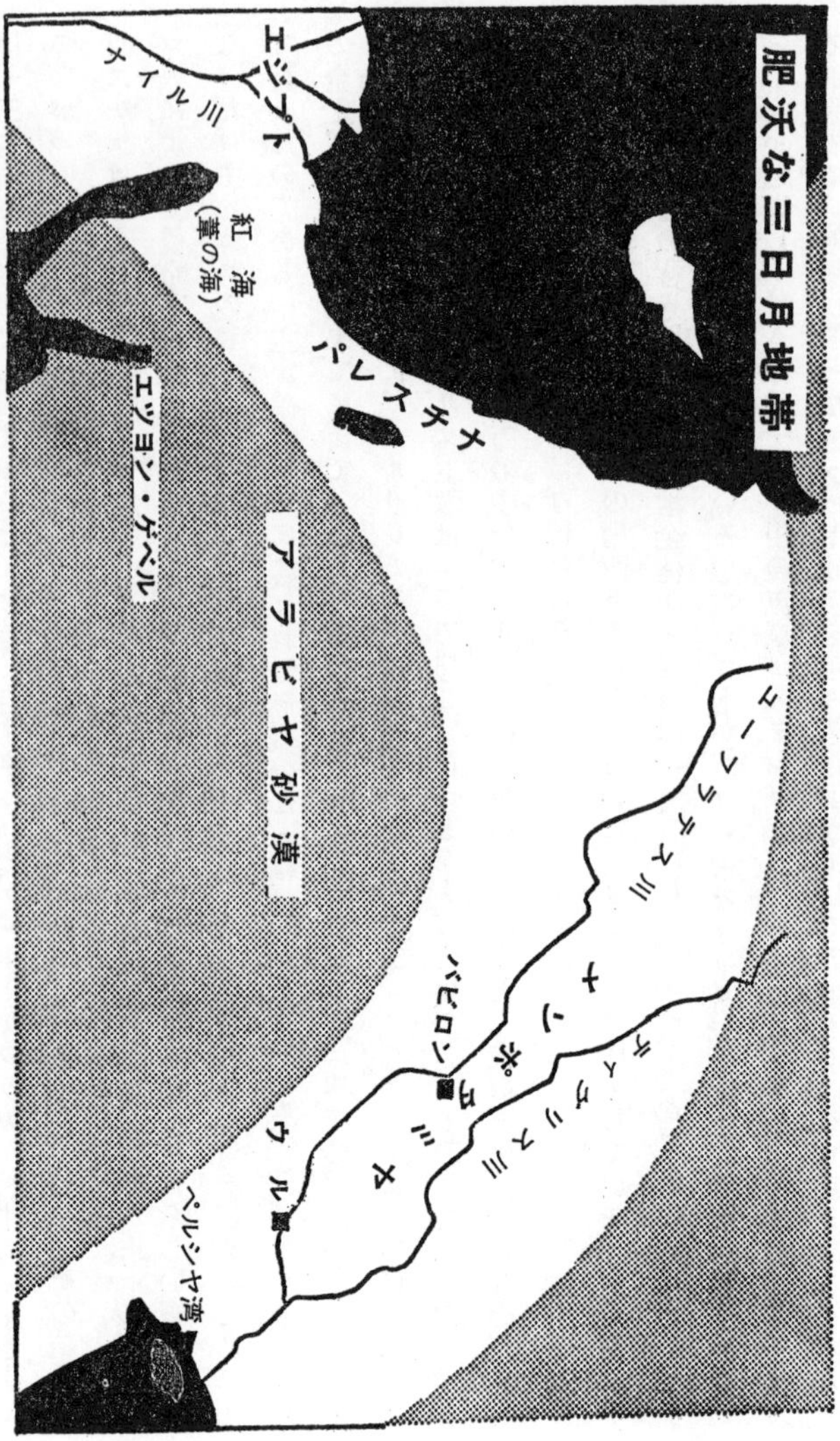
肥沃な三日月地帯
エジプト
ナイル川
紅海
(葦の海)
パレスチナ
エツヨン・ゲベル
アラビヤ砂漠
ユーフラテス川
チグリス川
メソポタミヤ
バビロン
ウル
ペルシヤ湾

の歴史を理解するために、この三日月形の地域と、その両端にあるナイル川、ティグリス、ユーフラテス川のことを心に留めておかなければならない。事実、神はアブラハムをカルデヤ人のウルから呼び出されたが、ウルは現在のイラク南部のユーフラテス川から十五キロぐらいしか離れていない所にある。また、モーセが呼び出されたのはエジプトであり、彼はそのナイル川でおぼれ死ぬところをあやうく救い出されたのである。エジプトとかバビロニヤということばを聞くと、イスラエル人たちは神の救いのみわざを思い出した。彼らにはその地方で奴隷や捕囚となった二度の苦い経験があって、そこから神が救い出してくださったからである。

良い土地

神は、イスラエルの民をエジプトからカナンへ導き出す計画をモーセに明らかにされたとき、そのカナンを「良い地、乳と蜜の流れる地」と言われ（出三8）、またあとからさらに「どの地よりも麗しい地」と言っておられる（エゼ二〇6 15）。またモーセは、カナンの地を偵察するために十二人の斥候を出したが、彼らの報告もそれを裏づけている。ヨシュアとカレブは次のように言った。

「私たちが巡り歩いて探った地は、すばらしく良い地だった。もし、私たちが主の御心にかなえば、私たちをあの地に導き入れ、それを私たちに下さるだろう。あの地には、乳と蜜と

パレスチナ

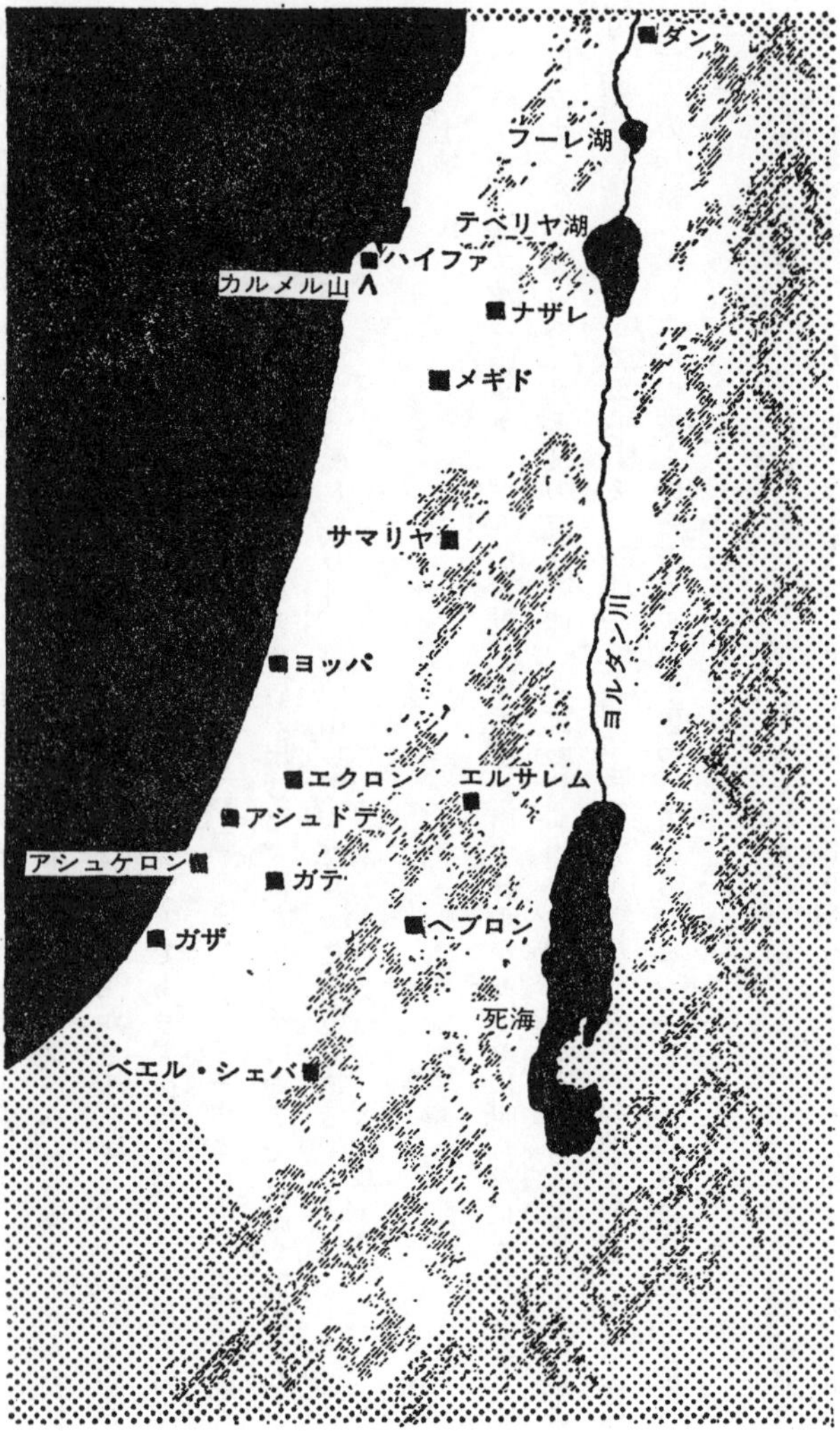

ダン
フーレ湖
テベリヤ湖
ハイファ
カルメル山
ナザレ
メギド
サマリヤ
ヨルダン川
ヨッパ
エクロン
エルサレム
アシュドデ
アシュケロン
ガテ
ヘブロン
ガザ
死海
ベエル・シェバ

が流れている」（民一四7―8）。

また彼らはその証拠をエシュコルの谷（ヘブロンの少し北にある）から持って帰った。それは非常に重いぶどうのふさで、一つのふさを二人の男が棒でかつぐほど大きかった（民一三23―24）。そのほか、ざくろやいちじくも持って帰った。

それから、不信仰と不従順のため四十年遅れてカナンに入る直前、モーセは、神のおきてを守るようにとイスラエルの人々に注意してから、さらに言った。

「あなたの神、主が、あなたを良い地に導き入れようとしておられるからである。そこは、水の流れと泉があり、谷間と山を流れ出た深い淵のある地、小麦、大麦、ぶどう、いちじく、ざくろの地、オリーブ油と蜜の地。そこは、あなたが十分に食物を食べ、何一つ足りないもののない地、その地の石は鉄であり、その山々からは青銅を掘り出すことのできる地である。あなたが食べて満ち足りたとき、主が賜わった良い地について、あなたの神、主をほめたたえなければならない」（申八7―10）。

今日、パレスチナの農夫たちは良い収穫を得るために激しい労働をしなければならないが、このことばは今も、土地の肥沃さと収穫物については、正確な表現であると言える。

カナンの地は、南北約三百二十キロ、東西約百六十キロしかない地域である。他の土地とは自然の境界線によって区分されている。北方にはレバノン（「白」の意。頂上の雪から来ている）

山脈とアンチレバノン山脈が平行してそびえ、その間の谷は「ハマテの入口」という名で知られている。西には地中海すなわち「大海」があり、東と南にはアラビヤとツィンの荒野が広がっていて人々を寄せつけない。（この境界線については、民三四1―15に記述がある。）

北から南までの全体を指す呼び名が幾つかあるが、その一つは、ハマテの入口からアラバの海（死海を指す）までという表現である（Ⅱ列一四25）。最もよく使われるのは「ダンからベエル・シェバまで」である（士二〇1、Ⅰサム三20、Ⅱサム三10、Ⅰ列四25）。ダンはイスラエルの北端にある町であり、ベエル・シェバは南端の町で、ツィンの荒野の端にあり、地中海と死海の南端との中間に位置している。（エリヤが王妃イゼベルにいのちをねらわれたとき逃げて行った町が、このベエル・シェバである。Ⅰ列一九1―3参照。）

十分に時間をとって聖地を訪問できる人なら、その地形が全く変化に富んでいることに強い印象を受けるであろう。ヨルダン川の北端と南端にある湖は、全く対照的である。ガリラヤ湖の色彩に富んだ美しさ――周囲を山に囲まれた青一色の湖で、春の、花のじゅうたんでおおわれる丘、北は、はるかかなたに雪をいただいたヘルモン山の遠景――、それは死海とその周囲の酷暑と悪臭と荒廃とに比べれば、紛れもない楽園である。

聖書では、パレスチナ地方を幾つかの地域に分けている場合がある。たとえばその住民たちは、「アラバ、山地、低地、ネゲブ、海辺」（申一7）に住む人々などと呼ばれている。「アラバ」とはヨルダンの谷からアカバ湾へ続く深い峡谷を指す。「山地」はユダヤの山々、「低地」はそのすそ野であるシェフェラーを指す。「ネゲブ」とは「乾燥」という意味で、別名をツィンの荒野という南方の大きな砂漠地帯を指す。「海辺」は地中海に沿った平野である。

パレスチナの地理を記憶するのに最も便利なのは、南北に走っている四つの帯状に並んだ地帯として覚えておくという方法であろう。最も特徴のあるのはヨルダンの谷である。ヨルダン川は二つの山脈の間の深い谷を流れている。西の山脈は、パレスチナの背骨とも言うべき中央高地である。その西側がだんだんと低くなって海岸平野になっている。東部は台地であって、その向こうは砂漠になっている。以上のように四つの帯状に並んだ地形とは、海岸平野、中央高地、ヨルダンの谷、東部の台地である。それらを順に見ることにしよう。

海岸平野

海岸平野は、カルメル山が海までせり出している所（今日のハイファ港がある）は、その幅が数百メートルしかないが、南部では約五十キロもあるというように、幅がまちまちである。南部は昔ペリシテ人が住んでいた所で、ペリシテのおもな五つの町もその地方にある。その一つガザは最も南部にあり、海岸から五キロほど内陸にあるエジプトからの道に面している。アシュケロンはガザから二十キロほど北にあり、海に面している。アシュドデはアシュケロンからさらに十

海岸平野

ハイファ
カルメル山
シャロンの野
ヨッパ
ペリシテの平地
シェフェラー
エクロン
アシュドデ
アシュケロン
ガテ
ガザ

中央高地

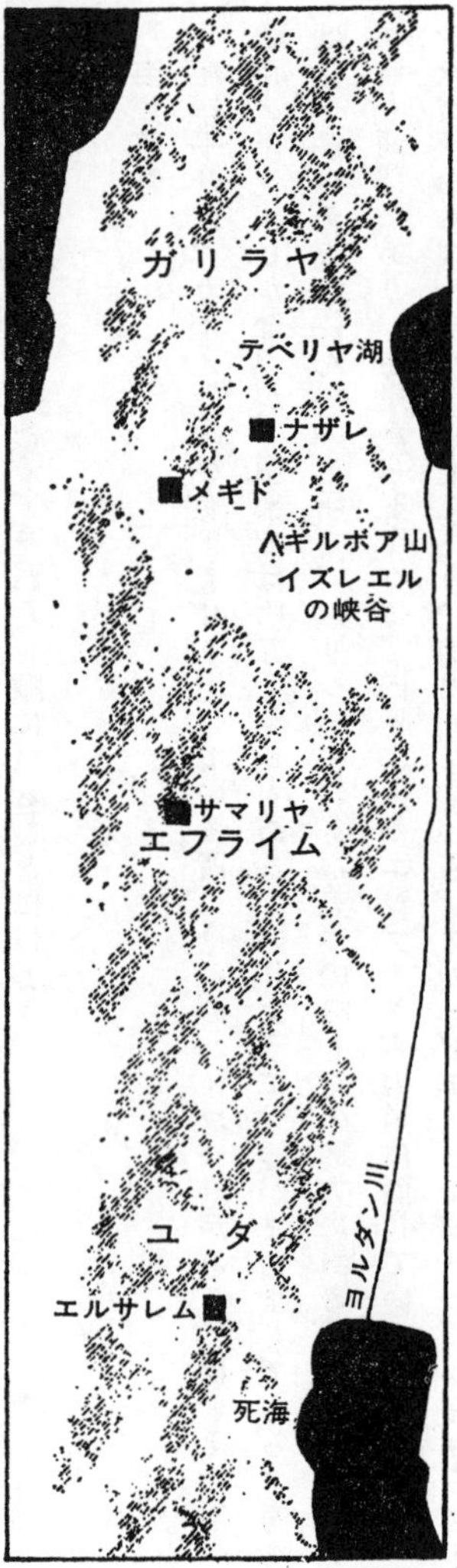
ガリラヤ
テベリヤ湖
ナザレ
メギド
ギルボア山
イズレエル
の峡谷
サマリヤ
エフライム
ユダ
エルサレム
ヨルダン川
死海

三キロほど北にあり、同じエジプトへの道に面している。エクロンはもっと北にあり、もっと内陸に入っている。最後のガテは海岸平野の中央に位置している。

シェフェラーすなわち低地は、ペリシテの平地のすぐ東側にある。だから、ペリシテ人が「ユダの低地……にある町々に突入し」たとしても不思議ではない（II歴二八18）。この地方にあるいちじく桑の木は、ことわざに用いられるほど有名であり、ソロモン王は、「杉の木を低地のいちじく桑の木のように大量に用いた」と言われている（I列一〇27）。この傾斜地は事実、中央高地のすそ野であって、ガザで海抜約百五十メートル、約十五キロ東に入った場所で海抜約四百メートルというふうに、だんだんと高くなっている。その付近から山地が始まり、さらに十五キロほど東に行くと、パレスチナでいちばん高い町ヘブロンがある。ヘブロンは海抜約千百メートルの町である。

海岸平野に目を戻そう。ペリシテの平地のすぐ北側にはシャロンの野があり、そのおもな町はヨッパの港町である。今日のシャロンの野には、柑橘《かんきつ》類の果樹園が多い。聖書の時代にはどうであったか正確にはわからないが、牧場であったことは確かである。「シャロンの放牧地」（I歴五16。二七29を参照）ということばが一、二回出て来るからである。その地方は、現代のように灌漑設備が整っていなかったので、沼地だったと思われる。だから「シャロンの威光」（イザ三五2）とは、おそらく植物がうっそうと茂っていたことから来たことばであって、雅歌の中で花嫁が自分のことを「シャロンのサフラン」（雅二1）と呼んでいるのは、「いばらの中のゆり」（雅二2）と同じように、見ばえのしない土地に咲くというので特別な美しさを象徴したものと考えられる。

中央高地

パレスチナの中央山地はガリラヤ地方から始まる。ガリラヤ地方の山や谷は、主イエスの少年時代の、また公生涯の大部分の背景をなす土地である。ガリラヤ高地の山頂は約千メートルある。ガリラヤ低地にあるナザレの背後の山々は五百メートルほどしかないが、晴天の時にはそこから二十七キロほど北西に地中海が見える。

ナザレの南側の土地はだんだんゆるやかに下がって行き、地中海岸のカルメル山の北から南東方向に進んで、ヨルダン川に達する広い沖積土の平原につながる。その沖積平野の西部はエスドラエロンという名で知られており、東部は狭いイズレエルの峡谷である。その峡谷は、死火山モレの丘と石灰岩でできたギルボア山にはさまれている。この二つの山の傾斜地で、ペリシテ人とイスラエル人が谷を隔てて陣取り、最後の戦いに臨んだ。この戦いでサウル王は戦死した。

「ペリシテ人はイスラエルと戦った。そのとき、イスラエルの人々はペリシテ人の前から逃げ、ギルボア山で刺し殺されて倒れた。……ダビデは、サウルのため、その子ヨナタンのために、この哀歌を作り、この弓の歌を……教えるように命じた。……『イスラエルの誉れは、おまえの高き所で殺された。ああ、勇士たちは倒れた。……ギルボアの山々よ。おまえたちの上に、露は降りるな。雨も降るな。いけにえがささげられた野の上にも。そこでは勇士たちの盾は汚され、サウルの盾に油も塗られなかった』」（Ⅰサム三一1、Ⅱサム一17―19―21）。

エスドラエロン平野の中部の南端カルメル山系のすそ野の要地に、メギドという要塞の町がある。メギドは何世紀もの間、山地を通って南へ下る主要な道路の入口を守り続けてきた。これはソロモン王が馬や戦車を置くために再建して要塞化した町の一つである（Ⅰ列九15 19）。またここで、ユダ王国の二人の王、すなわちエフーに打たれたアハズヤ（Ⅱ列九27）と、エジプトの王ネコがアッシリヤを助けるために上って来るのを阻止しようとしたヨシヤとが死んだ（Ⅱ歴三五20―24。Ⅱ列二三28―30を参照）。

エスドラエロンの南にはマナセとエフライムの丘陵地帯があり、その西側の傾斜地にはぶどう畑がいっぱいある。またさらにその南は、ユダの丘陵地帯となっている。この二つの丘陵地帯は、南北の両王国に分かれていた時代のイスラエル歴史の中心地であった。北王国の首都は、マナセ・エフライムの地にあるサマリヤであり、南王国の首都は、ユダの地にあるエルサレムであったからである。

エルサレムは、山で囲まれた山上の町である。詩篇の記者は、神の「聖なる山、……高嶺の麗しさは、全地の喜び」と歌い（詩四八12）、また「山々がエルサレムを取り囲むように、主は御民を今よりとこしえまでも囲まれる」と歌った（詩一二五2）。オリーブ山は、エルサレムから（ケデロンの谷を越えて）すぐ東側にある。このオリーブ山の山頂から、私たちが想像もできないような不毛の地を通る道が東に向かっており、千メートル以上も下ってエリコに、そして死海へと続いている。主イエスのたとえ話に出て来る男が強盗に襲われ、善良なサマリヤ人に救い出されるのは、この徒歩で二日かかる旅の途中のことである。

エルサレムと死海の中間の地域全体はユダの荒野という名で知られており、この荒廃した地方のどこかで、イエスは受洗後四十日間の断食をし、悪魔の誘惑をお受けになったのである。

ヨルダンの谷

ヨルダンの谷は、小アジヤから紅海を通って東アフリカのリフト峡谷の湖へと至る六千五百キロに及ぶ大峡谷の一部分である。しかしヨルダン川自体は、その曲折を計算に入れなければ、その長さはわずか百三十キロしかない。ヨルダン川は、アンチレバノン山塊の肩になっている約二千八百メートルのヘルモン山に発し、南に下り続け（「ヨルダン」とは「下って来る者」の意）、フーレ湖とテベリヤ（ガリラヤ）湖を通り、最後に死海の中に消える。フーレ湖のあたりでは、ヨルダン川はまだ海抜八十メートルほどであるが、テベリヤ湖になると海面下二百メートル、死

ヨルダンの谷

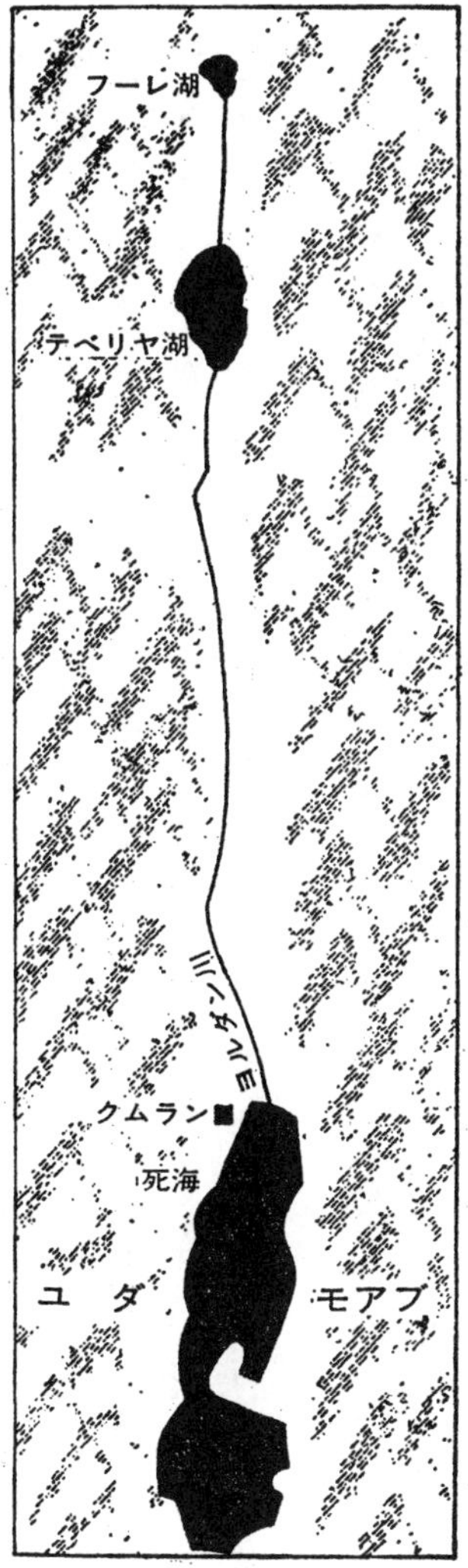

東部の台地

海に注ぐ時には海面下四百メートルにもなっている。死海の底は海面下八百メートルにも達し、地表にある最も低い個所である。

フーレ湖は聖書の中で「メロムの水」と呼ばれているが、あまり重要な役割を果たしてはいない（ヨシ一一5 7にしか出て来ない）。そこは人よりも鳥類の生息する場所であり、なお、アオサギがたけの高いパピルスの葦の間に巣を作る。しかし今では用水路が作られ、その地方は農地になっている。

テベリヤ湖は、福音書では「ゲネサレ湖」（キネレテの海）とも呼ばれているが、普通は「ガリラヤの海」と呼ばれている（キネレテについては民三四11、申三17、ゲネサレについてはルカ五1を参照）。この地方をよく旅行し、地中海沿岸を自分の足で歩き回っていた伝道者ルカは、この湖をただ「湖」と呼んだ。彼がそう呼ぶのは正しい。なぜなら、その長さは二十キロ、幅はその最も広い個所でも十一キロしかないからである。その湖は深くて、魚がたくさん生息している。主イエスの最初の弟子となった二組の兄弟、すなわちアンデレとシモン、ヤコブとヨハネは、協力してこの湖で漁業を営んでいた。この湖はほとんど山で囲まれているが、北と西の湖岸には数知れないほどの村々があった。主イエスは説教し、教え、いやしながら、その村々を訪問された。

ヨルダン川は、テベリヤ湖から直線にすると南へ約百五キロ流れて死海にたどり着く。その曲折を計算すると、三百キロ以上にもなる。テベリヤ湖と死海との間は、魅力のない沼地が続いていた。だから、アラム（シリヤ）の将軍ナアマンが、そのらい病をいやしてもらうためであっても、ヨルダン川には入りたくなかったのもうなずける。

「ダマスコの川、アマナやパルパルは、イスラエルのすべての川にまさっているではないか。これらの川で洗って、私がきよくなれないのだろうか」（Ⅱ列五12）。

もっと印象的な場所は、野獣がうろつく川岸の林であった。神は、刑罰を下されるご自身のことを「ヨルダンの密林から水の絶えず流れる牧場に上って来る」獅子にたとえられた（エレ四九19）。バプテスマのヨハネがヨルダン川のどの辺で洗礼を授けていたか、正確にはわからないが、ヨルダン川が死海に注ぐ個所から数キロ上流の浅瀬だったに違いない。

「そこでユダヤ全国の人々とエルサレムの全住民が彼のところへ行き、自分の罪を告白して、ヨルダン川で彼からバプテスマを受けていた」（マル一5）。

リフト峡谷のパレスチナにある部分全体を、旧約聖書は「アラバ」と呼んでいる。アラバは「乾燥」という意味であり、死海は「アラバの海」あるいは「塩の海」とも呼ばれる。死海の長さは七十五キロくらいで、全く荒れ果てている。その東岸はモアブの山々の絶壁の下であり、また西岸はユダの山々の不毛な傾斜地になっている。この西岸にあるクムランに、エッセネ派の修道僧たちが、新約時代の少し以前から住んでいた。最近、この丘陵に無数にあるほら穴の一つから死海写本が発見された。

この地方は気温がとても高いので（夏は摂氏四十五度くらいになる）、蒸発が激しく、その上、降雨量が極端に少ないので、ヨルダン川やその他の川から水が流れ込むだけで全く流出することがないのに、死海の水面は全然高くならない。その結果として、水が含有する化学物質の濃度、特に塩分、カリウム、マグネシウムの濃度が非常に高いので、どんな種類の魚も生息できない（エゼ四七1―12参照）。平原にあったソドムとゴモラの町は、現在はおそらく死海の南端の水面下になっている場所にあったのであろう。神が硫黄の火を降らされたことや、ロトの妻が塩の柱になってしまったことは、神が彼らを滅ぼすために用いられた地震と火山の噴火によると考えることも可能である（創一九24―29）。

アラバは死海から南へ伸びて、紅海のアカバ湾に至る。そこにエツヨン・ゲベルの港があり（現在のエラテ）、イスラエルが海路アフリカやアジヤと貿易することを可能にしている。「ソロモン王は……エツヨン・ゲベルに船団を設けた」（I列九26）。ソロモン王はその近くに銅鉱を掘り当て、その銅を輸出して、「金、銀、象牙、さる、くじゃく」など珍しい物品を輸入していた（I列一〇22。一〇11を参照）。

東部の台地

第四の地帯は、東部の台地で、ヨルダンの谷とアラビヤ砂漠にはさまれている地域である。イスラエルの十二部族のうちの二部族半が占領したのは、この地方である。「ガドと、ルベンと、マナセの半部族とは、ヨルダン川の向こう側、東のほうで、すでに彼らの相続地を受けている」（ヨシ一八7）。

この台地はかなり大きく、南北四百キロにも及ぶが、ヨルダン川や死海に注いでいる四つの川によって分けられる。それらは、西に向かう深い峡谷を作って流れる川である。最初がヤルムク川で、テベリヤ湖のすぐ南でヨルダン川に注いでいる。次がヤボク川で、テベリヤ湖と死海のちょうど中間付近でヨルダン川に注いでいる。このヤボク川で、「ヤコブはひとりだけ、あとに残った。すると、ある人が夜明けまで彼と格闘した」のである（創三二22―32）。アルノン川は死海の中央部に、ゼレデ川は死海の南端に注いでいる。これらの川が、イスラエルの近隣の国々のために自然の国境を形成していた。アモン人はヤボク川とアルノン川との間を、モアブ人はアルノン川とゼレデ川との間を領地とした（ただしモアブ人は、よくその北方にまで侵入した）。またエドム人はゼレデ川の南をその領土としていた。

ヨルダン川の東側にあるこの台地を目に浮かべてみるのに最も簡単な方法は、デニス・ベイリーがその著書『聖書の地理』（二一七―二五一頁）の中で述べている主要区分を覚えることであろう。バシャンはテベリヤ湖の東の台地にあって、彼によれば「農夫の土地」である。聖書の時代には木も多くはえていたであろうが、穀物の生産、羊、小羊、やぎ、牛、「すべてバシャンの肥えたもの」のほうが有名であった（エゼ三九18。詩二二12参照）。

バシャンの南がギルアデで、テベリヤ湖から死海に至るトランス・ヨルダン全域を指す名称である。ベイリーによると、ギルアデは「高地民族の地」である。この地方は台地が千メートル以上に達し、雨量もかなりあって、森林地帯もぶどう畑もかなり肥沃である。ギルアデのぶどうはパレスチナでは最も良質で、「ギルアデの香油」（芳香のある香料）は有名である。ヨセフが兄弟たちによって売り渡されたイシュマエルの隊商は「ギルアデから来ていた。らくだには樹膠と乳香と没薬を背負わせ、彼らはエジプトへ下って行くところであった」（創三七25。エレ八22参照）。

トランス・ヨルダンをさらに南へ行くと、死海の東側の山地を占領しているモアブに至る。アルノン川や他の小川の峡谷を除けば、モアブはすべて高台である。ベイリーは、この地方を「羊飼いの地」と呼んで、次のように説明している。

「どちらを向いても羊ばかり。大きさに制限のない車輪のスポークのように四方八方から列を作って一地点に集まって来る。羊たちはそこにある泉から水を与えられる」（二三七頁）。

聖書の中にもそのことの記述がある。

「モアブの王メシャは羊を飼っており、子羊十万頭と雄羊十万頭分の羊毛とをイスラエルの王にみつぎものとして納めていた」(Ⅱ列三4)。

モーセは死ぬ前に、モアブの山々から、正確に言えばネボ山から、約束の地を見ることができた。また、イスラエルの人々は、ヨルダンを越えて行ってカナンの地を取る前に、モアブの草原に野営した(申三二49 50、三四1―8、民二二1)。

トランス・ヨルダンの最南部がエドムである。ここで最も高い所は千百メートル以上の高地であり、西も東も南も砂漠である場所に高くそびえている。ベイリーはこの地を「貿易商の地」と呼んだ。「王の道」として知られている東への貿易道路が、この地方を通っていたからである。イスラエルの人々が約束の地に入るために、この道を通る許可を求めたが、エドム人は拒絶した。そこで、この両国間には長年敵対感情が尾を引いた(民二〇14―21、二一4)。

神がイスラエルの人々に与えられた「良い地」とは、このような土地であった。ここは家畜や耕作に適した農地であった。

農業と降雨量

イスラエルの人々が飼育していた家畜は、大部分がやぎと羊であり、入り交じった大群となって丘や草原を動いていた。やぎからは、ミルクと、ベドゥイン人の作るようなテントに用いる黒い毛が得られた。羊からは、ミルクと肉と羊毛が得られた。しかしパレスチナ地方の羊飼いは、普通肉よりも羊毛を得ることをおもな目的としたので、羊飼いと羊とはとても親しい間柄になった。彼らは羊をむちで追うのでなく、先頭に立って導いた。自分の羊を一匹ずつ知っており、名前で呼んだ。羊たちは自分の羊飼いの声を知っており、その羊飼いのあとに従った。だから、神が「イスラエルの牧者」としてご自身を表わされたのは、ごく自然であると言える。その牧者は「御腕に子羊を引き寄せ、ふところに抱き、乳を飲ませる羊を優しく導く」のである（詩八〇1、イザ四〇11）。そして神を敬うイスラエルの人々は、次の詩篇を心から歌うはずである。

「主は私の羊飼い。
私は、乏しいことがありません。
主は私を緑の牧場に伏させ、
いこいの水のほとりに伴われます。」
（詩二三1 2）

主イエスは、そのたとえをさらに推し進めて、ご自分を「良い牧者」と呼ばれ、羊のために自分のいのちを捨て、失われた一匹の羊を捜すために荒野へも行く用意があることを示された（ヨハ一〇1—18、ルカ一五3—7）。

イスラエルの農家は家畜も飼っていたが、それよりも耕作を主とした。パレスチナ地方の三つの主産物は、よく聖書に引用されている。イスラエルの人々はカナンの地に入る前に、従順であれば報酬として三つの産物が与えられるという約束をいただいた。

「主は……地の産物、穀物、新しいぶどう酒、油……をも祝福される」(申七13)。

彼らは約束の地を獲得した時、確かに神は「人の心を喜ばせる酒」や「顔をつややかにする油」や「人の心をささえる食物」を与えるという約束に忠実であられることを知った(詩一〇四15参照)。しかし神は、彼らが反逆した時は、悔い改めるまで、ききんや疫病やいなごの襲来などによって、祝福をとどめられた。彼らが悔い改めた時、神は言われた。

「今、わたしは穀物と新しいぶどう酒と油とをあなたがたに送る」(ヨエ二19。ホセ二8参照)。

彼らがパン粉をとった穀物は、大部分が小麦と大麦であった。ぶどう酒は広いぶどう畑でとれるぶどうから作った。油は主として食用油だが、オリーブ畑でとれるオリーブから作った。オリーブの木は非常に頑強で、表土が浅くても枯れず、長い日照りの時にも耐えることができる。

昔イスラエルの国で産出した他の果物は、ざくろと、特にいちじくである。それで、彼らがメシヤ王国の平和で安定した状態を夢見る表現として、次のように言った。

「彼らはみな、おのおの自分のぶどうの木の下や、いちじくの木の下にすわり、彼らを脅かす者はいない」(ミカ四4)。

この地方では、良い収穫を得るためには降雨が唯一の頼みであった。イスラエルの人々は、雨はすばらしい神の祝福であることを知っていた。「天と地と海とその中にあるすべてのものをお造りになった」のは生ける神であり（使一四15）、「恵みをもって、天から雨を降らせ、実りの季節を」お与えになるのも神であった（使一四17）。神はそのようにご自身の忠実さを立証された。主イエスは、神がすべての人間に恵み深い方であることを強調して、「天の父は、悪い人にも良い人にも太陽を上らせ、正しい人にも正しくない人にも雨を降らせてくださる」と言われた（マタ五45）。

一般的に言って、パレスチナ地方の雨期は前もって知ることができる。夏は六、七月から九、十月まで続くが、この五か月間雨はほとんど降らない。だから、サムエルが小麦の収穫期に雨を降らせてくださいと祈ったのは（Iサム一二16―18）、奇蹟を願ったのである。事実、夏に雪が降り、刈り入れ時に雨が降ることは、「誉れが愚かな者にふさわしくない」のと同じように場はずれなことなのである（箴二六1）。この乾燥期に湿気をもたらすのは、露と朝の霧だけである。両者とも、太陽が上ればすぐ消え去ってしまう。この消え去る様子は、神のさばきを受ける時の偶像崇拝をしているイスラエルの人々の絵として用いられている。

「それゆえ、彼らは朝もやのように、朝早く消え去る露のように……なる」（ホセ一三3）。

十月の中旬から雨雲が現われ始める。そしてついに雨が降り出す時には、よく雷鳴がとどろくが、その時は難を避けるために走らなければならない。デニス・ベイリーはその様子を次のように書いている。

「主イエスは、建て方の悪い家が雨期になると倒れてしまうことはよく知られていることとしておられるが（マタ七27）、地中海からパレスチナの山々に向かって突進して来る暴風雨や、ガリラヤ湖のきり立ったがけから滝のように落ちて来る雨の様子を自分の目で見て初めて、人は、『雨が降って洪水が押し寄せ、風が吹いてその家に打ちつける』ということばの中に、ほんとうに激しさが込められていることを悟る」（七九頁）。

雨期の始まりは普通「先の雨」ということばで表現された。その雨は決して破壊的なものと見られることはなく、有益なもの、絶対に必要なものとみなされた。太陽に焼けた土地は鉄のように堅いので、その雨がなければ、耕すことは不可能である（申二八23参照）。雨が降り始めて土地が柔らかくなると、特に雨期が遅れたような場合には、収穫期に間に合うように種を蒔くために、農夫はその激しい雨の中で土地を耕さなければならない。主はこれを、勇気と忍耐を表わす絵としてお用いになった。

「だれでも、手を鋤につけてから、うしろを見る者は、神の国にふさわしくありません」（ルカ九62）。

十一月から始まる雨期の初めに降る「先の雨」が、土地を耕すために必要だとすれば、三、四月の雨期の終わりに降る「後の雨」は、収穫のために絶対必要である。その雨がなければ小麦の穂は小さく、干からびたままである。その雨があれば穂が大きくなり、収穫してもよいほど成熟する。こうして畑が「色づいて、刈り入れるばかりになる」と（ヨハ四35）、農夫たちがかまで刈り取る（ヨエ三13）。小麦は束にして、ろばやらくだで脱穀場に持って行く。脱穀場とは、その村の丘の一部の表面が堅くしてある場所である。そこで牛やろばの足を借りるか、大きな打穀機を使って脱穀する。それからもみがらを吹き飛ばす。その作業は、さすまたを使って、穀粒をもみがらといっしょに空中に投げ上げると、貴重な黄金の粒はその真下に落ちるし、もみがらは風で飛ばされる。穀粒はそれから倉庫にたくわえられる。この穀粒をもみがらと分ける作業は、神のさばきを象徴する普通のことばになった（詩一4、ルカ三17）。

それで、「先の雨と後の雨」は「秋の雨と春の雨」（ヤコ五7、エレ五24の新改訳脚註）と呼ばれることもあるが、両方とも良い収穫を約束するために必要な前ぶれである。神は雨と良い収穫を結び合わせて、神に従順に従う者たちにその両方を約束しておられる。

「もし、私が、きょう、あなたがたに命じる命令に、あなたがたがよく聞き従って、あなたがたの神、主を愛し、心を尽くし、精神を尽くして仕えるなら、『わたしは季節にしたがって、あなたがたの地に雨、先の雨と後の雨を与えよう。あなたは、あなたの穀物と新しいぶどう酒と油を集めよう』」（申一一1314）。

賢い農夫たちはこのことをよく知っていて、「大地の貴重な実りを、秋の雨や春の雨が降るまで、耐え忍んで待」つのである（ヤコ五7）。それで、雨が与えられると、彼らは神があわれんでくださったことを知って、心から神に感謝する。聖書の中で詩篇六五篇ほど神の祝福に満ちた収穫を感謝した詩はほかに見当たらない。堅い土地を柔らかくする先の雨について、「地のあぜみぞを水で満たし、そのうねをならし、夕立で地を柔らかにし」と言及していることに注目しよう。またその八か月後にある年の「冠」について、「もろもろの谷は穀物をおおいとしています」と歌っている。

「あなたは、地を訪れ、水を注ぎ、
これを大いに豊かにされます。
神の川は水で満ちています。
あなたは、こうして地の下ごしらえをし、
彼らの穀物を作ってくださいます。
地のあぜみぞを水で満たし、そのうねをならし、
夕立で地を柔らかにし、
その生長を祝福されます。
あなたは、その年に、御恵みの冠をかぶらせ、
あなたの通られた跡には
あぶらがしたたっています。

荒野の牧場はしたたり、
もろもろの丘も喜びをまとっています。
牧草地は羊の群れを着、
もろもろの谷は穀物をおおいとしています。
人々は喜び叫んでいます。
まことに、歌を歌っています。」
（詩六五9—13）

三大祭

イスラエルは農耕を主とする社会なので、土地と密接に結びついていたのであるから、毎年の三大祝日が宗教的意義だけでなく、農業と深い関連を持っていても不思議ではない。彼らはその祭りに、自然を支配しておられる神、恵みの神を、地の主またイスラエルの主であるただひとりの神として礼拝したのである。

過越の祭りは、主としてイスラエルがエジプトから救い出されたことを記念するための祭りであるが、その直後に種を入れないパンの祭りが続く。過越の祭りは、最初にとれた大麦の束を敬虔に、感謝をこめて主の前で揺り動かす行事を含むので、それができる四月中旬に行なわれる。

次の初穂の刈り入れの祭りは、五旬節ともペンテコステとも呼ばれる。過越から七週間後、五十日目に行なわれるからである。この祭りは六月初旬に行なわれる。すべての収穫すなわち大麦と小麦の刈り入れに対する感謝祭である。後代になってから、シナイ山で神のおきてを与えられたことを記念するという意義も加えられたようである。そのおきての中で、この祭りを守るように命令されていたからである。

「あなたがエジプトで奴隷であったことを覚え、これらのおきてを守り行ないなさい」(申一六12)。

三大祭の最後のものは、仮庵の祭りないし天幕の祭りである。彼らは七日間、木の枝で作った仮庵(臨時の掘立て小屋)に住まなければならなかった。神がそれを要求された理由は明白である。

「これは、わたしが、エジプトの国からイスラエル人を連れ出したとき、彼らを仮庵に住まわせたことを、あなたがたの後の世代が知るためである」(レビ二三39―43)。

この祭りは収穫祭という名でも知られている。なぜなら、過越の祭りから数えて六か月後、十月中旬に行なわれ、その時までに、穀物だけでなく、ぶどうとオリーブの収穫も終わっているからである。

この年ごとの三大祭を、イスラエルの人々は必ず守らなければならなかった。神が次のように言われたからである。

「年に三度、わたしのために祭りを行なわなければならない。種を入れないパンの祭りを守らなければならない。……また、あなたが畑に種を蒔いて得た勤労の初穂の刈り入れの祭りと、年の終わりにはあなたの勤労の実を畑から取り入れる収穫祭を行なわなければならない」(出二三14—17。申一六16 17参照)。

一方から見れば、三大祭は、エジプトの奴隷であった彼らを救い出し、シナイでおきてを与え、荒野の放浪期間、必要なものを与えてくださった契約の神のあわれみを記念するという意義があった。しかし別の見方をすると、これらの祭りは三つとも収穫の感謝祭である。まず大麦の収穫の初めを祝い、次には穀物の収穫が終わった時、最後は果実の収穫の終わりの感謝祭である。それで、イスラエルの人々はエホバを創造の神、救いの神として敬うように教えられた。この二面は、彼らが約束の地に入った後になすべきことの中で結びつけられていた。

「あなたの神、主が与えようとしておられる地から収穫するその地のすべての産物の初物をいくらか取って、かごに入れ、……祭司のもとに行って、『私は、主が私たちに与えると先祖たちに誓われた地にはいりました。きょう、あなたの神、主に報告します。』と言いなさい。……あなたの神、主が、あなたとあなたの家とに与えられたすべての恵みを……喜びなさい」(申二六1—11)。

非常に生き生きとした象徴である。産物を入れた「かご」は、神がイスラエルの人々にお与えになった「すべての恵み」のしるしであった。その産物は、その地の産物、神がお育てになった産物である。しかし、どのような地の産物なのか。神が彼らに先祖に与えると誓われたとおりに、彼らにお与えになった地の産物である。その産物は神の創造と救いのしるしであり、象徴であった。その産物は約束の地の産物だったからである。

3　聖書の物語（旧約聖書）

　キリスト教は本質的に言って歴史的宗教である。キリスト者がたいせつにし、また人々に伝達しようとする神の啓示は、真空の中で与えられたのではなく、イスラエルと呼ばれる国民、イエス・キリストと呼ばれた方を通して、歴史的な状況の展開する中で与えられた。啓示は歴史的な文脈と切り離してはならないのであって、その中でのみ理解することができる。
　このことは、聖書に記録されている歴史もあらゆる点で、現代の歴史観と合致するという意味ではない。今日の歴史家はその扱う時代のすべての事実の十分な、客観的な説明を与えるべきものとされる。しかし、聖書の歴史家はそのような主張をしない。それとは違って、彼らは「前預言者」と見られた。彼らが「聖なる歴史」、神が特定の民を特定の目的をもって扱われたことの話を書いていたからである。彼らは、神は「どんな国々にも、このようには、なさらなかった」と確信していた（詩一四七20）。それで、彼らの記録は、歴史であるより以上に証言である。彼らはその信仰告白を書きおろしていた。

それゆえ、彼らはその資料を選ぶのにあたって選択的であり、（一般歴史家が言うことでもあろうが）その記述はバランスがとれていない。たとえば、古代バビロニヤ、ペルシヤ、ギリシヤ、ローマ――それぞれ大帝国で、繁栄した文明を持っていた――が、だれもほとんど聞いたことのないような、アラビヤ砂漠の周辺部にある二つのちっぽけな国であったイスラエルとユダの命運に衝撃を与えるときだけしか紙面を与えられていないのである。ギリシヤの大思想家、ソクラテス、プラトン、アリストテレスのような人々にも言及されてさえいないし、国家的英雄アレクサンドロス大王（はっきりしない仕方以外では）やユリウス・カエサルも同じことである。

その代わりに、聖書の記録は、アブラハム、モーセ、ダビデ、イザヤその他神のことばがその上に臨んだ預言者たちのような人々、そして神のことばが人となったイエス・キリストに集中している。聖書の関心はこの世の知恵、富、権力ではなく、神の救いにあるからである。聖書の歴史は救済史、救いの筋書きである。

この聖なる歴史の広がりは壮大である。人間によって書かれた歴史書ならば大きく取り上げるような人間の文明の大きな領域を省いているけれども、原則的に、また神の視野から、初めから終わりまで、「神が天と地を創造した」始源から、神が「新しい天と新しい地」を創造される終末までの人間の全体を語っている（創一1、黙二一15）。

キリスト者は歴史を紀元前と後、すなわちキリストの前と後に分けて、キリストがこの世に来られたのが歴史の分水界であると信じている。そのように、聖書を二つに分けるのも、イエス・キリストの生涯である。旧約聖書は主の到来を待望し、その準備をしており、新約聖書はキリストの生涯、死、復活を語り、生まれたての教会にそれが現われ始め、いつか完全に現われるその含みを描き出している。

この章において、私は旧約聖書のあらすじを書き、次の章で新約聖書の中のその続きを書くことにする。それで、聖書の地理的・歴史的背景を見たことになるので、すぐそのあと、五章で神がそこで示そうと決められたメッセージについて学ぶ。

旧約聖書は三十九冊の書の書庫である。それらの書の順序は、(注1) その書かれた年代によって決められているのではなく、その書に出て来る事柄の年代によるのでさえない。その文学様式によるのである。大きく見て、旧約聖書には三つの型の文書がある。歴史、詩、預言である。歴史書（創世記から申命記までの五書とその他十二の書）は連続した歴史を述べている。創世記一章の人間の創造と創世記一二章のアブラハムの召命から始まり、さらに、五書の残りの部分でイスラエルのこと、民族の誕生、約束の地での七世紀に近い期間のいろいろな起伏を語る（ヨシュア記、士師記、サムエル記、列王記、歴代誌の諸書において）。またエズラとネヘミヤの指導下の再建について語る。これらの十七の歴史書の後に、ヘブルの五つの詩書、すなわち知恵の書――ヨブ記、詩篇、箴言、伝道者の書、雅歌――が来て、最後に十七の預言者の書が来る。五つの大預言者による書（イザヤ書、エレミヤ書、エレミヤの哀歌、エゼキエル書、ダニエル書）、それと十二の小預言書（ホセア書からマラキ書まで）である。

旧約聖書を再構成しようとする試みはどれも、いくぶん独断的なものにならざるを得ない。学者たちはまだ、たとえば、エジプト脱出の年代や、エズラやネヘミヤがエルサレムに行くために五世紀のバビロニヤ捕囚の地を離れた順序について議論している。ここでは、大多数の保守的な学者たちの一致した意見と思われるところによって話を進めていくことにする。

創造

聖書は宇宙の、地球の、いのちの、人間の創造についての壮大な説明をもって始まる。後にイスラエルにご自身を啓示されることをよしとされた神が、イスラエルだけの神ではないことは最初から明示されている。イスラエルは、モアブ人がケモシュを、アモン人が彼らの神ミルコムあるいはモレクを、ほとんど国家の守護神のように見たようにヤハウェを見てはならない。神は、その支配領域や関心が部族やその領土に限られる小さな神、部族神のようなものではない。神は創造の神、全世界の主である。
（注2）

創世記の創造の記事が、意識的に、地上の人間の物の見方から語られているという意味で、地球中心、人間中心的であるのは確かであるが、創造の主導権はいっさい、ただひとり、真の神にあるという意味で、何にもまして神中心的である。

「初めに、神が……創造した。……神は仰せられた。……神はよしとされた。……神は名づけられた。……神は祝福された。……神は完成を告げられた。……」

この単純な、飾りのない叙述は、知恵、目的、力、善を、創造主である神のものとしているが、空想的な、いやけをもよおさせさえする古代中東の創造物語とは全くかけ離れたものである。表面的には、両方とも混沌で始まり、ある種の秩序で終わる点で似たところもあるが、しかし相違の方が大きい。中東の創造物語は粗雑な、多神教的な、不道徳な、怪奇なものであるが、聖書の記事は威厳があり唯一神的であり、倫理的で崇高である。

創世記一章の創造の話は、神に始まり（初めに、神が創造した）、続いて経過の諸段階が述べられ（神は仰せられた）、人間のことで終わっている（このように、神は人をご自分のかたちに創造された）。今日、創造の記事の中の「日」が、一日は二十四時間で、それが六日続いたという意味で用いられているとは考えないキリスト者の数は多い。一日ということばは、聖書のほかの所である長い期間を指している場合もあるので、現代人の時間の観念で、聖書の用語を割り切るわけにはいかないのである。聖書は神に関する真理を啓示し、神がことばによって万物を創造したこと、創造のみわざは「よかった」こと、創造の順序書きは人間をもって頂点に達したことを教えている。

現代の科学者や思想家たちの中には、この神の創造という考えを根本的に否定し、自然の現象を進化という考え方で説明しようとする人々が多い。しかし、全的な進化の科学的証拠がないことを認め、真剣な進化論批判に一顧も与えない態度は好ましくないとする科学者もいる。科学者は、未知のこと、証拠のないことに判決を下すことはできないからである。

一方聖書の権威を信じ、支持するキリスト者の中には、進化論を聖書の教えと矛盾するとして拒否する人々が多い。しかし、同じ信仰を持ちながら、神が創造のみわざを行なうにあたって、進化の方法をも用いられたと考える人々もいる。事実この問題は決着のついたものではないので、どちらの立場をとる場合にも、私たちすべてにとって、科学的事実と科学的仮説とを同一視し混同することがないようにすることが特に必要である。また聖書がはっきり主張していることと、私たちが聖書が主張していると思い込んでいることとの間の区別もたいせつである。科学は常に新しい発見を予想し、仮説も不動のものではないし、聖書の原語の意味も、まだまだわかってしまったとは言えない面もあるからである。

私は、人類の始祖としてのアダムとエバの歴史性を信じている。それについては七章の聖書解釈の問題のところで説明するつもりであるが、私がアダムとエバを歴史的人物として受け取ることは、直ちに、アダム以前に長い生物の歴史があって、その中には現代の生物学の分類でヒト科に属する生物があり、かなりの文化を持つようになっていたという仮説と矛盾するとは思われない。洞穴に絵画を書き、死者を葬ることのできた生物をホモ・エレクトスとか、ホモ・サピエンスと呼ぶのは、科学者がかってに決めたことである。しかし、聖書が言うアダムは、私に新語を作ることが許されるなら、ホモ・ディヴィヌスと言うべき人間であって、聖書の言う「神のかたちに創造された」最初の人である。神のかたちであることが何を指すかは厳密にはわからない。聖書はどこにもその説明をしていないからである。しかし、神のかたちには、人を他の生物と区別し、創造者である神に似たものとし、またその能力をもって人が他の低い被造物を支配するようにされた、理性的、道徳的、社会的、霊的諸能力が含まれていることを聖書は示していると思われる。

ではアダムの年代はどの辺に置かれるのだろうか。一七〇一年に英語欽定訳（一六一一年）聖書に付加された年代は、アーマーの大主教、ジェームズ・アッシャーが聖書の系図から計算したものである。彼は逆算によって、アダムが紀元前四〇〇四年に創造されたとした。しかし、聖書にある諸系図は省略のない完全な系統図であるとは決して言われていない。たとえば、イエスの系図の一つに、ヨラムからウジヤが生まれたと書いてあるが、列王記第二を見ると、実際にはヨラムはウジヤの父ではなく曽々祖父であったことがわかる。三代が完全に省かれているのである。最近の古代中東学は、そのような系図の省略は当時いつも行なわれていたことを確認している。

これよりも聖書の本文に近いもう一つの手がかりがある。現代のヨーロッパを中心とする人類学の考え方を採用するとすれば、アダムとその直接の子孫についての創世記三、四章の記事には新石器時代の文明を思わせるところがあるように見える。アダムは園を「耕し、また守る」ために園に置かれたと言われている。アダムの子カインとアベルはそれぞれ「土を耕す者」「羊を飼う者」と記述されている。また一方カインは、まだ未発達の村落にすぎなかったものかもしれないが、「町を建てた。」これらは意味のある表現である。農耕や家畜の飼育（略奪や狩猟の反対語）は、村の原始共同体と共に、石器時代の後期になるまで始まっていなかったからである。それから二、三世代後になると、弦楽器や管楽器を使う人々や、青銅器や鉄器を作る人々のことが出て来る。新石器時代は、普通紀元前六〇〇〇年ころからとされるので、これはなおアダムの年代が比較的新しいことを示す見方である。しかし、これについても、事実と仮説とは区別しなければならないことを記憶する必要はある。また、聖書の系図や用語も、さらに学ばなければならないことを忘れてはならない。

創世記の第二章は、仕事と休暇（六日の労働と一日の休み）と、一夫一婦制の結婚が、罪が世に入る前に、人類の益のために神が設けられた「創造の定め」であると言う。人間の「堕落」すなわち不服従により、罪が世に入ったことが三章に述べられ、続いて、その結果としての人と社会の堕落と必然的な神のさばきが述べられている。洪水は年代の問題と関係があるが、全地球的異変よりも、地域的な大災害だったと見る人が多い。これは人間の罪に対する神のさばきの実物教育、またノアの家族とその後のすべての世代とに対する、「地の続くかぎり、種蒔きと刈り入れ、寒さと暑さ、夏と冬、昼と夜とは、やむことはない」というおごそかな契約による、神のあわれみを示す実物教育として記録されている。バベルの塔の建設も同様である。これはバビロニヤのジグラト、(注3) あるいは何か同じようなものだったかもしれないが、人間の誇りへのさばきの実例であり、それにより諸国民が四散することになったのである。

神のアブラハムへの約束

神がアブラハムを召し出されたことによって、この上なく重大な新しい始まりが生じたのは、紀元前二千年より後のある時であった。この召命は、まずアブラハムがカルデヤ人の町ウルにいたとき、次いでハランにいたときに来たようである。それは神が後に与えて下さるほかの国、ほかの親族と引き替えにアブラハムが自分の国と親族たちのもとを離れるようにという呼びかけであった。

「その後、主はアブラハムに仰せられた。『あなたは、あなたの生まれ故郷、あなたの父の家を出て、わたしが示す地へ行きなさい。そうすれば、わたしはあなたを大いなる国民とし、あなたを祝福し、あなたの名を大いなるものとしよう。あなたの名は祝福となる。あなたを祝福する者をわたしは祝福し、あなたをのろう者をわたしはのろう。地上のすべての民族は、あなたによって祝福される』」（創一二1―3）。

神の約束の中心点は、「わたしはあなたを祝福しよう」である。その内容は、もっとあとで次のように言われる。

「わたしは、わたしの契約を、わたしとあなたとの間に……立てる。わたしがあなたの神、あなたの後の子孫の神となるためである」（創一七7）。

これが、イスラエルに対する神の契約の本質と認められる。神は旧約聖書の中で、繰り返して「わたしはあなたの神となり、あなたはわたしの民となる」と言われた。神はこの契約関係に加えて、土地と子孫とを与えることもアブラハムに約束された。旧約聖書だけでなく、新約聖書全体もこの神の約束がどのように成就されたかを記していると言っても過言ではない。旧約聖書では、イスラエルが約束された子孫であり、カナンが約束の土地であった。しかし神の契約には、

「地上のすべての民族」とその祝福が含まれていた。新約の時代になって初めて、キリストによってこの約束が成就し始めた。イエス・キリストと主の民が真のアブラハムの子孫だからである。パウロがガラテヤ人に書いているとおりである。

「もしあなたがたがキリストのものであれば、それによってアブラハムの子孫であり、約束による相続人なのです」（ガラ三29）。

この約束が最終的に成就するのは、人間の歴史が閉じられた時である。その時には、アブラハムの子孫は、「だれにも数えきれぬほどの大ぜいの群衆」になり、確かに「空の星、海辺の砂のように数多く」なる。彼らの相続地は新しいエルサレム、「堅い基礎の上に建てられた都」であり、「その都を設計し建設されたのは神」である（黙七9、創二二17、ヘブ一一8—12 16 39 40）。

神はアブラハムの存命中、ずっとその契約を更新された。そのあとは息子イサクと孫ヤコブに対して契約を再確認された（アブラハムに、創一五1—6、一七1—8、二二15—18。イサクに、創二六1—5。ヤコブに、創二八13—15、三五9—12）。彼らが住んでいた時のパレスチナは、青銅器文明の時代であったが、彼らは定住しなかったので、その益を享受することはなかった。彼らが遊牧民だったからである。彼らが所有した唯一の土地は、ヘブロンの近くにあり、アブラハムがその妻サラを葬るために買い取った土地だけであった（創二三章）。

ヤコブ（またの名はイスラエル）には、十二人の子どもがあった。彼らは本来の「イスラエルの子孫」であった。しかし、これらイスラエルの十二部族の父祖たちは、約束の地カナンではなく、エジプトで老年期を迎え、死んだ。パレスチナ地方を激しいききんが襲ったため、彼らはやむを得ずエジプトへ行ったからである。ヨセフはエジプトで非常に重要な管理職についていた。総理大臣というところだったであろう。そのような高い地位に外国人が就任するのはあり得ないことと思われるが、紀元前一七〇〇年ごろからエジプトを支配していたヒクソス王朝は、いわゆる羊飼いの王と呼ばれていて、やはりセム族の子孫であったので、それが可能であった。ヨセフもエジプトで死んだ。創世記は次のことばで終わっている。

「ヨセフは百十歳で死んだ。彼らはヨセフをエジプトでミイラにし、棺に納めた」（創五〇26）。

出エジプト記一・八に、「ヨセフのことを知らない新しい王がエジプトに起こった」と簡単に書かれているが、ヒクソス王朝のあと次々に起こった王朝の一つを指している。この王朝は第十九王朝のことであろう。その初めの王たちはピトムとラメセスの町を建てた。ラメセスはデルタ地方の王の居住地として建てられたが、そこはイスラエルの民が住んでいた場所で、彼らを奴隷として使役するには好都合であった（出一11）。月日の進行と共にさらに激しい仕打ちをしたエジプト人は、「粘土やれんがの激しい労働や、畑のあらゆる労働など、すべて、彼らに課する過酷な労働で、彼らの生活を苦しめた」（出一14）。

イスラエル人がエジプトに住んだ期間は四百三十年にもなった（出一二40 41）。神の約束はどうなってしまったのだろうか。

エジプト脱出

イスラエルの人々はパロの圧制の下に苦しみ続け、神に助けを求めた。「神は彼らの嘆きを聞かれ、アブラハム、イサク、ヤコブとの契約を思い起こされた」(出二24)。

事実、神はすでに解放者を選び、訓練しておられた。驚くべき神の摂理によって、モーセはエジプトの王宮で育てられ、「エジプト人のあらゆる学問を」学んでいた(出二1—10)。しかし彼は身の危険を感じて逃げなければならなくなり、そのころシナイ半島に隠れていた(出二11—15)。ホレブの山(シナイ山)の近くである。ここで彼はあとで、新しく生まれる国民のために十誡を受けることになるが、その所で神は燃える柴の中から言われた。「わたしは、あなたの父の神、アブラハムの神、イサクの神、ヤコブの神である」(出三1—6)。

それから神はモーセに、イスラエルの人々を奴隷の身分から救い出して、ついに約束の地へ連れて行くと言われた。神はさらに、パロのところへ行って、神の民を解放せよと要求するようお命じになった。

モーセは最初不安であった。彼はパロを恐れたが、それにもまして仲間のイスラエルの人々の反応を恐れた。しかし神はモーセを励まして言われた。

「イスラエル人に言え。あなたがたの父祖の神、アブラハムの神、イサクの神、ヤコブの神、主が、私をあなたがたのところに遣わされた、と言え」（出三15）。

モーセは従った。イスラエルの人々はモーセを指導者として受け入れた。しかし、当時のパロ――六十六年間（一二九〇―一二二四）エジプトを統治したラメセス二世だと思われる――は承知しなかった。聖書のことばで言えば、「パロの心はかたくなになった」。しかし、十の不思議なわざによってヤハウェがすべてのエジプトの神々よりも力を持っておられることを決定的に証明されたあと、ついにパロはモーセの要求をのんだ（出四27―一三16）。出エジプトは紀元前一二八〇年ごろであったであろう。

エジプトを脱出したイスラエル人が渡った「葦の海」（紅海）は、たぶん今のスエズ湾の北部よりも北にあった浅瀬だったであろう。奇蹟は水を二つに分けた強い東風にあるのではなく、「モーセが手を海の上に差し伸ばした」瞬間に神が東風を送られたという事実にある（出一四21）。

イスラエルの民は、神が超自然的な介入によって自分たちをエジプトから安全に救い出してくださったことを決して忘れなかった。彼らは公の礼拝で、神の力とあわれみを示す特別なしるしとしてそのことを歌に歌った。

「しかし主は、御名のために彼らを救われた。
それは、ご自分の力を知らせるためだった。
主が葦の海を叱ると、海は干上がった。
主は、彼らを行かせた。深みの底を。
さながら荒野を行くように。
主は、憎む者の手から彼らを救い、
敵の手から彼らを贖われた。」
（詩一〇六8—10）

「主に感謝せよ。
主はまことにいつくしみ深い。
その恵みはとこしえまで。
神の神であられる方に感謝せよ。
その恵みはとこしえまで。」
「エジプトの初子を打たれた方に。
その恵みはとこしえまで。
主はイスラエルを

エジプトの真中から連れ出された。
　　その恵みはとこしえまで。
力強い手と差し伸ばされた腕をもって。
　　その恵みはとこしえまで。
葦の海を二つに分けられた方に。
　　その恵みはとこしえまで。
主はイスラエルにその中を通らせられた。
　　その恵みはとこしえまで。」
（詩一三六 1 2 10—14）

脱出途上のイスラエル人たちは、いろいろな人々の混ざった大群であって、「ペリシテ人の国の道」と言われた海岸沿いの道をまっすぐ約束の地へと向かって行ったのではない。イスラエルの人々は、神がモーセに指示されたように、シナイ山で神と会うために南東方向に進んだ。シナイ山に到着するまでに約三か月かかった。彼らはその山のふもとで約一年間宿営した。

神はイスラエルの民に三つの賜物を与えられた。契約の更新、道徳律、贖いのための犠牲がそれである。

まず神は契約を更新された。神は山の上で、イスラエルの人々に与えることばをモーセに授けられた。

「あなたがたは、わたしがエジプトにしたこと、また、あなたがたをわしの翼に乗せ、わたしのもとに連れて来たことを見た。今、もしあなたがたが、まことにわたしの声に聞き従い、わたしの契約を守るなら、あなたがたはすべての国々の民の中にあって、わたしの宝となる。全世界はわたしのものであるから。あなたがたはわたしにとって祭司の王国、聖なる国民となる」（出一九4—6）。

次に、神がイスラエルに与えられた道徳律のことであるが、イスラエルの人々は神との契約の条件として、このおきてに従順でなければならなかった。その道徳律の核心は十誡であるが、その上に「戒め」（「あなたがたは……しなければならない」「……してはならない」）と、一群の判例法（「人が……した場合……」）となっている「定め」とが与えられた。イスラエルの人々が神のおきてを守ることを承知したとき、神の契約は犠牲の動物の血で厳粛に批准された。

次に神は、イスラエルの人々がその契約を破ったときのための寛容な規定を定められた。神は「幕屋」を建てるようにお命じになった。そのおよその大きさは縦十五メートル、横五メートルで、骨組みを、染めた亜麻布の垂れ幕でおおい、その上にやぎの毛と防水用の毛布をかぶせたものであった。内側には二つの部屋があった。その一つは「聖所」、もう一つは「至聖所」と呼ばれた。至聖所は聖所の約半分の大きさであり、二つの部屋は「垂れ幕」で区切られていた。その垂れ幕の外側には金の燭台と香をたく祭壇と机が置かれていた。その机の上には供えのパンが並べられた。垂れ幕の内側にはあかしの箱が置かれていた。アカシヤ材でできた箱で、中にはモーセの十誡を刻んだ石の板が入っていた。その金のふたは「恵みの座」（「贖いのふた」）と呼ばれ、天使の姿であるケルビムがついていた。異教の寺院ならばこの場所が偶像の王座となるわけであるが、イスラエルの天幕には偶像がなかった。偶像を作るのを禁じられていたからである。その代わりに神は一種の輝きの中でご自身を明らかにされた。それがシェキナの栄光であり、神が人々の真中にずっと住んでおられることを示す事実であった（出二五8、四〇34参照）。

幕屋は大きな庭の中に建てられた。天幕の東に面した入口の外には、洗盤と呼ばれる青銅の器が置かれていた。祭司たちはそこで手足を洗った。また犠牲の動物を焼く大きな祭壇もあった。

幕屋に使われた幕や備品や設計は、出エジプト記二五―二七章、三五―四〇章に記されている。五つの基本的ないけにえについては、レビ記一―七章にその説明がある。祭司たちの服装や彼らをきよめる方法、彼らの役目などについては、出エジプト記二八、二九章とレビ記の残りの部分に詳述されている。

その中で特に重要なのは、年に一度行なわれる贖いの日の儀式である（レビ一六章）。大祭司は二頭のやぎを取る。その一頭を罪のためのいけにえとして殺し、その血の一部分を垂れ幕の内側に持って入り、贖いのふた（恵みの座）に振りかける。その血は、死罪に当たる罪人の代わりに犠牲となるいのちを象徴する。

「なぜなら、肉のいのちは血の中にあるからである。わたしはあなたがたのいのちを祭壇の上で贖うために、これをあなたがたに与えた。いのちとして贖いをするのは血である」（レビ一七11）。

罪人は神に近づくことが許されないという厳然たる事実を象徴するのが垂れ幕であるが、その垂れ幕の中に入ることができるのは贖いの日に限られ、しかも大祭司以外だれも入ることは許されない。その大祭司も、犠牲の血を流し、その血を振りかけなければ入ることは決して許されなかった。そのあとで、

「アロンは生きているやぎの頭に両手を置き、イスラエル人のすべての咎と、すべてのそむきを、どんな罪であっても、これを全部それの上に告白し、これらをそのやぎの頭の上に置き、係りの者の手でこれを荒野に放つ。そのやぎは、彼らのすべての咎をその上に負って、不毛の地へ行く」（レビ一六21 22）。

血を流し、血を振りかけ、垂れ幕の中に入り、罪を負わせるなどの象徴的な行動は、すべて私たちの救い主イエス・キリストの贖いのわざを予示している。

荒野の放浪

イスラエルの人々は、エジプトから脱出したちょうど一年後の記念の日に幕屋を建てた（出四〇17）。その二週間後に過越の祭りを祝った（民九1—3）。それから二週間過ぎて後、軍務につくことのできる二十歳以上の者たちの人口調査をした（民一1以下）。このようなイスラエルの民の前進は驚くばかりである。最初彼らは混乱した解放奴隷の集団に過ぎなかったが（出一三17以下）、ヤハウェと契約を結んだ聖なる民となり（出一九1以下とレビ記）、神が共に住んでおられる「祭司の王国」となった。しかし今、民数記では、彼らは戦いのために宿営する戦士の集団となり、約束の地に向かって隊列を組み前進する用意ができていた。

第二年目の第二月の二十日に、彼らは前進を開始した。幕屋を建ててからほんの七週間後であったが、その幕屋を取りこわした。神が共におられ、彼らを導かれる象徴である雲の柱が動き始めた。「それでイスラエル人はシナイの荒野を出て旅立った」（民一〇11 12）。

イスラエルの民にとって、それは劇的な瞬間であったに違いない。神がその民にカナンの地を与えるという約束がアブラハムになされてから、七百年後に、ついにその約束が成就する時が来た。「私たちは、主があなたがたに与えると言われた場所へ出発するところです」と、彼らは互いに言った（民一〇29）。

しかし、その期待はすぐ消えてしまった。まず彼らは食物が不十分だと文句を言った。彼らはエジプトで食べていた魚、きゅうり、すいか、にら、玉ねぎ、にんにくがほしくてたまらなくなった（民一一1―6）。また、モーセの姉と兄であるミリヤムとアロンがモーセの権威に水をさした（民一二章）。次には、モーセがカナン偵察のため派遣した十二人の斥候は、その地が確かに「乳と蜜が流れている」地であることを証拠立てるものとして、果物を持って帰ったが、カナンにはとても征服できないと思われる強力な人々が住んでいると付け加えた。

「しかし、その地に住む民は力強く、その町々は城壁を持ち、非常に大きく、……ネゲブの地方にはアマレク人が住み、山地にはヘテ人、エブス人、エモリ人が住んでおり、海岸とヨルダンの川岸にはカナン人が住んでいます。……私たちはあの民のところに攻め上れない。あの民は私たちより強いから」（民一三28 29 31）。

この報告を聞いた人々は泣き叫んだ。斥候のうちの二人、カレブとヨシュアは彼らに神に反逆したり、不従順になったり、カナンの地の人々を恐れたりしないようにと訴えた。しかし効果はなかった。彼らは二人を石で打ち殺そうと言い出すしまつであった。がんこに反逆しているその人々に対して、神のさばきが下った。神は忠実なカレブとヨシュア以外、当時のおとなはだれも約束の地に入れないと言われた。

エジプトを出てから一年か二年でカナンに入れるはずであったが、彼らが反逆したため、四十年もかかることになった。彼らはネゲブにあるカデシュ・バルネアのオアシスでかなりの月日を過ごしたようであるが、四十年間のほとんどは放浪期間であった。彼らは南のシナイへ逆戻りし、また北へ東へ行って、死海の南にあるエドム人の領地を通った。そこで彼らは、アカバ湾から死海の東を通りまっすぐシリヤに入る有名な「王の道」を利用することもできたはずである。しかし、エドム人は、イスラエルの人々がこの道を利用して自分たちの領土を通り抜けるのを許さなかった。それで、イスラエルの民はまた大きく東に回らなければならなかった（民二〇14以下）。彼らはエドム人を襲わなかった。互いに親族関係にあったからである。しかし、エドム人の領土の北側にはエモリ人が住んでおり、彼らもまた「王の道」を通らせなかった。エモリ人たちはヘシュボンの王シホンとバシャンの王オグの指導の下にじゃまをした。このエモリ人たちの敗北、モアブの王がバラムを雇ってイスラエルをのろわせ、また汚れた誘惑によってイスラエルを倒そうとした計画の失敗などは、民数記二一―二五章に記されている。

イスラエルの民はヨルダン川に近いモアブの平野に宿営した。ヨルダン川が死海に注ぐ地点より少し北方であった。ここでモーセは彼らに最後の戒めを与えた。申命記はそのモーセの警告の書である。モーセは悲惨な放浪の年月を思い起こし、それから学んだきびしい教訓を述べている。彼はもう一度十誡を読んで聞かせ、その説明をして、おきてを守るとは、彼らの神を全身全霊をもって愛し、神に従うことにより神に対する愛を証拠立てることであると教えた。

「あなたは、あなたの神、主の聖なる民……である。あなたの神、主は、地の面のすべての国々の民のうちから、あなたを選んでご自分の宝の民とされた。……イスラエルよ。今、あなたの神、主が、あなたに求めておられることは何か。それは、ただ、あなたの神、主を恐れ、主のすべての道に歩み、主を愛し、心を尽くし、精神を尽くしてあなたの神、主に仕え、……主の命令と主のおきてとを守ることである」(申七6、一〇12 13)。

モーセは引き続いていくつかのおきてを詳細に説明し、イスラエルの民が約束の地で遭遇するような問題に当てはめている。モーセはその説明の途中で二、三度、イスラエルの民が二つの道のどちらかを選ぶよう迫っている。

「見よ。私は、きょう、あなたがたの前に、祝福とのろいを置く。……あなたがたの神、主の命令に聞き従うなら、祝福を、もし、あなたがたの神、主の命令に聞き従わず、……ほかの神々に従って行くなら、のろいを与える」(申一一26 27 28、三〇15)。

モーセの死は、申命記の末尾に書かれている。モーセは四十年間、神に仕え、また非常な忍耐と忠実さをもってイスラエルの民に仕えた。モーセは彼らにとって法律制定者、行政官、裁判官となったが、何よりもまず、彼は選ばれた神の代弁者、すなわち預言者であった。確かに著者は次のように記している。

「モーセのような預言者は、もう再びイスラエルには起こらなかった。彼を主は、顔と顔とを合わせて選び出された」(申三四10)。

イスラエル人のカナン定着

モーセは神の命令に従って、死ぬ前にヨシュアを後継者として選び、自分の代わりにイスラエルの民を約束の地へ導く役目をゆだねた。神はそこでヨシュアに言われた。

「強くあれ。雄々しくあれ。わたしが彼らに与えるとその先祖たちに誓った地を、あなたは、この民に継がせなければならないからだ」(ヨシ一6)。

イスラエルの民は紅海(葦の海)の場合と同じように、神の超自然的なわざによって、ヨルダン川を渡ることができた。今度の場合が紅海のときと違っている点は、水をせき止めるために強風ではなく地すべりが用いられたことである(ヨシ三15 16)。

彼らの目前には、城壁で囲まれたエリコの古い町が立っていた。その町を攻略せずに全滅させたのが、約束の地での最初の勝利であった。アカンがその戦利品を盗んだので、アイでは初め敗北したが、後に勝利を収めてから、イスラエル人は南に向かった。彼らは五名のエモリ人の王の連合軍を破り、ペリシテ人の地との境まで南の山地を一挙に占領した。

そこから彼らは北上して、フーレ湖の近くに集合したハツォル(ハゾル)の王ヤビンの指揮下にある連合軍と戦った。相手は「馬や戦車」を多数持っていたが、イスラエルの民は完全な勝利を握った。(イスラエルの民がカナンに定着したこの時代は、だいたい鉄器時代の初めのころであった。)

「こうして、ヨシュアはこの地のすべて、すなわち山地、ネゲブの全地域、ゴシェンの全土、低地、アラバ、およびイスラエルの山地と低地を取り、セイルへ上って行くハラク山から、ヘルモン山のふもとのレバノンの谷にあるバアル・ガドまでを取った」（ヨシ一一16 17）。

ヨシュア記の残りの部分には、くじによってイスラエルの部族ごとの相続地が分けられたことが記されている（一三―二二章）。ヨシュア記は、多くの日の後ヨシュアが人々に与えた激励のことばをもって終わっている。それは申命記に記されているモーセの命令を思わせるものであり、イスラエルの民にその過去の歴史を思い起こさせるもので、次のような訴えであった。

「今、あなたがたは主を恐れ、誠実と真実をもって主に仕えなさい。あなたがたの先祖たちが川の向こう、およびエジプトで仕えた神々を除き去り、主に仕えなさい。もしも主に仕えることがあなたがたの気に入らないなら、川の向こうにいたあなたがたの先祖たちが仕えた神々でも、今あなたがたが住んでいる地のエモリ人の神々でも、あなたがたが仕えようと思うものを、どれでも、きょう選ぶがよい。私と私の家とは、主に仕える」（ヨシ二四14 15）。

イスラエルの人々は、今や神が彼らに与えると約束された地に定着したが、先住民を全滅せよという神の命令には従わなかった。私たちは神のこの命令に反対を唱える必要はない。その理由は、大手術が必要だったということばが最もよく当てはまる。カナン人の宗教の特徴は、偶像崇拝と最悪の種類の不道徳であった。「バアル」とは生殖の神であり、降雨と収穫を支配する神だとみなされていた。その上、神殿売春と性の祭典が彼らの神殿の「礼拝」を汚れたものにしていたのである。このことについてモーセは言った。

「これらの国々が悪いために、主はあなたの前から彼らを追い出そうとしておられるのだ」（申九4 5）。

カナンの住民があまりにも堕落して、自分の子どもたちを犠牲としてささげるほど忌まわしいものになっていたので、聖書は「その地は、住民を吐き出すことになる」（レビ一八24―30）ということばで、イスラエル人が彼らを放逐することを描いている。

イスラエルの民が神の命令を守らなかった結果として、カナンには依然として異邦的習慣が続き、イスラエルの人々の信仰や習慣も悪影響を受けるようになった。その状態が二百年続いた。初めに士師記にそのことが記されている。堕落―圧制―解放ということが繰り返して起こった。初めに彼らは堕落した。

「それで、イスラエル人は主の目の前に悪を行ない、バアルに仕えた。彼らは、エジプトの地から自分たちを連れ出した父祖の神、主を捨てて、ほかの神々、彼らの回りにいる国々の神に従い、それらを拝み、主を怒らせた。彼らが主を捨てて、バアルとアシュタロテに仕えたので……」（士二11―13）。

それから外国人の圧制という形で、神のさばきが下った。

「主の怒りがイスラエルに向かって燃え上がり、主は彼らを略奪者の手に渡して、彼らを略奪させた。主は回りの敵の手に彼らを売り渡した。それで、彼らはもはや、敵の前に立ち向かうことができなかった」（士二14）。

最後に彼らはその敵の手から解放されたのである。

「そのとき、主はさばきつかさを起こして、彼らを略奪する者の手から救われた」（士二16）。

ところが、イスラエルの民はまた同じことを繰り返した。

「ところが、彼らはそのさばきつかさにも聞き従わず、ほかの神々を慕って淫行を行ない、それを拝み、彼らの先祖たちが主の命令に聞き従って歩んだ道から、またたくまにそれて、先祖たちのようには行なわなかった」（士二17）。

これらのさばきつかさたちは、いくつかの役目を兼務した。まず最もたいせつな役目が軍隊の指揮であった。彼らはイスラエルの民を圧制者の手から救い出すために立てられた。だから、エフデはモアブ人の手からイスラエルの民を救い出し、デボラはカナン人の手から、ギデオンはミデヤン人から、エフタはアモン人から、サムソンはペリシテ人の手からイスラエルの民を助け出した。次にたいせつな役目は、霊的な指導であった。彼らのヤハウェに対する信仰はさまざまではあったが、霊の人であった。次はさばきをすることであった。彼らはその肩書きが示すように、人々の訴えを取り上げ、イスラエルに正義が行なわれるように導いた。しかし、この士師の時代全体として、おきてや秩序はほとんど守られなかったと思われる。士師記の終わりのことばが、当時の様子を適切にまとめている。

「めいめいが自分の目に正しいと見えることを行なっていた。」

最も偉大な士師は、疑いもなくサムエルであった。他の士師たちとは違って、彼には軍隊の指揮官としての武勇談は全然ない。彼の任期の間に神の契約の箱がペリシテ人の手に渡って、シロからアシュドデに持って行かれるという前代未聞の大惨事が起こったが、彼は祈りと全国民の悔い改めという霊的な方法で契約の箱を取り戻した。

サムエルは若いうちから霊的な指導者として知られていた。彼は誕生以前からすでに神にささげられており、幼少時代から大祭司エリのもとで訓育を受けた。青年の時すでに、「こうして全イスラエルは、ダンからベエル・シェバまで、サムエルが主の預言者に任じられたことを知った」と言われている（Iサム三20）。サムエルは祭司の役目も果たしていた。

また毎年生まれ故郷ラマを出てベテル、ギルガル、ミツパを巡回し、裁判官としての役目を果たしていた（Iサム七15―17）。しかし、サムエルが年老いて、その子どもたちを彼の後任として裁判官に任命したとき、彼らはその父の歩み方に従わず、「わいろを取り、さばきを曲げていた」（Iサム八1―3）。そこでイスラエルの長老たちは、ラマにいたサムエルを訪問し、イスラエルを統治する王を選定してくれるよう依頼した。サムエルが彼らの願いについて祈っていたとき、彼らの真意は彼を拒否するというよりは、神を拒否することにあったことが明らかになった。イスラエルはその建国以来二百五十年間、ずっと神によって直接治められてきたからである。そこで、サムエルは彼らに忠告と警告とを与え、もし王が統治するようになると、彼らは必ずその圧制の下に苦しむだろうと言った。しかし彼らは耳を貸さないで言った。

「いや。どうしても、私たちの上には王がいなくてはなりません。私たちも、ほかのすべての国民のようになり……」（Ⅰサム八19 20）。

王制の確立

イスラエル初代の王、キシュの子サウルがその統治を始めたとき、人々は将来に明るい期待を持った。サウルは金持ちで背が高く、その容姿は美しく、若くて人々に人気があった。その上、彼は熱心な愛国者だったので、アモン人ナハシュがヤベシュ・ギルアデを包囲したと知って、すぐ大軍を召集して大胆にヨルダン川を渡り、奇襲によってその町を救出することに成功した。

しかし彼はペリシテ人との戦いでは成功しなかった。ペリシテ人はイスラエルの領地に守備隊を置き、絶えずイスラエルの民に屈辱を味わわせていた。ある日サウルの子ヨナタンが一人で彼らの全部隊を大混乱に陥れた。また、ペリシテ人の巨人ゴリヤテを倒したのは青年ダビデ（サウルの後継者となる）であった。イスラエルの民は若い二人の勇敢な行為を喜んだが、サウルは嫉妬心をいだいた。

サウルが王座から転落したおもな理由は、神への不従順であった。彼が神の明らかな命令を実行しなかったことが三度も重なった。まず彼は、皆殺しにせよと命じられたアマレク人の一部を生かしておいた。次に、祭司の特権を侵害して自分で犠牲をささげた。また彼は霊媒に占わせた。神はサムエルを通して、避けられない判決を下された。

「あなたが主のことばを退けたので、主もあなたを王位から退けた」（Ⅰサム一五23）。

サウルはペリシテ人との戦いで、三人の息子と共に倒れた。ダビデは悲しみに満たされて言った。

「イスラエルの誉れは、おまえの高き所で殺された。ああ、勇士たちは倒れた」（Ⅱサム一19）。

ダビデは、サウルの生存中すでに後継者に定められたが、サウルが嫉妬からいのちをつけねらったので、逃亡生活を続けた。ダビデはまず、自分の部族ユダの人々が住んでいるヘブロンで、油を注がれてユダ部族の王とされた。七年後に、イスラエルのすべての部族の代表者たちが彼のもとに来て、彼の臣民となる誓いをしたので、彼は再び油を注がれ全イスラエルの王となった。彼はエブス人から取り上げたばかりのエブスに首都を移し、その町をエルサレムと改名した。エルサレムとは「平和の都」という意味である。それから彼は人々の大歓声のうちに、キルヤテ・エアリムから契約の箱を移した。

ダビデは最初の仕事としてイスラエルを統合し、敵の手からその国を守った。イスラエルのすべての宿敵、すなわちペリシテ人、エドム人、モアブ人、アモン人、アラム人（シリヤ人）などに対して、徹底的に勝利を収め、約束の地全体をエジプトの川（エジプトの国境にある雨期以外はかれている谷川）からユーフラテス川まで治めた。このように常勝軍の王であったダビデにとって、その子アブシャロムや卑しむべき偽り者シェバの反乱は、ことさら大きな痛手となったと思われる。

しかし、ダビデは戦争以外に興味がないような王ではなかった。彼は芸術家であり、詩を作り、音楽を奏した（若い時には立琴を奏してサウルの陰うつな心を何度も慰めた）。彼は繊細な心の持ち主でもあり、敵には寛容、友人には信義を保った。

それらすべてにまさって、ダビデは心から神に仕えていた。彼が作った詩篇の示す霊的な深みは、なみなみならぬものがある。バテ・シェバと姦淫を犯したあとのざんげ、救いの神に対する強い信頼なども同じである。たとえば、

「主はわが巌、わがとりで、わが救い主、
　わが身を避けるわが岩なる神。
　わが盾、わが救いの角、わがやぐら。
　私を暴虐から救う私の救い主、私の逃げ場。
　ほめたたえられる方、この主を呼び求めると、
　私は、敵から救われる。」
「まことに、主のほかにだれが神であろうか。
　私たちの神のほかにだれが岩であろうか。
　この神こそ、私の力強いとりで。
　私の道を完全に探り出される。」
「主、わが力。私は、あなたを慕います。
　主はわが巌、わがとりで、わが救い主、
　身を避けるわが岩、わが神。
　わが盾、わが救いの角、わがやぐら。

ほめたたえられる方、この主を呼び求めると、
私は、敵から救われる。」
「まことに、主のほかにだれが神であろうか。
私たちの神を除いて、だれが岩であろうか。
この神こそ、私に力を帯びさせて
私の道を完全にされる。」

（Ⅱサム二二2—4 32 33＝詩一八1—3 31 32）

ダビデは自分の宮殿をエルサレムに建てたので、主のための宮も建てたいと心から願った。しかし神は預言者ナタンを通してその願いを禁じられ、彼の息子ソロモンに神殿を建てることが許されるとお告げになった。神は続けて言われた。

「さらに主はあなたに告げる。『主はあなたのために一つの家を造る。』……あなたの家とあなたの王国とは、わたしの前にとこしえまでも続き、あなたの王座はとこしえまでも堅く立つ」（Ⅱサム七11 16）。

イスラエルの人々は、神がダビデととこしえの契約を結ばれたことを決して忘れなかった。イスラエルの中の信仰者たちは、メシヤが来るときは、そのメシヤはダビデの子だとはっきり知っていた。

神はダビデに対する約束を実現するために、まず彼の子ソロモンを王とされた。ソロモンの治世の時、イスラエル王国はその最盛期に達した。主イエスが「栄華を窮めたソロモン」と言われたのは、まさに事実を言われたのである。

ソロモンは行政と建築の天才であった。彼は王になった直後に、神から知恵が授かるように祈った。

「善悪を判断してあなたの民をさばくために聞き分ける心をしもべに与えてください」（I列三9）。

ソロモンの祈りは聞かれた。彼は王国を十二に区分して、その上に一人ずつ十二人の行政官を置いた。彼らの役目は、一年に一か月分ずつ王の家の者たちの必要なものを満たすことであった。ソロモンは要塞の町々を築き、常駐の軍隊を置き、自分のために千四百台の戦車と四万の軍馬を用意した。彼はイスラエル船隊の創設者であり、彼の船団は、アカバ湾をその停泊地として大胆な貿易を行なうために出て行った。彼は自分と王妃のために宮殿を建て、集会場、法廷、武器庫などを建築した。彼の最も大きな建築はもちろん神殿の建築であり、すべて切り出された石と杉材と金とで造った。彼は芸術の後援者でもあり、自分も数知れない歌や箴言を書いた（I列四32―34）。彼の栄華と知恵と正義の評判は遠くまで響き渡った。彼の治世によって、イスラエルの人々は平和と繁栄を楽しんだ。

「ユダとイスラエルの人口は、海辺の砂のように多くなり、彼らは飲み食いして楽しんでいた。……ユダとイスラエルは、ソロモンの治世中、ダンからベエル・シェバまで、みな、おのおの自分のぶどうの木の下や、いちじくの木の下で安心して住むことができた」（I列四20―25）。

しかし、表面に表われているようには、万事がうまくいってはいなかった。ソロモンは彼の神、主を心から愛してはいなかった。彼は隣人を自分と同じように愛してはいなかった。神が異邦人との結婚を禁じておられたのに、彼は多数の異邦の王女たちのハレム（後宮）を持っていた。この妃たちが、「彼の心をほかの神々のほうへ向けた」（I列一一1―8）。彼は三万人にものぼる強制労働者と、高い課税などの圧制によって、その建築計画と宮殿における豪華な生活を強引に続けた。

だから、イスラエルの民がソロモンの後継者としてその子レハブアムを立てるとき、次のように言ったのもうなずける。

「あなたの父上は、私たちのくびきをかたくしました。今、あなたは、父上が私たちに負わせた過酷な労働と重いくびきとを軽くしてください。そうすれば、私たちはあなたに仕えましょう」（I列一二4）。

ソロモンに仕えていた長老たちは、レハブアムに賢明な助言を与えた。その助言は、あらゆる近代の立憲国の国政の理想の土台となっているものである。

「きょう、あなたが、この民のしもべとなって彼らに仕え……るなら、彼らはいつまでもあなたのしもべとなるでしょう」（I列一二7）。

しかしレハブアムは軽率で愚かなあやまちを犯した。彼は長老たちの助言を退け、経験の少ない若者たちの意見を受け入れ、人々にくびきをもっと重くすると宣言した。その結果、北と東の十部族はダビデ王朝から離反することになってしまった。

サウル、ダビデ、ソロモンの三人の王は、それぞれ四十年間イスラエルを統治したので、だいたい紀元前一〇五〇年―九三〇年の百二十年間は統一王国であった。しかし、このレハブアムの時代から、その王国は二つに分かれた。北王国イスラエルではヤロブアムが最初の王となり、シェケム（後にはサマリヤ）をその首都とした。南王国ユダではレハブアムが最初の王となり、エルサレムを首都とした。イスラエルは、王朝の交代が何回かあり、紀元前七二二年にサマリヤが陥落するまで二百年あまり続いた。ユダはイスラエルよりも安定していて、ダビデ王朝が約三百五十年間、紀元前五八六年のエルサレムの陥落までずっと続いた。

南北王朝時代の物語を追うのはむずかしい。両王国の関係、南北の大帝国との接触、王と臣民との区別なく大胆に語りかけたヤハウェの預言者たちの姿などをすべて理解するのは容易ではない。当時の出来事の大部分が聖書に二度出て来るので、その複雑さは倍増している。列王記に記されていることが再度歴代誌に述べられているのである。歴代誌はあとから書かれたもので、エズラの手によるものかもしれないが、南王国、ダビデ王朝、神殿での儀式を強調するという明白な目的で書かれている。まず北王国に注目しよう。

北王国イスラエル

北王国初代の統治者ヤロブアムは、ソロモンの従者の一人だった。ソロモンは彼の能力と熱心さを高く買って、強制労働の責任者に任命した。反逆を企てたとソロモンに疑われて、彼はエジプトに亡命し、エジプトの王シシャク（第二十二王朝のシェシェンク）にかくまわれた。ソロモンの死後帰国し、レハブアムに対抗する王となったのである。

ヤロブアムは臣下の心をダビデの家から離反させるために、エルサレム巡礼をやめさせる決心をした。彼は二つの聖所を、一つは北方のダンに、もう一つは南部のベテルに造って、それぞれ金の子牛の像を安置して言った。

「イスラエルよ。ここに、あなたをエジプトから連れ上ったあなたの神々がおられる」（I列一二28）。

このことによってヤロブアムは「イスラエルに罪を犯させた」者として、その悪名は後世に至るまで長く伝えられることになった。

レハブアムの治世下にあったユダ王国もイスラエルとほとんど変わりがなかった。人々はヤハウェを礼拝するとともに、多産のために行なうカナン人の忌まわしい宗教儀式に参加したからである。エジプトの王シシャクがエルサレムを侵略して、ソロモンがたくわえた多くの宝物をすべて神殿から持ち去ってしまったのは、レハブアムが王となって四、五年しかたっていない時だった。

ヤロブアムの次はごくわずかのことしか知られていない五人の王が次々と立った。しかし、ヤロブアムの死後二十八年の紀元前八八一年には、オムリ王朝が始まった。彼はサマリヤに首都を移し、そこを円錐形の丘の上に建てられた難攻不落の要塞とした。ただ彼はあとで王となった自分の息子アハブにフェニキヤ人の王女イゼベルをめとらせることによって、大きな災害をイスラエルにもたらした。その女はツロの主神メルカルト（聖書ではバアル）を自分が信仰するだけでは満足せず、宮廷に自分の費用でバアルの預言者たちを保持することを主張し、王である自分の夫を偶像崇拝に引きずり込んだ。また彼女は主の預言者たちを殺害した。

このように宮廷での厚顔な背信行為を契機として、倫理的預言が復活し、その時から三百年以上の間、イスラエルとユダの両王国で大きな役割を演じることになった。その一連の預言者の最初の人はエリヤである。エリヤはトランス・ヨルダンのギルアデ出身で、個人生活は厳格、公の活動では相手を恐れなかった。彼はアハブが偶像礼拝によってイスラエルに悪い影響を与え、問題を引き起こしたことを非難した。彼はまたバアルの預言者に挑戦して、カルメル山で公開の力比べを要求し、同時に、人々に対してその二心の態度を「あなたがたは、いつまでどっちつかずによろめいているのか」(I列一八21)と責めた。バアルの預言者がその神から何らの応答も得られないことがわかったとき、エリヤは祈って言った。

「アブラハム、イサク、イスラエルの神、主よ。あなたがイスラエルにおいて神であり、私があなたのしもべであり、あなたのみことばによって私がこれらのすべての事を行なったということが、きょう、明らかになりますように」(I列一八36)。

その結果、生ける神は全く議論の余地がないような方法で、ご自身を顕現なさった。

エリヤは、宗教的悪を非難するだけでなく、社会悪を糾弾する心も持っていた。彼は、ヤハウェが王の背信行為に対して怒っておられるだけでなく、臣民を不当に圧迫することに対しても、警告を与えようとしておられることを知っていた。さて、イズレエルにあるアハブの宮殿に隣接して、ナボテの所有するぶどう園があり、アハブは何としてもそれを自分のものにしたかった。しかしナボテは、先祖伝来の土地だったので売ろうとはしなかった。ところがイゼベルは、たぶんアハブに見て見ぬふりをさせておいてナボテを殺害し、その土地を取り上げる工作を進めた。その時エリヤが登場したのである。

「あなたは……人殺しをして、取り上げた……犬どもがナボテの血をなめたその場所で、その犬どもがまた、あなたの血をなめる」（I列二一19）。

ナボテの無実の血の仕返しをしたのは、エフーであった。エフーはイスラエル軍の隊長であったが、預言者エリヤの権威をもって油注がれてイスラエルの王となった。彼は全く残酷な方法でアハブの家族を全滅し、国内からバアル崇拝を一掃した。

エフー王朝は約百年間（紀元前約八四一―七五三年）、すなわち北王国全体の歴史の約半分、続いた。その王朝の当初は、事実上アラムとの戦いの連続であった。アラムはエフーからトランス・ヨルダン全体を強奪した。エフーの孫の時代になってやっとその一部分を取り戻し、曽孫ヤロブアム二世が全体を取り戻した。

ヤロブアム二世の治世下（紀元前七八二―七五三年）に、北王国はその全盛期に達した。

「彼は、レボ・ハマテからアラバの海までイスラエルの領土を回復した」（II列一四25）。

平和が繁栄をもたらし、繁栄が栄華を、栄華が放縦をもたらした。各地の礼拝所には多くの参拝者が群がり、表面上はイスラエルは宗教のブームにわいたように見えた。しかし神の預言者たちの目には、指導者たちの不正行為と不道徳しか映らなかった。紀元前八世紀の最初の偉大な預言者アモス（ある人々はヨナとヨエルをアモスより早い年代だと考えている）は、南王国ユダの羊飼いだったが、神のことばにしいられて北王国に行き、イスラエルの民の偽善をあばいた。

「主はこう仰せられる。

『イスラエルの犯した三つのそむきの罪、
四つのそむきの罪のために、
わたしはその刑罰を取り消さない。
彼らが金のために正しい者を売り、
一足のくつのために貧しい者を売ったからだ。
彼らは弱い者の頭を地のちりに踏みつけ、
貧しい者の道を曲げ、
父と子が同じ女のところに通って、
わたしの聖なる名を汚している。
彼らは、すべての祭壇のそばで、
質に取った着物の上に横たわり、
罰金で取り立てたぶどう酒を
彼らの神の宮で飲んでいる。』」
（アモ二6—8）

彼は、道徳性を失ってしまった宗教は、主が嫌悪されることを知っていた。
「わたしはあなたがたの祭りを憎み、退ける。

あなたがたのきよめの集会のときのかおりも、
わたしは、かぎたくない。
たとい、あなたがたが全焼のいけにえや、
穀物のささげ物をわたしにささげても、
わたしはこれらを喜ばない。
あなたがたの肥えた家畜の和解のいけにえにも、
目もくれない。
あなたがたの歌の騒ぎを、わたしから遠ざけよ。
わたしはあなたがたの琴の音を聞きたくない。
公義を水のように、
正義をいつも水の流れる川のように、流れさせよ。」
（アモ五21―24）

ホセアは、その妻の不貞行為による苦悩を通して主のことばを受けた。イスラエルの民も同じように、主との結婚の神聖な契約を破って、愛人たち、すなわち各地のバアルの神殿を求めた。神がイスラエルに求められたのは、表面だけの宗教的熱心さではなく、その契約を忠実に守ることであった。

「わたしは誠実を喜ぶが、いけにえは喜ばない。全焼のいけにえより、むしろ神を知ることを喜ぶ」(ホセ六6)。

エフーの王朝が滅びたあと、北王国イスラエルは約三十年しか続かなかった。将軍たちが次次に何人も王となった。しかし新しい国際情勢が生じていた。大アッシリヤ帝国の興隆である。その前世紀の中頃には、アハブもエフーもアッシリヤの王シャルマヌエセル三世にみつぎ物を納めていたが、このころのアッシリヤの王はティグラテ・ピレセル三世(紀元前七四五—七二七年)、聖書がプルと言っている人であった。彼は次々に領土の拡大を目指す戦争に乗り出していた。彼がイスラエルに到達したとき、その時の王メナヘムは一千タラントの銀を与えて、彼を買収した。

その数年後(紀元前七三五年)、イスラエルの王レマルヤの子ペカは、アラムの王レツィンと同盟を結び、アッシリヤの束縛からのがれようとした。ユダの王アハズがその同盟に加わることを拒否したので、彼らはユダの領土内に侵攻した。アハズは恐慌に陥ったが、預言者イザヤは、主のことばによってアハズの心を静めようとした。

「気をつけて、静かにしていなさい。恐れてはなりません。あなたは、これら二つの木切れの煙る燃えさし……に、心を弱らせてはなりません。……もし、あなたがたが信じなければ、長く立つことはできない」(イザ七4 9)。

しかしアハズは彼のことばを信じないで、ティグラテ・ピレセルに助けを求めた。これが大きな災難をもたらす原因となった。アラムは打ち負かされ、イスラエルのガリラヤとトランス・ヨルダン地方の住民は移された。アハズは神殿から金銀を持ち出してティグラテ・ピレセルに献上しただけでなく、アッシリヤの神アシェラを拝むことになってしまった。

ティグラテ・ピレセルの死後、サマリヤはアッシリヤに反抗してみつぎを納めることを拒否した。この無暴な行動がイスラエルを滅亡に追いやった。新しい王シャルマヌエセル五世がサマリヤを包囲し、三年後（たぶん紀元前七二二年）、彼の後継者サルゴン二世によってサマリヤは陥落した。イスラエルの民は大部分連れ去られ、アラム人とバビロニヤ人の植民地となってしまった。その結果として混血が始まり、サマリヤ人の祖先となったわけである。

このようにして、北王国は不名誉な最後を遂げた。イスラエルは二百年あまり続いた。イスラエルの民は、神の契約さえあれば神のさばきをのがれられると思ったが、預言者アモスは彼らのまちがいを指摘した。

「わたしは地上のすべての部族の中から、あなたがただけを選び出した。それゆえ、わたしはあなたがたのすべての咎をあなたがたに報いる」（アモ三2）。

南王国ユダ

今まで、北王国の由来と結末を見てきたが、列王記と歴代誌には同時期に南王国で起こった出来事も記されているが、何も派手なことはなく、初期の王たちは、アハブと同時代のヨシャパテを例外として、ほとんど名が知られていない。

しかし、南王国は北王国より百三十五年長く続いた。その独立期間中に二度霊的革新が起こったのは、この国を高める事実であった。最初の霊的革新は、預言者イザヤとミカの励ましを受けた王ヒゼキヤによって、もう一度はヨシヤによって起こされた。ヨシヤは遠い親戚にあたる預言者ゼパニヤと預言者エレミヤの助けを受けた。

ヒゼキヤは治世の当初に神殿を修築し、人々の礼拝のために再開させた。次に、彼の父が導入したアッシリヤ人の偶像に関連するすべてのものを国内から一掃する決断を下した。

これら一連の改革は、預言者イザヤとミカが偶像崇拝、形だけの儀式、社会的不正などを、まっこうから否定し、人々に悔い改めを迫った結果起こったものである。この預言者たちは、すでにヒゼキヤ以前の王の治世時代から活動しており、その当時、北王国ではアモスとホセアが同様に神のことばを人々に語っていた。ミカは、神からのことばを、たとえば次のように伝えている。

「私は何を持って主の前に進み行き、
　いと高き神の前にひれ伏そうか。

全焼のいけにえ、一歳の子牛をもって
御前に進み行くべきだろうか。
主は幾千の雄羊、幾万の油を喜ばれるだろうか。
私の犯したそむきの罪のために、
私の長子をささげるべきだろうか。
私のたましいの罪のために、
私に生まれた子をささげるべきだろうか。
主はあなたに告げられた。
人よ。何が良いことなのか。
主は何をあなたに求めておられるのか。
それは、ただ公義を行ない、誠実を愛し、
へりくだって
あなたの神とともに歩むことではないか。」
（ミカ六6―8）

アッシリヤの王サルゴンは紀元前七〇五年に戦死し、その子セナケリブが後継者となった。これが契機となって、ヒゼキヤがアッシリヤの宗主権に対する反乱ののろしをあげたようである。

しかし、ついに七〇一年になって、セナケリブは反乱を鎮圧するために侵攻した。城壁のある町町を手に入れた後、エルサレムを包囲し、ヒゼキヤを城内に閉じ込めた。彼自身のことばを使えば、ヒゼキヤはかごの中の鳥のようにされた。しかし、ヒゼキヤはそれ以前に町の水資源を確保していた。城壁の外にある泉の水を利用するために有名なトンネルを掘り、シロアムの池まで引いておいた。それでも当時の状態は、イザヤが描写したように全く絶望的だった。

「シオンの娘は残された。あたかもぶどう畑の小屋のように、きゅうり畑の番小屋のように、包囲された町のように」（イザ一8）。

アッシリヤ軍の司令官は、包囲された町の住民たちを苦しめるために言った。

「たとい、ヒゼキヤが、主がわれわれを救い出してくださると言って、おまえたちをそそのかしても、ヒゼキヤに聞き従ってはならない。国々の神々が、だれか、自分の国をアッシリヤの王の手から救い出しただろうか。ハマテやアルパデの神々は今、どこにいるのか。セファルワイムやヘナやイワの神々はどこにいるのか。彼らはサマリヤを私の手から救い出したか」（Ⅱ列一八32—34）。

ヒゼキヤ王はイザヤに相談したが、預言者イザヤは次のように答えた。

「主はこう仰せられる。『あなたが聞いたあのことば、アッシリヤの王の若い者たちがわたしを冒瀆したあのことばを恐れるな』」（Ⅱ列一九6。イザ三七33—35参照）。

イザヤが教えたことの中心の教理は、神の尊厳である。彼が預言者として召命を受けたとき、主が高く上げられた王座から世を治めておられる幻を見た。神は全人類の王であり、ご自身の計画のために国々をお用いになると、イザヤは信じていた。

セナケリブはエルサレムの包囲を解いた。聖書にはその時の事情が記されている。「その夜、主の使いが出て行って、アッシリヤの陣営で、十八万五千人を打ち殺した」（Ⅱ列一九35。イザ三七36参照）。古代ギリシヤの歴史家ヘロドトスは、アッシリヤの陣営が野ねずみの大群の攻撃を受けたことを書いているが、この時のことを指していると見ることができる。彼は、兵士たちの弓の弦も矢筒も盾のひもも全部食いちぎられて、兵士たちが全く戦えなくなったとしているが、実際は野ねずみによる腺ペストが広がり、大勢の兵士が死んだのであろう。

どんな方法だったにしろ、イスラエルの人々はそれを神のすばらしい救いと見たのである。

「神はわれらの避け所、また力。苦しむとき、そこにある助け。……『やめよ。わたしこそ神であることを知れ。わたしは国々の間であがめられ、地の上であがめられる。』万軍の主はわれらとともにおられる。ヤコブの神はわれらのとりでである。セラ」（詩四六1 10 11）。

ヒゼキヤの死後五十年間は背信の時代である。ヒゼキヤの子マナセは哀れにもアッシリヤに隷属し、ヒゼキヤが国内から一掃したカナンやアッシリヤの偶像崇拝や忌むべき習慣を再び持ち込み、いわば宗教混交政策を採用した。星占い、霊媒、バアル崇拝、子どもを犠牲にささげる習慣などがはびこって、国内は汚れに汚れた。マナセに続いてその子アモンが二年間だけ王となったが、その時の状態も大同小異であった。

しかし紀元前六三九―六〇九年の間世を治めた善良なヨシヤ王は、方向を変え、曽祖父ヒゼキヤよりも徹底して改革を断行した。幼年八歳で王となった彼は、十六歳の時、「その先祖ダビデの神に求め始め」た。これは自分自身と周囲の侍従たちの改革をしたという意味だろう。四年後に彼は、「ユダとエルサレムをきよめ始めて、高き所、アシェラ像、刻んだ像、および、鋳物の像を除いた」(Ⅱ歴三四3)。その翌年、エレミヤが神の召命を受けて預言者となった。

それからなお五年後になって、ヨシヤは二十六歳の若さで、王国全体の根本的改革を行なった。神殿の修繕中に発見された「律法の書」がその契機となった。この「律法の書」は、申命記の写本がその一部分だったと思われる。王は「上の者も下の者も」召集し、王自身が再発見された律法の書を読み上げた。それから国民の神との契約を更新し、エルサレムとその地方から、カナンやアッシリヤの偶像をすべて取り除かせ、その種の礼拝所をすべて閉鎖した。また霊媒や人身御供を禁じ、エルサレムで過越の祭りを祝うよう命じた。

「ヨシヤのように心を尽くし、精神を尽くし、力を尽くしてモーセのすべての律法に従って、主に立ち返った王は、彼の先にはいなかった。彼の後にも彼のような者は、ひとりも起こらなかった」(Ⅱ列二三25)。

これらの改革の背後に、エレミヤの励ましがあったことは確かであろう。しかし同時にこの預言者は、改革が比較的に表面的であることを見て、それを嘆いた。彼は人々に不真実なイスラエルの最後を留意させ、次のように付け加えた。

「このようなことをしながら、裏切る女、妹のユダは、心を尽くしてわたしに帰らず、ただ偽っていたにすぎなかった。――主の御告げ――」（エレ三10）。

エレミヤは、何度も、人の心が邪悪でかたくなであり、「何よりも陰険で、それは直らない」と言っている。しかし神がおきてを人々のうちに置き、「彼らの心にこれを書きしる」してくださる新しい契約の日を待ち望んだ。

エレミヤの予想は妥当だったことが、後の事件で証明された。ヨシヤの改革は長く続かず、その子エホヤキムは父が達成したことをむだにしてしまった。この新しい王は、豪華な宮殿を建てるために、強制労働を課したようである。それでエレミヤは彼を激しいことばで非難した。

「ああ。不義によって自分の家を建て、不正によって自分の高殿を建てる者。隣人をただで働かせて報酬も払わず、『私は自分のために、広い家、ゆったりした高殿を建て、それに窓を取りつけ、杉の板でおおい、朱を塗ろう。』と言う者。あなたは杉の木で競って、王になるのか。あなたの父は飲み食いしたが、公義と正義を行なったではないか。そのとき、彼は幸福だった。彼はしいたげられた人、貧しい人の訴えをさばき、そのとき、彼は幸福だった。それが、わたしを知ることではなかったのか。――主の御告げ――。しかし、あなたの目と心とは、自分の利得だけに向けられ、罪のない者の血を流し、しいたげと暴虐を行なうだけだ」（エレ二二13―17）。

そのように大胆なことを言うエレミヤが、エホヤキムに好かれるはずはなかった。冬の家の暖炉の前で南王国ユダの来るべきさばきに関するエレミヤの警告を含む巻き物が王の前に読み上げられたとき、彼はその巻き物を小刀で切り裂き、火の中に投げ込んだ。エレミヤは身を隠さなければならなかった（エレ三六21―23）。

当時、国際関係にも重要な変化が起こっていた。過去二百年、アッシリヤは近東一帯を制圧し、イスラエルとユダの村々は幾度も侵略された。しかし紀元前六一六年、アッシリヤはバビロニヤ王朝の創始者ナボポラッセルの攻撃を受け、アッシリヤの首都ニネベは六一二年に二か月半包囲され陥落した。アッシリヤの没落を悲しむ者はいなかった。ヨナ書が明らかにしているように、イスラエルの民は、ニネベが悔い改め、赦されることなど考えるのもいやだった。また預言者ナホムはニネベの圧制に対する多くの人々の反逆を適切に表現している。

「ああ。流血の町。虚偽に満ち、略奪を事とし、強奪をやめない。……見よ。わたしはあなたに立ち向かう。――万軍の主の御告げ。――……あなたのうわさを聞く者はみな、あなたに向かって手をたたく。だれもかれも、あなたに絶えずいじめられていたからだ」（ナホ三1

5—19)。

ニネベが陥落してからも、アッシリヤはすぐには敗北を認めなかった。六〇九年に、エジプトの王ネコはアッシリヤを援助するために上ってきたが、ユーフラテス川沿いのカルケミシュの戦いで、彼もバビロニヤに打ち負かされてしまった。そこでバビロニヤの支配が確立し、ユダはエジプトの王ネコに代わってネブカデネザルにみつぎを納め始めた。

ネブカデネザルの軍隊は、六〇一年エジプトとの国境でネコの軍隊と交戦したが、彼はネコを打ち破れなかった。それを知ったエホヤキムは、これ幸いとみつぎをネブカデネザルに納めるのを中止した。この行為は反乱だとみなされたが、彼はネブカデネザルがその反乱を鎮圧する前の五九八年に死んだので、彼の息子エホヤキンがバビロニヤの怒りの鉄槌を受けなければならなかった。

それはその翌年に起こった。エルサレムは包囲され占領された。三千人の高貴な人々は、捕囚としてバビロニヤに連行され、神殿の財宝も持ち去られた。この捕囚の中に、預言者であり祭司であったエゼキエルも含まれていた。彼は南王国の人々がその罪を捨てようとしなかったので、神の栄光は神殿から離れてしまうと預言していた人であった。

ネブカデネザルはヨシヤのもう一人の息子ゼデキヤをユダの王とした。ゼデキヤは性格も軟弱で決断力がなかった。彼の補佐官たちは、エジプトに助けを求めるよう迫ったが、エレミヤはバビロンにすがらなければ生き残る望みはないと主張した。エレミヤは愛国者だったので、自分の国の恥辱になることを預言するのは心苦しかったし、彼の主張は裏切りだと受け取られたので、なおさらだった。彼は荒野で呼ばわる者の声だった。彼は一人で苦しみに耐えていた。

ゼデキヤが「主のことばを告げた預言者エレミヤの前にへりくだらなかった」（Ⅱ歴三六12）のは、全く不幸なことであった。紀元前五八九年、彼は公然とバビロンに反抗した。しかし頼みにしていたエジプトからの助けは全然来なかったので、エルサレムは十八か月間の包囲に耐えなければならなかった。食糧難のために、町は悲惨の極限に達していた。エレミヤは降伏を勧め続けたが聞き入れられず、初め牢獄にぶち込まれ、次いで殺されるところだった。

五八七年ないし五八六年には城壁は破られエルサレムは陥落した。エルサレムの城壁は跡形もなくくずれ落ち、ソロモン王が建立したすばらしい神殿も焼失した。

ユダの地に残された小人数の人々はゲダルヤの監督の下に置かれた。エレミヤは続いて、バビロニヤの権威に服従するよう人々に勧めたが、ゲダルヤは暗殺され、生き残った者たちは不運なエレミヤを連れてエジプトへ逃げた。

エルサレムの神殿が破壊され、人々が捕囚として連れ去られたとき、人々がどんな気持ちだったかを知るためには、哀歌を読むとよい。

「ああ、人の群がっていたこの町は、

ひとり寂しくすわっている。
国々の中で大いなる者であったのに、
やもめのようになった。
諸州のうちの女王は、
苦役に服した。……
シオンの娘からは、すべての輝きがなくなり、
首長たちは、牧場のない鹿のようになって、
追う者の前を力なく歩む。……
道行くみなの人よ。よく見よ。
主が燃える怒りの日に私を悩まし、
私をひどいめに会わされた……。」
（哀一1 6 12）

しかし、神を敬う人々は驚かなかった。彼らは神とイスラエルとの契約が、彼らの神となってくださるという約束だけでなく、彼らも神に従うという条件付きであることを知っていたからである。最初からモーセは、不従順がどんな結果をもたらすか警告していたし、預言者たちは、人人が悔い改めなければ必ずさばかれると言い続けていたのである。

「彼らの父祖の神、主は、彼らのもとに、使者たちを遣わし、早くからしきりに使いを遣わされた。それは、ご自分の民と、ご自分の御住まいをあわれまれたからである」(Ⅱ歴三六15)。

バビロニヤ捕囚からの解放

バビロニヤでの捕囚は約五十年続いた。バビロニヤに移された人々は、強制的な連行であったにしては比較的自由な生活を許されたらしい。エレミヤはまず最初に、捕囚となった人々に手紙を書き、「家を建てて住みつき、畑を作って、その実を食べる」ように、また、「妻をめとって、息子、娘を生む」ようにと助言した(エレ二九5 6)。

彼らが受けた試練のうち最もきびしく感じられたのは、神殿も犠牲をささげる儀式もなくなったことから来る宗教的空虚感であった。しかし彼らの間にエゼキエルがいて、彼らを指導した。エゼキエルはなおも主のことばを彼らに語った。彼は「ケバル川のほとりで、捕囚の民とともにいたとき」神の栄光を見たとさえ主張した(エゼ一1)。神殿にとどまられたのと全く同じ神の輝きである。それゆえ、神は彼らを全く見捨てられたのではなかったのである。

紀元前五五九年、クロス二世が近隣のペルシャ王国の王となり、九年後にはメディヤとの戦いに勝利を得てメディヤの王ともなり、メディヤとペルシャは統合された(この「メディヤとペルシヤ」はダニエル書によく出てくる)。これは彼の輝かしい勝利の生涯のほんの始まりにすぎなかった。紀元前五四六年には富裕の象徴であったリュディヤの王クロエソスを打ち破り、小アジア全体を自分の帝国に併合した。

クロスの偉業を耳にした捕囚のイスラエルの人々は、バビロニヤからの解放が近くなっていると感じたに違いない。預言者たちは滅亡を警告したばかりでなく、いつも望みに満ちた将来への幻を与えていたので、彼らは、神はいつの日か自分たちを救ってくださることを知っていた。捕囚の民はこの主の約束に望みをかけていた。

その救いを最も明白に直接預言したのは、イザヤ書四〇—五五章の預言である。この個所は聖書学者の論争の的になっている。イザヤ自身が当時から百五十—二百年以前に書いたということは信じられないとする人々がいるからである。しかし、その人々にしても、内容そのものを否定することはできない。主は異邦人の偶像とは全く異なっている。主は生きておられる神であり、天地の創造主であり、人間の作った王国を支配しておられる。異教の君主たちも神のご計画を実行する器にすぎない。クロスを立てて神の民を救う役目を与えたのは主である。

「だれが、ひとりの者を東から起こし、
彼の行く先々で勝利を収めさせるのか。
彼の前に国々を渡し、

王たちを踏みにじらせ、
その剣で彼らをちりのようにし、
その弓でわらのように吹き払う。……
だれが、これを成し遂げたのか。
初めから代々の人々に呼びかけた者ではないか。
わたし、主こそ初めであり、
また終わりとともにある。わたしがそれだ。」（イザ四一2 4）

「主は、油そそがれた者クロスに、
こう仰せられた。
『わたしは彼の右手を握り、
彼の前に諸国を下らせ、
王たちの腰の帯を解き、
彼の前にとびらを開いて、
その門を閉じさせないようにする。
わたしはあなたの前に進んで、

険しい地を平らにし、
青銅のとびらを打ち砕き、
鉄のかんぬきをへし折る。……
わたしのしもべヤコブ、
わたしが選んだイスラエルのために、
わたしはあなたをあなたの名で呼ぶ。
あなたはわたしを知らないが、
わたしはあなたに肩書を与える。
わたしが主である。ほかにはいない。
わたしのほかに神はいない。
あなたはわたしを知らないが、
わたしはあなたに力を帯びさせる。』」
(イザ四五1245)

紀元前五三九年、長年待望していた救いが与えられた。バビロンの王ベルシャツァルが壁に書かれた文字を見たその夜、バビロンはペルシャに敗北した。クロスはすぐに二つの勅令を出した。すなわち、イスラエルの民が国に帰ることと神殿を再建することの裁可であった。再建される神殿の大きさやその材料まで詳細に記した文書が、エズラ記六章三―五節に保存されている。クロスがそのような勅令を出したことは、彼の施政方針と全然矛盾しない。そのことについてF・F・ブルース教授は次のように言っている。

「クロスがその帝国に関していだいていた考え方は、アッシリヤのそれとは全く異なっていた。アッシリヤ人は隷属者たちに強制的にアッシリヤの神々を拝ませ、隷属民の神々を服従させたと誇っていた。ところが、クロスは、そのような仕方で隷属者たちの宗教的感情を傷つけるつもりは全然なかった。むしろ彼自身彼らの種々の神々を拝むことによって彼らの気持ちをなだめるようにしていたのである」（F・F・ブルース『イスラエル諸国民』、パタノスター出版社、一九六三年、一〇〇頁）。

解放の知らせを受けたときのイスラエルの人々は、私たちの想像以上の喜び、安心、天にも上る気持ちを味わったことであろう。

「主がシオンの捕われ人を帰されたとき、
私たちは夢を見ている者のようであった。
そのとき、私たちの口は笑いで満たされ、
私たちの舌は喜びの叫びで満たされた。
そのとき、国々の間で、人々は言った。

『主は彼らのために大いなることをなされた。』
主は私たちのために大いなることをなされ、
私たちは喜んだ。」

（詩一二六1―3）

イスラエルの人々は、過去の歴史と契約の神の変わらない愛とをふり返ってみて、神がその豊かなあわれみを示してくださった三つのきわだった例が重なり合っているのを見た。どの場合も神が恵みによって主導権をとり、人々を約束の地へと導いてくださった。まず神は、アブラハムをメソポタミヤから連れて来られた。次に神は、イスラエルの十二部族をエジプトから救い出してくださった。最後に神は、彼らをバビロンから解放してくださったのである。

イスラエルの民全部がクロスの勅令を喜んで、帰国しようとしたのではなかった。多数の人々が残った。エステル書にはアハシュエロス（クセルクセス一世）王の時代に、バビロニヤに残った人々の間で起こった興味深い物語が書かれている。アハシュエロス王はペルシヤ帝国を、紀元前四八六―四六五年まで統治した。

イスラエルの人々のエルサレム帰還には、明らかに三段階がある。その順番について学者がすべて一致してはいないが、ここでは伝統的な意見を紹介しよう。まずゼルバベルが五三八年神殿を再興するために出発した。次にエズラが四五八年律法を回復させるために出発し、最後にネヘミヤが四四五年エルサレムの城壁を修繕するために出発した。

イスラエルの人々は帰還第一陣として、また最大の帰還団として、紀元前五三八年にエルサレムへ出発した。クロスの勅令後約一年たったころであった。その一行は、エホヤキン王の孫にあたるゼルバベルと大祭司ヨシュアに導かれて故郷へ向かった。彼らはエルサレムに着くとすぐ全焼のいけにえのために祭壇を築き、神殿再建の基礎をすえた。しかしサマリヤ人たちが協力の申し出を拒否されてから、その再建をじゃまし始めたので、再建は十五年中断された。

その建築工事が再開したのは、主として預言者ハガイとゼカリヤの励ましによった。ハガイは、人々が自分の家は建てるが主の家はこわれたままだと言って、彼らを叱責した。

「あなたがたのうち、以前の栄光に輝くこの宮を見たことのある、生き残った者はだれか。あなたがたは、今、これをどう見ているのか。あなたがたの目には、まるで無いに等しいのではないか。しかし、ゼルバベルよ、今、強くあれ。――主の御告げ。――エホツァダクの子、大祭司ヨシュアよ。強くあれ。この国のすべての民よ。強くあれ。――主の御告げ。――仕事に取りかかれ。わたしがあなたがたとともにいるからだ。――万軍の主の御告げ。――」(ハガ二3 4)。

ゼカリヤも彼らを励ますことばを加えた。

「ゼルバベルの手が、この宮の礎を据えた。彼の手が、それを完成する」(ゼカ四9)。

そこで再建工事は五二〇年に再開されて、五一五年に完成を見た。前の神殿が破壊されてからおよそ七十年後のことであった。

ここで話を七十五年ほど進めて、捕囚後のイスラエルの人々の生活再建の第二期の様子に目を留めよう。その時の指導者はエズラである。彼は祭司でもあり書記官でもあった。ある学者たちが名付けたように、彼は「バビロニヤのユダヤ人問題担当国務長官」であった。彼はアルタクセルクセス王（紀元前四六五―四二三年）の許可と指図を受けて、「あなたの手にあるあなたの神の律法に従ってユダとエルサレムを調査する」（エズ七14）ためにエルサレムへ派遣された。国情にかなうように、宗教的倫理的責任を調整するのが訪問の目的であった。

十三年後にやはりアルタクセルクセス王の命令を受けて、ネヘミヤがエルサレムに来た。彼はエルサレムの町、特にその城壁を造築するための王の全権を受けていた。彼はエルサレムに到着するや時を失わずにその地方の代表者たちに言った。

「あなたがたは、私たちの当面している困難を見ている。エルサレムは廃墟となり、その門は火で焼き払われたままである。さあ、エルサレムの城壁を建て直し、もうこれ以上そしりを受けないようにしよう」（ネヘ二17）。

彼らは反対や脅迫を受けたが、五十二日間で工事は完成した。そこで大きな公の集会が開かれ、エズラとレビ人たちは神のおきてを声高く読み上げ、人々にその意味を説明した。それからイスラエルの国の罪を告白し、将来神のおきてを守ると新しく契約した。最後に再建された城壁が喜びの中に神にささげられた。その「エルサレムの喜びの声ははるか遠くまで聞こえた」（ネヘ一二43）。

以前の国家的改革と同じように、人々が約束したことすべてが守られなかったことは不幸なことであった。というのは、ネヘミヤがその少しあとで二度目にエルサレムを訪問したとき、人々は十分の一献金を怠り、安息日を破り、異邦人と結婚するというような違反をしていたのがわかったからである。しかし、ネヘミヤは神のおきてに従って忠実にこれらの問題と取り組んだ。マラキの預言は、ちょうどこの時期に属するものだと考えてよい。同じ似たような違法行為について記述されているからである。たとえば異邦人との結婚、十一献金の不履行、傷のある動物を犠牲としてささげることなどがそれである。

旧約と新約の中間時代

イスラエルはマラキの時代からメシヤが生まれるまで、さらに四百年も待たなければならなかった。その四百年間を旧約と新約の中間時代と呼ぶ。この期間には旧新約のどの書も書かれていないし、預言者の声は全然聞かれなかった。アポクリファ（旧約外典。これはヘブル人の旧約聖書の正典に属さない、いくつかの書に対する呼称。あるものは明らかに伝説であり、またあるものはキリスト者が教理よりも倫理的な教えのために読むことがある）に属する第一マカベア書の著者は、紀元前一七五―一三四年の出来事を記しているが、預言者の声が聞かれないと幾度か書いている。彼は、預言者が現われなくなって以来、最悪の時と言える大苦難がイスラエルを襲ったと述べており（Ⅰマカベア九27）、真の預言者が現われるまでシモンを代々の祭司および指導者とみなすことが確認されたと書いている（Ⅰマカベア一四41）。

しかし、ダニエル書の中には、この時代に関連のあることが述べられている。確かにダニエル書は、聖書の中で最も難解な書である。ダニエル書の著者問題、文章の構成と解釈などは、今でも聖書学者の頭痛の種である。ダニエル書には驚くべき夢や幻が書かれている。そのうちいくつかはすでに説明がついているが、他のことは部分的全体的に説明ができないままになっている。

一般的に言って、これらの夢や幻は、特に神の民に関係のある面から見た大帝国の栄枯盛衰を予告している。最も有名なのはネブカデネザル王の見た巨大な像の夢で、その像の頭は金、胸と両腕とは銀、腹部と太ももとは青銅、すねは鉄、足は一部が鉄、一部が粘土で作られていた。（その夢の中で）一つの石がその像の足を打つと、像全体がみじんに砕けてしまった。ダニエルはその夢を解釈して、この像は次々と起こる帝国を指すと言った。伝統的に、この個所はまずバビロン（「王よ、あなたはあの金の頭です」）、次がメディヤ・ペルシヤ（胸と腕）、それから「全土を治めるようになる」ギリシヤ、最後が「分裂した国」、立つことができなくなるローマ帝国を指すと言われている。この解釈が正しければ、「人手によらずに切り出された」石はメシヤによる王国である。そのことについてダニエルは、「天の神は一つの国を起こされます。その国は永遠に滅ぼされることがなく……永遠に立ち続けます」（ダニ二44）と言っている。

これらの大帝国は次々起こった。これらの国は神の救いが実行される背景となった。バビロニヤ帝国は紀元前六〇五年から五三九年まで続き、メディヤ・ペルシヤ帝国は五三九―三三一年、ギリシヤ帝国が三三一―六三年、ローマ帝国が六三年から紀元後まで続いた。

ダニエル書の後半はもっと明白である。八章のダニエルの幻は、非常に力のある雄羊が西に南に北に突進するが、どんな獣も立ち向かえなかったというものである。二本の角はメディヤ・ペルシヤ帝国を指している（20節）。それから「全土を飛び回って、西からやって来た」雄やぎはギリシヤの王（21節）、すなわちマケドニヤのフィリッポスの支配によるギリシヤ帝国の台頭を指している。その雄やぎは目と目の間に「著しく目だつ一本の角」があり、その角で雄羊を打ち、雄羊の二本の角を折ってしまった。その著しく目だつ角はフィリッポスの息子アレクサンドロス大王を指す。アレクサンドロス大王は小アジヤ、ツロ、ガザ、エジプトなどで連戦連勝を重ね、紀元前三三一年にペルシヤ軍を打ち破った。

それから「この雄やぎは、非常に高ぶった」（8節）とあるが、おそらく、アレクサンドロス大王がアフガニスタンから遠くはインドまで遠征を続けたことを指しているのだろう。しかし、

「その強くなったときに、あの大きな角が折れた」のは、アレクサンドロス大王が紀元前三二三年バビロンで死んだからである。「そしてその代わりに……著しく目だつ四本の角が生え出た」のは、アレクサンドロス大王の帝国が四人の将軍によって四大地方、すなわちマケドニヤ・ギリシヤ、トラキヤすなわち西アジヤ、シリヤとバビロニヤ（セレウコスの支配下の）、それからエジプト（プトレマイオス王朝）に分かれたからである。

これらのうち、後の二つが次の三百年間イスラエルの命運を支配した。彼らは地上に多くの不幸をもたらしたと言われている（Iマカベア一9）。その前の世紀には、パレスチナが、北と東にあるアッシリヤ、バビロニヤ、ペルシヤと、南にあるエジプトとの間にはさまれた緩衝国の役割を果たしていたが、今度はシリヤの支配者セレウコス王朝とエジプトのプトレマイオス王朝との間にユダは捕えられてしまった。ダニエル書一一章では前者が「北の王」、後者が「南の王」と呼ばれている。この両王朝は紀元前一世紀の半ばまで続いた。両王朝の関係はその時によって不安定な共存、明らかな敵対関係、戦争と変化した。ユダはその時々にどちらかの支配下にあった。

ダニエルが見た雄やぎの夢に戻るが、著しく目だつ一本の角が四本の角に代わったあとで、幻は次のように展開する。「そのうちの一本の角から、また一本の小さな角が芽を出して、南と、東と、麗しい国とに向かって、非常に大きくなっていった。それは大きくなって、天の軍勢に達し、星の軍勢のうちのいくつかを地に落として、これを踏みにじり、軍勢の長にまでのし上がった。それによって、常供のささげ物は取り上げられ、その聖所の基はくつがえされる。……その角は真理を地に投げ捨てた」（ダニ八9―12）。

この「小さな角」は「横柄で狡猾な」王であり、「あきれ果てるような破壊を行ない……有力者たちと聖徒の民を滅ぼす」（ダニ八23 24）とされている。これは疑いもなくアンティオコス・エピファネス（紀元前一七五―一六三年）であり、ダニエル書一一21では「卑劣な者」と言われている。

紀元前一六七年、アンティオコス・エピファネスは神殿での犠牲をやめさせ、聖書を焼き尽くし、割礼、安息日、食物のおきてをやめさせる命令を下した。その年の十二月、新しい祭壇が「天空の主」（アンティオコスはその化身だと主張した）ゼウスに献納され、汚れた獣がそこでささげられたとき、彼の冒瀆行為は最も忌むべきものとなった。こうしていつもささげられていた全焼のいけにえは中止され、その代わりに「荒らす忌むべきもの」（ダニ一一31）で聖所は汚されてしまった。

王の勅令はエルサレムだけでなく、地方でも守られなければならなかった。守らない者は死をもって報いられた。多くの者は勅令に従った。また多くの者が抵抗した。彼らは汚れよりは死を選んだ。残酷な拷問が加えられ、多くの者が殺された。そのいくつかの例が第一、二マカベア書に記されている。殉教者たちは「剣にかかり、火に焼かれ、とりことなり、かすめ奪われて」（ダニ一一33）殺された。ヘブル人への手紙の著者はこれらの人々について記述しているのであろう。「ほかの人たちは、さらにすぐれたよみがえりを得るために、釈放されることを願わないで拷問を受けました。また、ほかの人たちは、あざけられ、むちで打たれ、さらに鎖につながれ、牢に入れられるめに会い、また、石で打たれ、試みを受け、のこぎりで引かれ、剣で切り殺され……この世は彼らにふさわしい所ではありませんでした」（ヘブ一一35—38）。

大祭司マッタティアスが、裏切り者たちと彼らをそそのかしていけにえをささげさせた王の高官とを殺したことを契機として、組織的な抵抗が始まった。ゲリラ戦が続き、その間、異教の祭壇は破壊され、ユダヤ人の子どもたちには強制的に割礼を受けさせ、妥協した者たちは殺された。

マッタティアスは一六六年に死に、その三人の息子によって引き継がれた。その一人はマッカバイオスというあだ名がつけられたユダス（紀元前一六六—一六一年）である。あだ名はたぶん「金づち」「殺し屋」の意であろう。次はヨナタン（一六一—一四三年）とシモン（一四三—一三五年）であった。彼らが異教徒の支配に対してどう反乱したか、どんな大きな軍事的勝利を収めたかは、マカベア書に詳しく記されている。

彼らの歴史の中で最大の勝利の時は紀元前一六四年に来た。その年、ユダス・マッカバイオスの指揮下に、神殿の周囲はきよめられ、神殿も再建された。新しい祭壇が設けられ、再びいけにえがささげられるようになった。

「異邦人らのこれを汚せる同じ季節の同じ日に、歌とたて琴と笛とシンバルとをもて、彼らこれを新たにささげたり」（Iマカベア四54 日本聖公会訳）。

独立戦争は長期間続いたが、政治的独立を獲得したのは紀元前一二八年になってからであり、シモンの息子ヨハネス・ヒルカヌスの指揮によるものだった。彼は祭司で指導者だった。彼はまた預言者で王だという者もいた。彼とその子たちは、ユダヤの近隣の国々からかなり広大な領土を獲得した。

しかし、紀元前六三年ローマの将軍ポンペイウスがエルサレムに入り、祭司の恐れをしり目に至聖所の中まで侵入した。ユダはローマの保護領となり、また独立を失ってしまった。

紀元前四〇年すでにガリラヤの軍事長官で、後にユダの国主となったヘロデ王は、ローマの元老院によって「ユダヤ人の王」との称号が与えられた。彼は徐々にその領地を広げ、紀元前三七年にエルサレムを包囲、手中に収めた。彼はマカベアの最後の祭司・支配者であったアンティゴノスを処刑した。ヘロデはユダヤ教徒ではあったが、外国のエドムの出なので人気がなかった。彼は三十三年間ユダヤを治めた。紀元前一九年、神殿の大建設がヘロデの後援によって始められたが、その工事は、紀元七〇年、今度はローマ軍によって最終的に破壊されるまで続けられた。

マカベアの支配していたときには社会が不安定だったが、その間、いくつかの重要な運動が形成され、主イエスの時代にはいくつかの宗教グループとなって現われた。

マカベアの反乱は最初から最後までおもに宗教的なものだった。ギリシヤ文明の影響を、彼らが断固として拒絶した結果だった。セレウコス王朝の気に入るような臨時の祭司が任命されたことほど、マッカバイオスたちの怒りを引き起こしたことはなかった。臨時の祭司たちとその同調者はマカベア書で言われている「背教者」であり、彼らは割礼の跡まで消してギリシヤ式生活様式のまねをした。ギリシヤ人の服を着、競技用にギリシヤ風のスタジアムを建設した。

ギリシヤ文化の影響から自分を完全に守ったユダヤ人は、ハシディームすなわち敬虔な者たちだった。彼らは徹底した分離主義者で、パリサイ人の祖となった。彼らは政治的自由よりも宗教的自由に関心があった。

マッカバイオスたちの家族の名はハスモン家だが、彼らは宗教的自由だけでは満足せず、政治的独立を得るために、いろいろと政治的陰謀を企てた。彼らを継いだのはサドカイ人である。

マカベアの独立闘争を受け継いだ政治的過激派は、熱心党となった。彼らは革命の扇動者で、どんな犠牲を払ってもローマから政治的自由をもぎとろうとしていた。

時が満ちてイエス・キリストが来られたとき、人々は主を「王とするために、むりやりに連れて行こうとし」たことがあった(ヨハ六15)。しかし主は彼らから身をお引きになった。主はご自分が確かに王であるが、その王国は「この世のものではない」と説明された(ヨハ一八33―38)。主が与えてくださる自由は、罪の支配からの解放であった。

「もしあなたがたが、わたしのことばにとどまるなら、あなたがたはほんとうにわたしの弟子です。そして、あなたがたは真理を知り、真理はあなたがたを自由にします」（ヨハ八31―36参照）。

大帝国

（数字は紀元前を示し、おのおのの帝国がイスラエルに対して主権を持った時を示す）。

八五四―六一二年　アッシリヤ
六一二―六〇五年　エジプト
六〇五―五三九年　バビロニヤ
五三九―三三一年　ペルシヤ
三三一―　六三年　ギリシヤ（セレウコス、プトレマイオス王朝を含む）
六三年―　ローマ

主要な年代

一二八〇年頃　出エジプト
一〇五〇年頃　サウルによる王国設立

一〇一〇年頃　ダビデ、王となる
九三〇年頃　ソロモン王死す。分裂王国始まる。イスラエルは七二二年、ユダは五八六年まで
七二二年　サマリヤ陥落、北王国滅亡
七〇一年　セナケリブ、エルサレムを包囲
六一二年　アッシリヤの主都ニネベの陥落
五九七年　エルサレム陥落。バビロニヤ捕囚始まる
五八六年　エルサレム破壊される
五三九年　クロスの勅令。約一年後捕囚第一陣帰還
五一五年　再建神殿の再開
四五八年　エズラ、エルサレムに到着
四四五年　ネヘミヤ、エルサレムに到着
三二三年　アレクサンドロス大王死す
一六七年　アンティオコス・エピファネスの神殿冒瀆。マカベア家の反乱始まる
六三年　ポンペイウス、エルサレム到着。ユダヤ、ローマの保護領となる

注

1 旧約聖書の各書の配列は、ヘブル語聖書と日本語の聖書では違っている。私たちの聖書は、紀元前二世紀にできたギリシャ語翻訳である七十人訳の順序に従っている。

2 「エホバ」という言い方のほうがよく知られていると思われるが、たぶんこれがヘブル語で主の御名を表わす四つの子音字の正しい発音に近い音訳であろう。この御名の意味はモーセに啓示された。出エジプト三・一三―一五を見よ。この御名は文語訳では「エホバ」、口語訳では「主」、新改訳では太字で「**主**」とされている。

3 煉瓦作りで、階層式のピラミッドの形に作られ、築き上げられた高い丘の上に建てられた神殿の塔。ジグラトはバビロニヤでは紀元前三〇〇〇年という早い頃に建てられていたことがわかっている。

4　聖書の物語（新約聖書）

前章では数千年にわたる旧約聖書物語の概略を述べたが、ここでは新約聖書物語を概説しよう。新約聖書の時代は百年以下である。新約聖書の物語は、ナザレの主イエスのことばや行動を描いており、とても興味深い。まず主が地上におられるときに、「行ない始め、教え始め」たこと（使一1）、次に、主が天の御父のもとにお帰りになってから、教会を設立し、お選びになった使徒たちを通して働き、教え続けられたことが記されている。

四福音書

新約聖書以外の当時の文献にも、少しは主イエスについて言及されている。たとえば、タキトゥスやスエトニウスなどの著書がそれであるが、主イエスについてのおもな情報源は何と言っても四福音書である。「福音書」という呼び方は、その書を正しく表現している。厳密に言えば、四福音書は伝記ではなく、あかしである。キリストとキリストによる救いの良い知らせをあかしする書である。それゆえ、著者たちは「伝道者」としての目的に従って資料を選び、並べ、提示している。だからと言って、彼らの著書は信頼できないと考える理由はない。それどころか、私たちは疑わず信頼して福音書を読むべきである。その理由は多い。

まず、四人の伝道者は確かにキリスト者であり、キリスト者は真理を尊ぶ正直な人たちである。

次に、彼らはできれば削除したいと思ったような記事も加えているので、片寄った見方はしていない証拠となる。たとえば、福音書が書かれたときすでに、ペテロは非常に尊敬された教会の指導者であったが、彼の高ぶりや、主を否定した事実は隠されなかった。

第三に、彼らが主イエスを個人的に知っているか、またはそのような目撃者の経験を報告している、と言っているからである。どの福音書も紀元六〇年以前には公にされていなかったようだが、主イエスの昇天からその年まで大きな空白期間があったと想像するのは妥当でない。その期間も主イエスのことばや働きがキリスト者の礼拝、伝道、回心者の訓練などに口頭で語られていた。それから文書の形で集められ始めていた。ルカはそのような「多く」の資料を用いたと言っている(ルカ一1―4)。

第四に、主イエスはユダヤ人のラビのように教えられたようである。主は、たとえ話や警句の形で教えられたので、驚くばかりの記憶力を持つ東洋人にとっては、それを暗記するのに困難はなかったと思われるからである。その上、主イエスは聖霊が使徒たちの記憶を呼びさまされると約束された(ヨハ一四25 26)。

第五に、神が主イエスを通して全く独特な決定的なことを言い、また行なわれたのであれば(キリスト者はそう信じている)、神がそのたいせつな事を年代の霧の中に消滅することを許されるとは考えられないからである。神が後世の人々も益を受けるように計画されたとすれば、その報告を信頼できるものとするための用意をされ、だれでも、いつでも、どこでも、その良い知らせを受け入れられるようにされたに違いない。神が採用された方法は、四福音書によって唯一の福音を明示することであった。

四福音書を読んでみると、一つの福音を異なった面から語っていることがはっきりする。最初の三書(マタイ、マルコ、ルカの福音書)を普通共観福音書と言う。その中に書かれている出来事が並行しており、主イエスの生涯が同じような仕方で書かれているからである。その相互の関係について学者の間にはいろいろな意見があるが、マタイとルカはその著作以前にマルコの福音書を読んでおり、その内容をそれぞれの福音書に組み入れたようである。またマタイとルカは、マルコの福音書以外に、普通Q（資料という意味のドイツ語 Quelle の頭文字）という符号で表わされている共通の資料を持っていたように思われる。もちろんマタイとルカにはそれぞれ独自の資料もある。ヨハネが共観福音書をどれだけ読み、また用いたか、学者の間で意見は一致しないが、ヨハネの福音書は最後に書かれたという点では一致している。

マルコの福音書は最も短い。たぶん四福音書の中では最初に書かれたものだろう。その文体は簡潔で、生き生きと描かれ、ある事の後、「ただちに」次の事が起こるという書き方で、心を動かされる。使徒ペテロはマルコを自分の子と呼んでいる（Iペテ五13、使一二11 12参照）。紀元二世紀の教父パピアスとイレナエウスは、彼をペテロの通訳だと言っている。だからマルコの福音書には、ペテロの記憶と彼の説教のどちらか、またはその両方が保存されている可能性は十分である。またマルコの福音書は、ペテロの手紙第一と明白な類似点を持っている。

マタイが最初の福音書と関連づけられたのは、彼が主イエスのことばを中心としたQ資料を集めたからだということもありうる。マタイは取税人だったので（マタ九9）、物事を書き留めたり、記録を作ることになれていたはずである。確かにパピアスによれば、「マタイは主の語録をヘブル語（主イエスの時代の話ことばであるアラム語）で書き、皆の者がそれらをそれぞれできるだけ翻訳した」（エウセビオス『教会史』第三巻三九章一六節）のである。マタイの福音書はかなりユダヤ色が強く、マタイが預言の成就に特別な興味を持っていたことを示している。

ルカは新約聖書の著者のうち唯一の異邦人である。彼は広く旅行して見聞が深く、パウロの同行者として、異邦人に対する神の恵みを説くパウロの説教を吸収していただろう。その結果、彼はキリストの愛が全宇宙に及んでいることを強調している。それは当時のユダヤ社会で無視されていた者たち、すなわち女や子ども、収税人や罪人、らい病患者、サマリヤ人、異邦人などのことを好んで扱っていることからもわかる。

ヨハネは確かに主イエスの教えを長い間、また深く瞑想した。ヨハネ自身の考えやことばがあまりにも主イエスの思いとことばに同化されており、どこで主イエスのことばが終わってヨハネのことばが始まるのか、判断するのがむずかしい場合も多い。ヨハネは疑いの余地がないように、福音書の目的を明示している。彼の言うことによると、彼が主イエスの行なわれた「しるし」のいくつかを記録した目的は、その読者がイエスを神の子、キリストと信じて、永遠のいのちを得るためであった（ヨハ二〇30 31）。ヨハネは明確にしたその目的を達成するために、いろいろなしるしやあかしを集めて、主イエスだけが持っておられる栄光の御姿を見事に描き出している。

主イエスの誕生から青年時代まで

四人の福音書記者は、それぞれ異なったところから記述を始めている。マルコはバプテスマのヨハネを先ぶれとして、間を置かずに主イエスの公生涯のことを述べている。ヨハネはその反対に、永遠の過去にさかのぼって、主イエス・キリストが肉体をとられた以前の存在から始めている。「ことば」として主は最初から神とともにおられた。事実、主ご自身は神であり、天地宇宙の創造に参画された。主は肉体をとってこの世に来られるずっと以前から、まことの光としてこの世に来ておられ、人々に認められなかったが、すべての人を理性と良心の光によって照らし続けておられたのである（ヨハ一 1—14）。

主のご降誕の様子を実際に述べているのは、マタイとルカである。ルカは処女マリヤの目を通して語っているし（たぶんマリヤの口から聞いたことを）、マタイはヨセフの側の見方で語っている。

ルカは、マリヤの妊娠も、また生まれるのが男の子であることも、超自然的な神のわざである、という天使のことばを記している。

「御使いは答えて言った。『聖霊があなたの上に臨み、いと高き方の力があなたをおおいます。それゆえ、生まれる者は、聖なる者、神の子と呼ばれます』」（ルカ一 35）。

ルカは引き続いて、マリヤがヨハネを出産する直前の親族のエリサベツを訪問して、秘密を打ち明けたことを述べている。次に、ヨセフは（マリヤの妊娠に当惑している姿はマタイが書いているが）、マリヤとともにナザレを出発して、先祖の町ベツレヘムに向かって南下し、皇帝の勅令による住民登録を受ける。主イエスはベツレヘムの宿屋の馬小屋で生まれて飼い葉おけに寝かされた。

全世界の救い主は、そのように みすぼらしい 環境の中で 生まれ、群衆の 歓呼の声もなかったが、救い主を礼拝するために来た人が数人いた。そのうち天使から知らせを受けた羊飼いのことはルカが、東方の博士たち（ペルシャの祭司で天文学者）が星に導かれて来たことはマタイが記している。このように、二つの対照的な群れが導かれたのには、特別な神の配慮がうかがえる。羊飼いたちはユダヤ人で学問もなく貧しかったが、博士たちは異邦人ですぐれた学問を修め、金持ちであった。しかし彼らの、幼いイエス・キリストを礼拝するという共通の事実が、民族、教育、社会的地位などによる人間差別を消してしまっていた。やがていろいろな人々が、主イエスに従うようになることが、すでにこの時に予示されていたのである。

しかし、すべての人が主を礼拝したのではない。在位中、自分に代わって王位につく可能性のある者たちを、次々と殺害していたヘロデ大王は、東方の博士たちがユダヤ人の王を拝みに来たと聞かされて驚いた。ヘロデ王がユダヤ人の王だったからである。博士が拝みに来た王とはだれか。ヨセフとマリヤは、ヘロデの、幼子イエスを殺す決意について神から警告を受け、主イエスを連れてエジプトへのがれた。こうしてこの世を救うためにお生まれになった方は難民となった。

主イエスはガリラヤのナザレで成長された。彼の家庭は決して裕福ではなかった。それはヨセフとマリヤが長子である主イエスの献児式に、小羊を犠牲としてささげられない人のために定められた山鳩一つがいをささげたことから明らかである。しかし、裕福ではなくても、あとから生まれた子どもたちもいて幸福な家庭だったと思われる。ヨセフは大工であり、主イエスを大工として仕込んだだろうし、マリヤは敬虔な心で正しく主イエスを訓育し、聖書を読み、神に祈ることを教えたと思われる。主イエスは美しいいなかで、野のゆりや空の鳥と親しんだだろう。主は後にそれらにふれておられる。主はまた、それらに衣と食物を与えておられる神と交わっておられたに違いない。

主イエスの少年時代について記録されている唯一の事件は、十二歳になったとき、過越の祭りのためにエルサレムに上り、十三歳で「律法にかなった子」となる準備をされたことである。その祭りが終わって、主イエスがあとに取り残されたときは一事件であった。あちこち捜した彼の両親は、やっと彼が「教師たちの真中にすわって、話を聞いたり質問したりしておられるのを見つけた」。教師たちは彼の「知恵と答えに驚いていた」。また両親は彼から「わたしが必ず自分の父の家にいることを、ご存じなかったのですか」と質問されて困惑した。神を父としての交わりの意識、神の意志を実行する態度は、後の公生涯を通して常に続いていた。

ルカの福音書二41—51に記されているこの物語以外に、私たちが主の少年時代について知るべきことはすべて、その直前と直後の聖句に記されている。どちらも橋渡しの役目をしている節で、40節は誕生から十二年間のことについて、52節は公生涯が始まるまでの十八年間をまとめている。両方とも主イエスが肉体と知性と霊において、自然にまた完全に成長しておられたことを明らかにしている。

「イエスはますます知恵が進み、背たけも大きくなり、神と人とに愛された」(52節)。

四人の著者たちは、主の公生涯の出来事を、厳密な意味で年代順に記述しようとは思わなかったようであるが、ヨハネの福音書から、公生涯が約三年続いたと読み取ることができる(ヨハネは三回の過越の祭りを記している。二13、六4、一一55)。その最初の年を「無名の年」、二年目を「人気のあった年」、三年目を「敵視された年」と呼んでもよいと思う。

無名の年

四福音書には、バプテスマのヨハネに関する記述が少しある。彼は禁欲生活をしており、らくだの毛で織った着物と皮のバンドしか身につけておらず、いなごと野蜜の野性味あふれた食事をしていた。彼の口を通して、数百年間絶えていた真の預言者の声が再び聞かれるようになった。彼は人々に悔い改めを迫り、メシヤの出現に備えるために悔い改めの洗礼を受けるよう人々を促した。多くの人々が彼の説教を聞き、洗礼を受けるためにヨルダン川に集まって来た。

主イエスが洗礼を受けるためにヨハネの前に現われたとき、ヨハネは主のサンダルのひもを解く値打ちもないと言って、お断わりしようとした。しかし主は、すべて正しいことを成就することを決意しておられ、ご自身には全然罪がなかったが、ご自身を罪のある人々と結びつけようとしておられた。そこで、主イエスはヨハネを説き伏せられた。主が水から上がった瞬間、聖霊が鳩のように主の上に下った。天の父からの御声が聞こえ、旧約聖書のことばで、主が愛する子であり、苦難を受けるしもべであることが宣告された（マタ三章。詩二7、イザ四二1参照）。

主イエスは受洗後すぐ、聖霊によってユダの荒野に「追いやられた」。そこで主は四十日間の断食をして、任命されたばかりの仕事を完遂する力を受けるために祈られたことは疑いない。この期間中、主は正しい目的を誤った方法で達成させようとする悪魔の激しい誘惑にさらされた。主はずっと聖書を学び、黙想しておられたので、その試練に容易に打ち勝たれた。主は悪魔のあらゆる甘言に適切な聖句で答えられた。主は聖書に従って生きること、そうして父のご意志に沿うことを堅く決心しておられた。

荒野での誘惑の後、主イエスはヨルダン川へ行き、アンデレとシモン・ペテロの二人の兄弟を、主に仕えるようにあらかじめ召されたようである。彼らはバプテスマのヨハネのもとを去って主イエスに従い始めた。

主が北上してガリラヤ地方に来たとき、カナの婚宴で水をぶどう酒に変える奇蹟を行なわれた。その奇蹟は主が新しい秩序をこの世にもたらすと宣告されたしるしである。その奇蹟によって主は、「ご自分の栄光を現わされた。それで、弟子たちはイエスを信じた」（ヨハ二1―11）。

次に、主は過越の祭りを祝うためにエルサレムに上って、神殿の庭を汚していた商売人や両替人を追い出された。その行動に対する詰問を受けると、主はなぞめいたことばでお答えになった。「この神殿をこわしてみなさい。わたしは、三日でそれを建てよう」(ヨハ二19)。

このことばも、主イエスが新しい秩序をもたらされる劇的な宣言である。主はご自分の体が三日目に死からよみがえるとほのめかされたばかりでなく、その霊の体すなわち教会が、よみがえりの力によって生き続けることを言われたのである。教会は新しい霊的な神殿、神の御住まいであり、やがて破壊されるヘロデの神殿に代わるのである。

この初期の時代に、主イエスの教えと奇蹟に感動していたユダヤ人のラビがいた。ニコデモである。彼は夜陰に紛れて主イエスと個人的な面会を求め、主に、神の国を見、また神の国に入る条件は、聖霊の力によって、上から新しく生まれることだと教えられた。少しあとで主は、同じ真理を、今度はユダヤ人の男ではなく、サマリヤの女にお語りになった。主は彼女が「生ける水」を必要としており、その水は「泉となり、永遠のいのちへの水がわき出ます」と言われた。その水は彼女の渇きをいやすもので、主イエスだけが彼女に与えることのできる水であった(ニコデモの物語はヨハ三1以下に、サマリヤの女の物語はヨハ四4以下に記されている)。

これら以外には、主イエスの公生涯の一年目について何も記されていない。主はほとんどの時間をユダヤで過ごされたようである。この時期はいわば移行期で、主のわざがその先駆者ヨハネの働きと重複することもあった。主イエスの弟子たちも洗礼を授けていた。主イエスに従う者たちの数が、ヨハネの従者よりも徐々にふえてきた。ヨハネはその事態を美しく謙遜な心で受け入れた。

「あの方は盛んになり私は衰えなければなりません」（ヨハ三22―30）。

これは、主イエスがユダヤを去ってガリラヤ地方に行くためのしるしであった（ヨハ三24、四1―3、マル一14）。そのすぐあとでヨハネは逮捕され、牢獄につながれる身となった。そして、主イエスのガリラヤ地方での活躍の年、「人気のあった年」が始まった。

人気のあった年

ある安息日、主イエスはその故郷ナザレで会堂での礼拝に出ておられた。彼はイザヤ書の巻き物を与えられ、その中から次の個所をお読みになった。

「わたしの上に主の御霊がおられる。
主が、貧しい人々に福音を伝えるようにと、
わたしに油を注がれたのだから。
主はわたしを遣わされた。
捕われ人には赦免を、

盲人には目の開かれることを告げるために。
しいたげられている人々を自由にし、
主の恵みの年を告げ知らせるために。」
(ルカ四18 19)

そのあとで、主は説教されたが、自分がその聖句の成就だと大胆に宣言された。最初、聴衆は主の恵みあふれることばに驚いてしまった。しかし主が、進んで預言者エリヤやエリシャの働きと同様に、その働きはユダヤ人よりも異邦人によって受け入れられるだろうと言われたとき、人々は怒りに満ちて町から主を追い出し、近くの丘のがけから主を下に突き落とそうとした。主は人人に拒否され十字架につけられる味わいを、そのような形ですでに味わっておられた。主はそのため余儀なくその働きの根拠地をナザレからガリラヤ湖の北西岸にあるカペナウムに移された。

この年の残りの期間、主はカペナウムからガリラヤ中を回られる旅行に幾度も出かけられた。マタイは当時の主のお働きを次のように要約している。

「イエスは、ガリラヤ全土を巡って、会堂で教え、御国の福音を宣べ伝え、民の中のあらゆる種類の病気、あらゆる種類のわずらいを直された」(マタ四23。九35参照)。

まず主は説教された。マルコは主の説教の主題が次のように要約される「神の福音」だと言っている。

「時が満ち、神の国が近くなった。悔い改めて福音を信じなさい」（マコ一14 15）。

この神の国とは、神ご自身が人々の生涯の王として君臨しておられる状態のことであり、主イエスはその神の国を始めるために来られた。その出現は、旧約聖書で待望されていたことの実現であった。人々は神の国に「はいる」ため、または神の国を「受ける」ため、「相続する」ために、悔い改めて信じなければならない。信じるとは、小さい子どものように、その特権を受け入れ、要求されることを行なうという意味である。

次に主は教えをされた。その意味は、主が神の国の福音を宣言して、そこに入るように呼びかけただけでなく、その神の国の律法を弟子たちにお教えになったことである。この教えを要約する最も良い例は、「山上の垂訓」である。山上の垂訓は、おそらく長期間にわたって主がお与えになった教訓をまとめたものである。全体をまとめている主題は、主の弟子たちに、異邦人やパリサイ人とは違うものになれという召しである。「彼らのまねをしてはいけません」と主は言われた。人々が世の光、地の塩となるためには、その義は、律法学者やパリサイ人の義にまさるものでなければならない。道学者のように律法の要求を曲げてはならない。偽善者のように自分の敬虔さを人に見せようとしてはならない。神は隠れたところ、心の中までも知っておられることを認めなければならない。主の弟子たちは、その愛も祈りも志も、異邦人とは異なっていなければならない。友人だけでなく敵をも愛さなければならない。無意味にことばを繰り返すだけの祈りをやめて、知性をもって神に近づく必要がある。最高善として物質的な満足ではなく、神のおきてと正しさを求めなければならない。

人々は主イエスの権威に驚いた。主は学者（必ず自分の権威を持ち出した人々）のようにでもなく、預言者（エホバの名で語った）のようにでもなく、ご自分の権威とご自分の名をもって、「まことに、まことに、わたしはあなたに告げる」と宣言されたからである。

また、主は忘れられないたとえ話を使って、その教えを強調された。ある話は罪人に対する神の愛を表わした（放蕩息子）。また、あるたとえは、救われるために神のあわれみを謙遜に信じることが必要であることを教えた（パリサイ人と取税人の話）。また私たちが互いに愛し合わなければならないこと（良きサマリヤ人）、神の国が受け入れられて成長する方法（種蒔きとからし種の話）、神から与えられた賜物を伸ばし用いる責任（ミナとタラントのたとえ）、福音を拒否する者に対するさばき（麦と毒麦のたとえ）などが、たとえで教えられた。

第三に、主は医療をなさった。主は他の奇蹟すなわち、湖のあらしを静めて自然を支配する権力を持っておられることを示し、水の上を歩き、パンや魚をふやしたりされた。しかし、一番よくお用いになったのは、いやしの奇蹟である。ある時には手でさわり、ことばだけをお用いになることもあった。一つの見方からすると、主イエスがいやしの奇蹟を行なわれたのは、主が人々を愛されたからである。主はどんな苦しみでもそれを見ると、思いやりのため心を動かされたのであった。しかしそれだけでなく、主のいやしは神の国と、主ご自身が神であることのしるしであった。聖書が予告していたように、その奇蹟はメシヤの統治時代の到来を示している。主は牢につながれたヨハネの疑問に答えるために、このいやしを証拠とされた。

「あなたがたは行って、自分たちの見たり聞いたりしたことをヨハネに報告しなさい。盲人が見えるようになり、足なえが歩き、らい病人がきよめられ、つんぼの人が聞こえ、死人が生き返り、貧しい者に福音が宣べ伝えられています」(ルカ七22)。

同様に主の奇蹟は神の国の前進によって、悪の力が敗北し、後退しているというしるしであった。

「しかし、わたしが、神の指によって悪霊どもを追い出しているのなら、神の国はあなたがたに来ているのです」(ルカ一一20)。

主の奇蹟はまた、主イエスが神の子であることのしるしであった。奇蹟はいわば行動によるたとえ話であり、その一つ一つが主の宣告された神としてのご性質を現わしている。五千人を養った奇蹟は、主が生きたパンだという主の宣言の生きた裏づけであり、盲人のいやしは、主がこの世の光だと言われたことの真実性をあかししており、死人をよみがえらせた奇蹟は、主ご自身が復活であり、いのちだと言われたことの裏づけであった。

主はその説教、教え、いやしの三つの働きに弟子たちをも加えられた。弟子たちは、主の公生涯二年目の当初に選ばれ、「使徒」と名づけられた。その名は、彼らが任命を受けた働きを表わしている。そのことは、十二弟子の独特の権威についての項で、もっと詳しく述べる。弟子たちは、人間的な評価では種々雑多な将来性のない一群であった。そのうち、四人は漁師、一人は取税人、また少なくとも一人は政治的な熱心党党員、また一人は裏切り者になってしまうというような顔ぶれだった。しかし主は、彼らを捨てられないでそばに置き、彼らが見聞きすることによって彼らを訓練し、主と同じように説教し、いやす権威をお授けになり、二人ずつ派遣されたのである。

ガリラヤ地方での働きが進む間に、集まる群衆は大きくなった。その地方全体の人々が、期待と興奮と緊張に包まれた。

「多くの人の群れが、話を聞きに、また、病気を直してもらいに集まって来た」（ルカ五15）。

主イエスの人気が絶頂に達したのは、主が五千人を養われた時のようである。その奇蹟は、バプテスマのヨハネが首をはねられるという恐ろしい前兆の直後に行なわれた。五千人は男の数だけだから、女や子どもを加えると、その二倍はいたに違いない（マタ一四21）。五つの大麦のパンと漬けた二匹の魚が奇蹟によってふえ、すべての人が満腹したとき、興奮したつぶやきが徐々に熱を帯びてきた。「まことに、この方こそ、世に来られるはずの預言者だ」と言う声が津波のように人々の口から口へと伝わった。主イエスの評判が広まるにつれて彼らは決心した。そして主を「王とするために、むりやりに連れて行こう」とした。ローマの支配から解放する国民の指導者として主をかつぎ上げるつもりだった。しかしそれに気づいておられた主は、「ただひとり、また山に退かれた」(ヨハ六1415)。

敵視された年

湖の対岸にあるカペナウムに帰られた主は、五つのパンと二匹の魚の奇蹟に関して会堂で説教された。主は政治革命のためでなく、いのちのパンとして来たと言われた。主のもとに来て信じる者は、だれでも再び飢え渇きを感じない。世界中の人に与えるパンとは、ご自分の体であると説明された。するとすぐに、ユダヤ人の間で議論が持ち上がった。彼らは、「この人は、どのようにしてその肉を私たちに与えて食べさせることができるのか」(ヨハ六52)と論じ合った。主の弟子たちでさえもこのことばが難解すぎて、「弟子たちのうちの多くの者が離れ去って行き、もはやイエスとともに歩かなかった」(ヨハ六66)。

イエスは再び身を退き、ガリラヤの国境を越えて、もっと遠くまで出かけられた。北西方面のツロやシドンまで(マコ七24)、湖の南東の地域デカポリスまで(マコ七31)、北はヘルモン山のふもとのピリポ・カイザリヤ地方に行かれた(マコ八27)。このとき、福音書の分水嶺とも言える出来事が起こった。主は人々がご自身のことをだれと言っているかと弟子たちにお聞きになった。

彼らは、人々は主をバプテスマのヨハネ、エリヤ、預言者の一人だとうわさしていることを伝えた。しかし弟子たちは主をだれと言ったのだろうか。ペテロがすぐに答えた。「あなたは、キリストです。」

その時、主が言われたことばは納得できないという人もあると思う。主がキリストであることを他の人に告げてはならないと言われたからである（マル八30）。しかしその理由は次節に記されている。

「それから、人の子は必ず多くの苦しみを受け、長老、祭司長、律法学者たちに捨てられ、殺され、三日の後によみがえらなければならないと、弟子たちに教え始められた。しかも、はっきりとこの事がらを話された」（マル八31 32）。

主は、いくつかの奇蹟の後にも黙っているようお命じになられた。それは、人々が力ずくで主を彼らの王としようとしたことからもわかるように、主がメシヤであることの意味を彼らが誤解している間は、メシヤであることを秘密にしておこうとされたからである。しかし今や、ペテロがはっきりと信仰告白をしたので、主は苦しみを受けなければならないことを、明白にまた公に教え始められた。最初ペテロは、その教えを受け入れることができなかった。しかし主はあくまでそれを主張され、それに付け加えて、同じ仕方で、弟子たちにも苦しみを通して栄光が与えられ、死を通していのちが与えられると言われた（マル八34―38）。

共観福音書によると、その六日後に、主はペテロ、ヨハネ、ヤコブの三人を連れて高い山（ヘルモン山かもしれない）に登った。主の御姿は彼らの見ている前で変わった。主の顔と衣服はまばゆい光に満ちていた。その輝きは主イエスの栄光、神の国の栄光、主の復活の体の栄光、苦しみを通してお受けになる栄光を、あらかじめ現わすものだった。

主はこっそりとガリラヤにお帰りになった。主は引き続いて、まもなく苦しみを受け、その後、復活されることを教えておられた（マルカ九30 31）。そのすぐあと、主は南へ向かって出発された（マルー〇1）。事実、主は、「エルサレムに行こうとして御顔をまっすぐ向けられ」（ルカ九51）、その途中でも同じことを強調された（マルー〇32 34 45）。ルカはこの旅の途中の出来事と、それに伴う主の教えをいくつか記しているが、他の著者は何も記録していない（ルカ九51―一八14参照）。ルカの記録には、主が苦しみのバプテスマを受けなければならないと言われたこと、その達成までの緊張感と苦痛についての記述がある（ルカ一二50）。それから言われた。

「さあ、これから、わたしたちはエルサレムに向かって行きます。人の子について預言者たちが書いているすべてのことが実現されるのです」（ルカ一八31）。

ヨルダン川が死海に注いでいる所から遠くないオアシスの町エリコを通って、主はエルサレムに行かれた。このエリコで主は盲人バルテマイの目を開き、孤独なザアカイを救いにお導きになった（ルカ一八35―一九10）。それから、聖なる都エルサレムまで、非常に勾配のきびしい荒野の坂道を、主は登って行かれた。

共観福音書からは、主がまっすぐエルサレムまで行き、最後の週をお過ごしになったという印象を受ける。しかしヨハネの福音書を読むと、主は六か月間ユダヤに滞在されたことがわかる。その間に主は十月の仮庵の祭り、十二月の宮きよめの祭りなどのために、エルサレムに行っておられる（ヨハ七2 10 14、一〇22 23）。ユダヤに滞在中主がどこに泊まっておられたかは不明だが、ある時はユダヤの荒野に、ある時にはヨルダン川の向こう側、主が受洗された場所の近くまで行かれた（ヨハ一〇40、一一54）。

主が祭りの時、公に姿を現わされた時、主のご自分についての言明は（奇蹟をその証拠として）、いよいよ明確にまた大胆になった。主はご自分が生ける水の与え主であり、（生来の盲人が見えるようになったことでも証明されたように）世の光であり、アブラハム以前から永遠に生きておられる「わたしはある」という方であり、羊のためにいのちを捨てる良い羊飼いであり、（ラザロをよみがえらせたことから明白なように）よみがえりであり、いのちである（ヨハ七37―39、八12、九5、八58、一〇11、一一25 26）。ユダヤの指導者層は、これらの主の主張によって、いよいよいらだった。彼らが主を逮捕し、殺そうとしたことが何度か記録されている（ヨハ五18、七30 32、八59、一〇39、一一53 57）。

人々が歓喜して主を支援したガリラヤでも、律法学者やパリサイ人のうるさい批判を、主は受けておられた。マルコは四つの論争の話を集めている。まず、イエスが大胆にも人の罪を赦すと言ったのは、神を冒瀆したのだとして告発された。次は罪人たちと親しいという告発、第三が断食など宗教的規律を十分守っていないという批判、最後が安息日を破ったという告発だった(マル二1―三6)。この非難に対する主の自己弁護は、彼らから見れば事態をさらに悪化しただけだった。主は罪を赦す権威のある「人の子」、罪の病気をいやす医者であると主張し、ご自分は花婿であるから、その婚宴の客は断食する必要はないとし、またご自分こそ安息日の主であると宣言されたからである。

時が進むにつれて、主はさらに激しくなられた。主は、パリサイ人を偽善者であり(ルカ一一37―52)、神のおきてよりも人の作った慣習を重んじているとして断罪された(マル七1―13)。また後には、サドカイ人は神のことばや神の力に関して無知だと非難された(マル一二18―27)。緊張状態がしだいに高まった。ユダヤ人たちは、主イエスの民衆の間での人気に対してねたみを感じ、主によって彼らの敬虔さは表面だけだと暴露されて傷つき、主の透き通った潔白さによって恥を受けた。最後の衝突はもう時間の問題であった。

主が最後にエルサレムに近づき、オリーブ山を回る道の途中、エルサレムが見える場所まで来たとき、主は涙を押えることができなかった。主は泣いて言われた。

「おまえも、もし、この日のうちに、平和のことを知っていたのなら。しかし今は、そのことがおまえの目から隠されている」(ルカ一九41 42)。

エルサレムの人々は主を必ず拒否すると知っておられたが、主は最後の訴えをされた。前もって慎重な計画を立てておられた主は、借りたろばの子の背に乗ってエルサレムへお入りになった。こうして、ゼカリヤの預言を意識して成就された。

「シオンの娘よ。大いに喜べ。エルサレムの娘よ。喜び叫べ。見よ。あなたの王があなたのところに来られる。この方は正しい方で、救いを賜わり、柔和で、ろばに乗られる。それも、雌ろばの子の子ろばに」(ゼカ九9。マタ二一5参照)。

主に従っていた群衆は、歓呼の声をあげた。彼らは木の枝を切り、上着を脱いで道にじゅうたんとして敷き、主がその上を通られるようにした。彼らはしゅろの葉を振り、ホサナと叫んだ。これは、主のエルサレムへの勝利の入城であったからである。しかし、ユダヤ人の指導者たちはそれに加わろうとしなかった。そしてそれは長く続かなかった。主は、神殿を再度きよめることによって彼らを怒らせた(マル一一15―19)。それから三日間、すなわち月曜から水曜まで彼らの敵意はますます強まった。彼らは政治的、宗教的な論争に主を引きずり込んだが、それでも主を陥れることができなかった(マル一二章)。主は、パリサイ人たちの見せかけだけの信仰を「忌まわしいこと」と酷評された(マタ二三章)。また主は弟子たちに、エルサレム滅亡と、主のご再臨によって、この世の歴史が終わる前に予期される迫害について警告を与えられた(マタ二四章、マル一三章、ルカ二一章）。

主イエスの死と復活

最後の週の木曜日は一つの数え方によると過越の祭りの前日、別の数え方によると過越の祭りの当日である。主は繰り返して「わたしの時」は「まだ」と言っておられたが、その「時」がついに到来したと知っておられた。その時は主イエスにとってこの上ない苦しみの時となるはずだった。それと同時に、栄光の時でもあった。主の真の御姿が完全に現わされ、ユダヤ人だけでなく、異邦人の救いも完成される時だったからである（ヨハ一二20―33）。

主イエスは最後の自由な数時間を、友人から借りた二階の一室で十二弟子たちと過ごされた。そこで過越の食事がとられた。その時、主はどの弟子もしようとしなかった召使の仕事をされた。弟子たちの足を一人ずつお洗いになったのである。主はそのようにへりくだって互いに愛し合わなければならないと、弟子たちをお教えになった。食事中と食後に、主は、彼らの救いのためにささげられようとしている体と血を象徴するパンとぶどう酒を弟子たちに与え、主を記念するために食べて飲むようお命じになった。また、やがて来る聖霊の働きによって彼らに許されるようになる主との新しい、親しい交わりについて深く教え、彼らを強められた。また、主は弟子たちのために、父なる神が彼らを独特な民として保ってくださるように祈られた。彼らはもはやこの世の者ではなく、主を代表する者として、この世に生きなければならなかったからである。

彼らが二階座敷から出たのは、もうずいぶん遅かったに違いない。彼らは人影の見えない街道を歩き、キデロンの谷を渡り、オリーブ山を登り始めた。ゲッセマネの園で、主は苦悶の願いをもって天の父に、飲むべき「この杯」を過ぎ去らせてくださいと祈られた。「杯」とは、罪に対する神の怒りを象徴する旧約聖書のことばだった。しかし、主は一つ一つの祈りを、新しく神の御手にご自身をゆだねることをもって終えられた。最後には、その杯を飲み干す決意を堅くして、静かに立ち上がられた。ちょうどその時、たいまつや武器を持って、神殿の兵士たちが主を逮捕するために到着した。ユダが主を裏切ったのである。

その夜から翌朝にかけて、六つの法廷が次々と開かれた。ユダヤ人の法廷が三回、ヘロデの前で一回、ポンテオ・ピラトの前で二回開かれた。偽証者たちが主イエスを告発しても主は黙っておられたが、大祭司が「あなたは神の子キリストなのか、どうか」と聞くと、主は大胆にそうだと認め、直ちに冒瀆罪のとがにより死刑の宣告をお受けになった。正義を踏みにじるこの大祭司の行為だけでなく、なぐったり顔につばを吐きかけたりする乱暴者や、外庭で主を拒否した臆病なペテロなどによって、主はよけいに苦痛を味わわれた。

ローマ帝国の法律によって、ユダヤ人は死刑の執行を許可されていなかったので、自分たちの死刑宣告を総督に裁可してもらわなければならなかった。総督ポンテオ・ピラトは有能な行政官ではあるが、残酷な男として知られていた。彼はまず政治的な問題の告発すなわち、主が皇帝に貢物を納めるのを禁止したとか、彼自身が王であると宣告したというような点を手早く判断した。彼はいくつかのことを主に質問して、政治的扇動家ではないと確信した。しかし、ピラトはいつも原則に従うというより、便宜を考えて統治する男であった。彼は主イエスを釈放した上に、ユダヤ人たちも満足させたかった。だから彼は、いくつかの妥協案を出した。主イエスをむち打つのはどうか、ヘロデにさばかせるのはどうか、いつものように過越の恩赦という形で釈放するのはどうかと提案して、彼らの反応を探った。しかしユダヤ人たちは、ピラトが裁決なしに済ませることを許さなかった。もし主を許せば皇帝の好意を失うと脅されたとき、ピラトは決心した。皆の前で手を洗い、自分とは関係がないふりをして、主をあざけりとむちと十字架に引き渡したのである。

十字架刑は身の毛のよだつほど恐ろしい処刑方法である。ローマ人にとって、十字架は恥辱を意味する。普通は奴隷や極悪人だけの処刑方法だった。虐殺を楽しむという形の拷問でもあり、わざと苦しみを長びかせ、時には何日も死なせないというような処刑だった。

主イエスがこの激しい苦しみをどのように受け取り、耐えられたかは、主の十字架上の七つのことばに表わされている。最初の三つは、主がただひたすら他の人々の幸福を考えるために、ご自分の苦しみは忘れることができたことを示している。主はご自分を苦しめている者たちのために祈り、その母をヨハネにヨハネを母にゆだね、そばで十字架についている悔い改めた強盗に、主とともにその日パラダイスに行けると保証された(ルカ二三34、ヨハ一九26 27、ルカ二三43)。その後数時間、主イエスは沈黙を守っておられたようである。その間、異常な暗黒が地上をおおった。それから主はたぶん続けて四つの叫びをあげられた(ヨハ一九28、マル一五34、ヨハ一九30、ルカ二三46)。その叫びを通して、主の苦しみの内容と目的をいくぶんかでも理解できる。まず「わたしは渇く」と言われた。これは主の肉体的苦悩を表わしている。次に「わが神、わが神。どうしてわたしをお見捨てになったのですか」と叫ばれた。この見捨てられた叫びが疑問の形になっているのは、主がその答えを知らなかったからではなく、主が詩篇二二1を引用されたからである。主は(いつものように)ご自分がその聖句を成就していると確信しておられたので引用されたのである。主が神に捨てられる経験をされたのは、私たちが犯した罪のために受けなければならない神のさばきを、主が代わって受けてくださったからである。主は神の怒りの「杯」を飲み干しておられた。続いて主は、勝ちどきをあげて「完了した」と言われた。ご自分がその目的のために、この世に来た罪を負うという責任を果たしたことの宣言である。最後に主は、そのたましいを父の御手におゆだねになった。これは、主がご自分の死を自ら決定し、進んで死なれたことを示している。

「父よ。わが霊を御手にゆだねます」(ルカ二三46)。

約三十六時間後に、神は主を死からよみがえらせ、主の死がむだではなかったことを決定的に証明された。イースターの朝、夜が白みかけたとき、マグダラのマリヤと他の女たちは、アリマタヤのヨセフ所有の墓に来た。安息日でできなかった正式の埋葬を完了するためであった。彼らが来てみると、墓の入口の石は取り除かれ、中はからっぽであった。その報告を聞いて、ペテロとヨハネも飛んで来た。主の体は消えたが、体を包んでいた布はそのままに残っていることを彼らは発見した。それは死体が人間の手によって動かされたのではなく、神によって死からよみがえられたという明らかな情況証拠であった。彼らは「見て、信じた」。

復活の主が現われ始めた。最初は個人的に、マグダラのマリヤとペテロとに、続いてエルサレムからエマオへ向かう途中の二人の弟子に、またその夜と次の日曜日トマスがいっしょの時に(その前の週の日曜日にはトマスは弟子たちといっしょではなかった)、次は彼らがガリラヤに帰ったあと、主はそこで山の上とガリラヤ湖岸で彼らに現われた。主は現われるごとに主であるという証拠をお与えになった。不思議なように姿は変わっているが、以前と同じ主であることをお示しになった。それから主は、全世界に出て行って、すべての国民を主の弟子とするよう、弟子たちにお命じになった。

こうして主は、四十日間彼らに姿を現わされた。最後に主は、オリーブ山でその姿を現わされた。聖霊が下れば主のあかし人となる力が与えられると約束して、彼らを祝福した後に、主は「天にあげられ」た。私たちは主の昇天の文字どおりの意味は何かとむずかしく考え、疑問をいだく必要はない。主のご昇天の目的だけを把握していればよい。主が「父のもとに行」かれるのに、そうした方法が必要だったわけではない。父のもとに行くのに、主が空間を旅行する必要など全然なく、以前のように人々の目の前から消えてしまえばよかったはずである。主が人々の目前で、見える姿で昇天された理由は、おそらく主が彼らに現われるのはこれが最後だということをお示しになるためであったろう。主は、少なくとも主が栄光のうちに再臨される時まで世を去られたのである。そこで彼らは、非常な喜びのうちにエルサレムに帰って、復活された主の姿の現われではなく、約束の聖霊が力をもって来られるのを待っていたのである。

初代教会

弟子たちが待たなければならなかったのは十日だけであった。ともに祈って主の約束の成就を待っていたとき、突然その事が起こった。風の音と激しい炎のような形で聖霊が下って彼らを満たした。これは、キリストの救いのわざが頂点に達した瞬間であった。主が聖霊を天から注がれることによって、ペテロがその朝の説教で説明しているように、主の誕生と死と復活のわざの意義をこの上なく明らかにされたのは、主ご自身であったからである。

ペンテコステの根本的な目的は、宣教だと理解すべきである。弟子たちが外国語を話した奇蹟は、福音によって生まれるべき世界的なキリスト者の社会を象徴している。

この日一日で三千人が回心し、受洗して教会に加えられた。

「そして、彼らは使徒たちの教えを堅く守り、交わりをし、パンを裂き、祈りをしていた」(使二42)。

使徒たちの初期の説教が明確で力にあふれていることは、驚くばかりである。ルカはペテロの説教の実例を四つ記している(使二14—40、三12—26、五29—32、一〇34—43)。その一つはペンテコステの日に、次は宮の外の「美しの門」で足なえがいやされたあとに、次はユダヤ人議会で、最後にコルネリオの家族に対してなされた説教である。ルカが書いたのはもちろん概略であるが、ペテロの説教の内容と様式とが十分にうかがえる。

ペテロは主イエスとその生涯、死、復活を説いた。主は、生涯の間に主が行なわれた奇蹟によって、神であることの証明を与えられた。主の死は、神のご計画によるものであり、同時に、人人の不法によるものでもあった(使二23)。人々は主を拒否し殺したが、神は主をよみがえらせて、主の正しさを明白に証明した。現在は栄光のうちにあげられ、主、キリスト、救い主、さばき主であられる。その上これらすべては、旧約聖書によってあかしされており、使徒たちが目撃者としてあかししたことである。だから、罪を悔い改めてイエス・キリストの名を信じ、受洗すれば、アブラハムの子孫に約束された祝福、すなわち罪の赦しと聖霊の賜物を受けると、ペテロ

は人々に迫った。
生まれたばかりの教会に問題はなかったと思ってはならない。イエス・キリストが主の霊によって世界征服を始めるやいなや、悪魔も激しい反撃を開始したからである。悪魔の攻撃には三つの型がある。
まず迫害という乱暴な攻撃をしかけた（使三―五章）。ペテロとヨハネは「民を教え、イエスのことを例にあげて死者の復活を宣べ伝え」始めると（使四１２）逮捕され、議会に引き出された。そこで彼らは大胆に主イエスをあかしし、主が唯一の救い主であることを宣言した。議員たちはその二人が無学な者だと知って深い感銘を受けたが、「いっさいイエスの名によって語ったり教えたりしてはならない」と命令した。
彼らは、人間に従うよりも神に従わなければばならないし、見聞きしたことを語らずにはいられないと答えた。彼らはさらに脅されてから釈放された。彼らはすぐ友人たちのところに行き、自然界と歴史の支配者である神に、自分たちの安全ではなく、主のことばを説き続ける勇気が与えられるように祈った。そのようにして、彼らは説教を続けたがまた逮捕され、留置所に入れられた。しかし、主の使いが彼らを連れ出して宮の中で福音を伝えるよう命じた。もう一度逮捕され取り調べられたが、ガマリエルが、むしろ自分たちが神に敵対しているかもしれないと警告したので、ユダヤ人議会は二人をむち打ち、イエスの名で語るなと再び戒めただけで釈放した。その時の使徒たちの反応は次のとおりであった。

「そこで、使徒たちは、御名のためにはずかしめられるに値する者とされたことを喜びながら、議会から出て行った。そして、毎日、宮や家々で教え、イエスがキリストであることを宣べ伝え続けた」(使五41 42)。

もう一つの悪魔の武器は、もっと巧みなものだった。迫害では、教会を破壊できなかったので、内部から教会をくつがえそうと試みた。初代のキリスト者たちは物惜しみをせず、多くの人が所有地などを売却して、貧しい者を助けるためにその代金を使徒たちのところに持って来た。アナニヤとサッピラの夫婦も同様な決心をしたが、代金の一部は手もとに残しておいて、全部渡したようなふりをした。ペテロがあとで明らかにしたように、所有物は売却の以前も以後も彼らの自由にしてよかった。所有物はその一部分でも与えなければならないというのではなかった。

彼らの罪は、事実と違うのに、すべてをささげたように見せて、ほめられたいと思ったことにある。彼らの計画が成功していれば、キリスト者の社会に偽善が入り込んだだろう。ペテロは彼らの偽りを察知した。彼らは、自分たちのいのちで二心の代価を支払わなければならなかった(使五1―11)。

第三の悪魔の武器は、最も間接的であった。使徒たちを社会奉仕(正確には、キリスト者の未亡人のめんどうをみること)に没頭させて、みことばを教える彼らの本来の任務から引き離すということだった。使徒たちはその危険性に気づいて、その奉仕を他の人々にゆだねた。彼らは弟子たち全員に命じて、七人の執事(普通こう呼ばれる)を選び、その七人に福祉関係の仕事をさせ、自分たちは神がお与えになった「祈りとみことばの奉仕」に専念した(使六1―6)。

こうして、悪魔が仕掛けてきた三種の反撃がひとまず失敗に終わったとき、ルカは次のように書くことができた。

「こうして神のことばは、ますます広まって行き、エルサレムで、弟子の数が非常にふえて行った」(使六7)。

選ばれた七人のうちの一人はステパノだった。彼は恵みと信仰と知恵と力に満ちたキリスト者であった。彼は、モーセの律法と神殿を汚すことを言ったとのかどで、議会に連れて来られた。彼の反論(使七章)は、イスラエルの人々に対する神の取り扱いを完璧にとらえており、神は場所や建物に結びつけられているのでなく、神を神とするご自分の民と結ばれていることを示すものであった。彼は告発者たちを告発することばで彼の反論を結び、彼らがかたくなで聖霊に逆らい、キリストを殺した張本人だと告発した。彼らはステパノに殺到し、町の外へ連れ出し、石で殺してしまった。しかし、最初の殉教者の死は神の摂理によって、福音の広がるのを妨げず、むしろこれを助けた。その事件のあとで迫害が起こって、人々はユダヤとサマリヤの全地に散らされたが、彼らは行った所どこでもみことばを伝えたからである（使八1―4）。その中に、七人の執事の中のもう一人のピリポがいた。彼はサマリヤ伝道に著しい成功を収めた。サマリヤ人は幾世紀もユダヤ人との交わりを拒否されていた人々である。エルサレムに残っていた使徒たちからペテロとヨハネが派遣され、起こった事柄が承認された。こうして、ユダヤ、サマリヤの民族間の分離が教会の中に持ち込まれることが避けられた。ピリポはエルサレムからの帰途についていたエチオピヤの高官に、十字架につけられたキリストの福音を説明した（使八25―40）。

サマリヤとエチオピヤへの伝道は、やがて始まろうとしている異邦人伝道の前ぶれだった。ルカは使徒の働きの中で、二人の重要人物の回心から異邦人伝道を書き始めている。タルソのサウロと、ペテロのあかしを通してのローマの百人隊長コルネリオの回心である。これらの出来事から、使徒パウロとペテロが教会の異邦人伝道開始に重要な役割を果たしていることがわかる。

タルソのサウロの名が最初に出てくるのは、ステパノの石打ち刑の現場で、殺人者たちの着物番をしていたところである。サウロは、敵のために祈って死んだこのキリストのための殉教者の勇気と愛を、決して忘れたことはなかったに違いない。しかし彼は、自分の良心の声に耳をふさぎ、激しく教会を迫害し続けた。ついに、(使徒の働きに三回も出ているように)ダマスコに向かう途中で主イエスが現われ、(あとで語ったように)彼が主を「理解」した記念すべき日が来た。ダマスコで彼はアナニヤと会い、弟子であるばかりか使徒として召され、主の名を異邦人にも伝える神の選びの器とされていると告げられた(使九15)。サウロは、主の十字架後三年から五年の間に回心したに違いない。

使徒の働きの二つの章のほとんど全部が、コルネリオの回心のことで占められている(使一〇47、一一章)。ルカは彼の回心をそれほど重視したのである。コルネリオは神を敬い、会堂のすみに入ることは許されていたが、彼は異邦人、よそ者であった。ペテロがコルネリオの家に行って福音を説くべきだと納得するためには、特別な幻が必要であった。彼は、聖霊が繰り返し与えられるまで、今では神はユダヤ人と異邦人の区別なしに、すべての信者に差別なくきよめと聖霊をお与えになるということを理解することができなかった(使一〇47、一一17、一五7—11)。それは大きな飛躍前進であった。

ステパノの殉教後、エルサレムから散らされた者たちのうちに、北に向かってシリヤの首都アンテオケに行った者もいた。この町はローマ帝国第三の有名な都市であった。彼らはギリシヤ人に主イエスを宣べ伝え、多くの者が信じた。そこでエルサレムの教会からバルナバがアンテオケに派遣されたが、バルナバは助手としてパウロを連れて行った。一年間、彼らは回心者たちを教えた。このアンテオケで最初の異邦人教会が確立した。ここで初めて弟子たちがキリスト者と呼ばれるようになり、最初の海外伝道旅行が進められた。紀元四七年頃であった（使一一19―26、一三1―3）。

第一伝道旅行

聖霊の導きに従って教会が選び、任命した宣教師は、パウロとバルナバであった。この二人は同行者として、バルナバのいとこマルコを選んだ。彼らはまずバルナバの故郷キプロスに船で渡った。次に北西に向かい、アジヤ地方のパンフリヤのペルガまで来た。この頃になると、マルコはもう耐えられず、ペルガからエルサレムに帰ってしまった。マルコはパンフリヤの湿地に生息する蚊の大群に恐れをなしたのだろうと思われる。たぶんパウロはここでマラリヤにかかり、視力を悪くしたのだと推測されている。とにかく彼らが台地に上り、ガラテヤに着く頃には、顔が醜く見えるような眼病にかかっていたようである（ガラ四13―15）。ガラテヤ地方で最初に訪問した町は、ピシデヤのアンテオケだった。パウロは会堂で説教し、多くのユダヤ人が回心した。しかし信じようとしないユダヤ人たちがパウロの説教に反対したとき、彼は大胆にも（その後パウロはよくそれを繰り返した）異邦人伝道を始めた。反対者によって町から追放されたパウロとバルナバは、他のガラテヤ地方の町、イコニオム、ルステラ（ここで異教徒たちはもう少しで神々としてパウロとバルナバを拝むところであり、ユダヤ人たちは神を汚す者として彼らを石打ちにした）とデルベを訪問した。彼らは帰り道に今まで訪問した町を再び訪れて、新しい回心者を励まし、また彼らの世話をするために、一つ一つの教会で長老たちを任命した（第一伝道旅行は使一三4―一四28に書かれている）。

アンテオケに帰り着いた彼らは教会員全部を集め、すべて神がなさったこと、特に、「異邦人に信仰の門を開いてくださったこと」を報告した（使一四27）。しかし教会の喜びはすぐなくなって、論争が始まった。エルサレムから、いわゆる「ユダヤ主義者」の一群がやって来て、異邦人の改宗者たちは割礼を受け、モーセの律法を守らなければ救われないと教え始めたからである（使一五1 5）。パウロは激しく彼らに反論した。またペテロでさえもが確信からでなく恐れから、異邦人キリスト者との交わりを一時やめたとき、パウロは彼を公に叱責しなければならなかった（ガラ二11―14）。

陰険なユダヤ主義者たちは、ガラテヤ地方の諸教会にまでその影響を及ぼしたようである。そこでパウロは最初の手紙を書く決心をした。そのガラテヤ人への手紙の中で、自分の、キリストから受けた使徒としての権威を擁護し、エルサレムの使徒たちと自分との間には意見の食い違いがないことを確認し、ユダヤ主義者の教えている福音を全然福音ではないとして退け、救いは神の恵みのみ、私たちの信仰のみによるのであって、割礼や他のおきてを守る条件はついていないことを強調し、最後にガラテヤの人々がキリスト者としての自由をしっかり守るよう要請した。

アンテオケの教会は、パウロとバルナバを代表としてエルサレムの教会に派遣し、ユダヤ主義者が提起した問題に決着をつけることにした。そこで「エルサレム教会会議」(使一五章)が、紀元四九年か五〇年に開かれた。多くの議論のあとで、ペテロ(この時にはすでに異邦人と再び交わっていた)は、コルネリオの回心のことを説明した。またパウロとバルナバは、彼らを通して神が異邦人の間でどのように働いてくださったかを報告した。最後に主の兄弟ヤコブは、旧約聖書からその問題についての答えを出した。異邦人は救われる条件として割礼を受ける必要はないが、弱いユダヤ人の繊細な良心を考え、またユダヤ人と異邦人との交わりを教会の中で進めていくために、異邦人たちには進んで、食物や結婚に関するいくつかのおきてを守ってもらおうと提案した(使一五20 29で不品行と訳されているギリシヤ語のことばは、少なくとも一方が未婚である私通または姦淫、または不道徳全体を指しているか、それともユダヤ人社会にある結婚のおきての中で、近親結婚とみなされ禁止されている結婚のことかもしれないという意見もある)。

ここに登場したヤコブが、ヤコブの手紙の著者であることはほとんどまちがいない。その手紙はこの時期に書かれたものかもしれない。その内容は、ユダヤ人キリスト者の説教であり、真の生きた救いをもたらす信仰は、兄弟愛と自制と神への献身の生活によって現われることを強調したものである。

第二伝道旅行

エルサレム教会会議の決定事項を記した使徒や長老たちの手紙を持って、パウロは第二伝道旅行に出発した。今度はシラスが彼に同行した（第二伝道旅行は使一五36―一八22に記されている）。彼らは会議の決定事項を報告しながら、ガラテヤの諸教会を再訪問した。ルステラではテモテを同行者として迎えた。テモテの父は異邦人だったので、その地方のユダヤ人たちの気持をくんで、テモテに割礼を施した。救いが神の恵みのみによるという原則がすでに確立したので、政策的な譲歩はしてもよいというのが、パウロの気持だったわけである（使一六1―4。Ⅰコリ九19―20参照）。

彼らは南西方向のエペソへ行くことも、北のビテニヤに行くことも聖霊によって禁じられた（その方法は明らかにされていない）ので、北西方向に進む以外に道がなく、エーゲ海沿岸のトロアスに到着した。ここでパウロは、一人のギリシヤ人が、マケドニヤに来て彼らを助けてくれと頼んでいる夢を見た。パウロと同行者はその夢が神からの召命であり、福音をヨーロッパに伝えるよう神が命じておられると解した。使徒の働きの著者ルカは、この個所で初めて「私たち」

という代名詞を使って、彼がパウロの一行に参加したことを静かに示している。

マケドニヤはギリシヤの北部の州で、伝道団の一行は、そのおもな三つの町で福音を宣べ伝えた。その一つはピリピで、ここではパウロとシラスが獄中で足かせをはめられ、忘れてはならない一夜を明かした。次はテサロニケで、三週間の伝道の結果、多くの人々が信じた。最後はベレヤで、そこからパウロはギリシヤの南部の州アカヤへ行き、そのおもな二つの町アテネとコリントを訪問した。

古代ギリシヤの栄光が満ちた町の中に、キリストの使徒がただ一人立っているという、アテネでのパウロの姿を想像して、私たちは心に感動を覚える。彼が町を歩きながら受けた強い印象は、町の美しさではなく、町が偶像に満ちていたことである。彼は非常に心を動かされて、まず会堂でユダヤ人に、続いて市場で通行人たちに、また最後に有名なアレオパゴスの議会でストア派やエピクロス派の哲学者たちを前にして、忠実にイエス・キリストとその復活、やがて来るさばきなどを宣べ伝えた。

テモテはパウロがアテネにいる間に追いついたが、パウロはテサロニケの教会が激しい迫害の中でどうなっているか非常に心配して、テモテをただちに派遣してその様子を知り、彼らが堅く信仰に立つよう励ますことにした（Ⅰテサ三1—5）。テモテが帰って来るまでに、パウロはコリントに移動していた（Ⅰテサ三6。使一八5参照）。ここでテモテから喜ばしい報告を受け取ったパウロは、すぐにテサロニケ人への手紙第一を書いた。続いて第二も書いた。この二つの手紙の中でパウロは、テサロニケの人々の信仰と愛と忍耐を喜び、マケドニヤとアカヤのすべてのキリスト者に対して良い模範を示したことを喜んでいる(Ⅰテサ一章)。続いて彼は、自分の悪口を言っているユダヤ人に対して、自己の誠実さを弁護している(Ⅰテサ二章)。また人々に、自分で働いて生計を立て、キリストの再臨が切迫しているから仕事をやめてしまうという誤った考えを捨てるように、また、主の再臨の時には、生きている者が主にあって死んだ者より先になることはないのだから、悲しみの中にも勇気を出すように、また、性的に汚れのない生活をするようにと勧めている。彼が手紙を書いたときには、たぶん次の三種類の人々を念頭に置いたのだろう。

「気ままな者を戒め、小心な者を励まし、弱い者を助け……なさい」(Ⅰテサ五14)。

パウロはほとんどまる二年間コリントに滞在した。彼はいつものように、ユダヤ人にまず伝道し、会堂管理者である著名なクリスポが回心した。しかしユダヤ人たちが反対し彼を虐待したので、いつものように異邦人伝道に切り替えたが、思わぬ方面から彼の方針への支持を得た。アカヤの地方総督ガリオからである。悪徳の巣のようなコリントの町に、ユダヤ人・異邦人の教会が設立されたのは、すばらしい神の恵みの勝利を示すことである。

第三伝道旅行

パウロはアンテオケに帰る途中、ローマ帝国のアジヤ州の州都エペソに立ち寄った。彼はその町が地理的に非常に重要であることに気づいていたに違いない。第三伝道旅行では、彼は最初にそこに直行したと言えるはずである（第三伝道旅行は使一八23―二一16に記されている）。彼は三か月間会堂で説教を続けていたが、それから伝道上画期的な方法を取り入れた。ツラノの講堂を借りて二年間毎日、ある写本によると「第五の時から第十の時（午前十一時から午後四時）まで」福音について論じたのである。（ツラノの講堂とは、普通の学校か講義所だったようである。）彼が一週間に六日使ったとして、三千百二十時間福音を論じたことになる。その結果、「アジヤに住む者はみな、ユダヤ人もギリシヤ人も主のことばを聞いた」（使一九8―10）としても、決して驚くにはあたらない。

彼がエペソに滞在している間、コリントの教会には、信仰の教理に関して、また道徳的にもいろいろな問題があり、彼を心配させた。コリント人への手紙第一に記されている、パウロの最初の手紙は失われた。しかし彼は、コリントからの旅行者の口から、穏やかならぬニュースを聞き、また彼らがコリントの教会から持って来たいくつかの質問に答えるために、再び手紙を書いた。それがコリント人への手紙第一である。この手紙の中で彼はまず、キリストが彼らに与えてくださった賜物について神に感謝することができたが、続いて彼は、教会をまっ二つに裂いてしまった内紛について、またその内紛の背後にある彼らの奉仕に関する誤った考え方について触れている(Ⅰコリ一10―四21)。また、教会がその会員の間の不道徳や訴訟について、何ら適当な処置を取っていないこと、また、公の礼拝にでたらめな行動を許していることに対して(Ⅰコリ五、六、一一章)、深い驚きと怒りを表わしている。彼らの質問に答えて、結婚について(Ⅰコリ七章)、偶像にささげられた食べ物を食べることについて(Ⅰコリ八―一〇章)、また聖霊による賜物の使用または誤った使用について述べている(Ⅰコリ一二―一四章)。最後に彼は福音を要約し、キリストの復活とキリスト者の復活とを特に強調している(Ⅰコリ一五章)。

この手紙は、パウロが望んだような効果を上げなかったようである。そこでパウロ自身、その後コリントの教会を個人的に訪問することを決めた。彼はあとで、この時の訪問を「あなたがたを悲しませることになるような訪問」(Ⅱコリ二1)と言っているが、コリント教会の指導者が、そのとき公にパウロの使徒としての権威に挑戦したからであった。その挑戦が容易ならぬことだったので、パウロはコリントを去ると、もう一通の手紙(普通「きびしい手紙」と言われている)を書き、その挑戦者は罰せられなければならないと主張した。この手紙も、ある聖書学者が論じているように、何かのはずみでコリント人への手紙第二、一〇―一三章になってしまったのでなければ、失われてしまったと思われる。とにかく、そのきびしい手紙の指示に従って、罪を犯した者は正当な罰を受けた。パウロは、彼らがそのように誠実であったことをテトスから聞いてとても喜び、すぐまた手紙をしたためた（Ⅱコリ一12―14）。

この手紙すなわちコリント人への手紙第二の中で、十分な罰を受けたその反抗者を赦し慰めるように、とパウロは要請している（Ⅱコリ二5―11）。彼は引き続いて、キリスト者に与えられている奉仕のすばらしさ、その問題や責任について語り（Ⅱコリ三―六章）、また二章をさいて、ユダヤの貧しい教会を助けるために献金することをマケドニヤとアカヤの教会に訴え始めた、と説明している（Ⅱコリ八、九章）。そして自分の使徒としての権威の弁護をもって締めくくっている（Ⅱコリ一〇―一三章）。

この手紙の中で、彼は三回目の訪問をしたいという希望を明らかにしており、あとでその訪問は実現する。エペソの人々はアルテミス（すなわちディアナ）の女神の豪華な神殿を自慢していた。これは今日でも世界の七不思議の一つである。エペソの偶像崇拝者からだんだんと回心する者がふえてきたとき、銀細工人たちは、神殿や女神の模型のみやげ品を売る商売が脅かされるのを恐れるようになった（使一九23―41）。その結果、激しい騒動が持ち上がったので、パウロはマケドニヤへ、それからアカヤへとのがれて行った（使一九21 22、二〇1 2）。

使徒パウロは、コリントのガイオの家で約三か月間滞在したようである。彼はここでローマ人への手紙を書いた（ロマ一六23、Ⅰコリ一14）。その手紙の中で、彼はローマのキリスト者を訪問し激励するだけでなく、世界の中心都市ローマで福音を宣べ伝えたいという熱望を述べ（ロマ一8―

15）、またそれからスペインへ行きたいと言っている（ロマ一五19―29）。彼は機会をとらえて、彼にゆだねられ、また彼がすべてをそれにささげている福音を十分に説明した。彼は人類の堕落した恐ろしい状態を記述し、ユダヤ人も異邦人も区別なく罪悪の中に陥っていると論じている（ロマ一18―三20）。また救いは、ユダヤ人異邦人の区別なく提供されているのである。

「ユダヤ人とギリシヤ人との区別はありません。同じ主が、すべての人の主であり、主を呼び求めるすべての人に対して恵み深くあられるからです」（ロマ一〇12 13、一16、三22 23、九―一一章）。

この救いは神の恵みにより、キリストの死に基づいて提供されている無代価の贈り物である。旧約聖書自体も明らかにしていることだが、人は信仰によりその賜物を受けるのであって、自分の働きによって獲得するのではない（ロマ三21―五21）。信仰は罪人を義とするばかりでなく、キリストと結びつける。「キリストにあって」、すなわち信仰によって（目に見えない形で）、キリストに属する者となり、また（見える形で）バプテスマを受けることによって、キリスト者は全く新しい自由の生活を始めることができるのである。キリスト者は神のしもべになることを通して、罪の支配から解放され（ロマ六章）、内住してくださる御霊を通しておきての束縛から解放され（ロマ七1―八13）、永遠に神の子とされたという確信によって、生きているときも、死においても、すべての悪の恐れから解放されるのである（ロマ八14―39）。

次にパウロは、自分の心を深く悩ましている問題、すなわち神に特別な権利を与えられているユダヤ人が、どうして主イエスをメシヤとして受け入れないのかという問題と取り組んでいる。神がその約束のことばを守らなかったのでは決してない。この不思議な現象、彼らの不信仰は、部分的には神の不思議な選びの過程だという答え、またもう一つは、彼らが「不従順で反抗する民」として反抗しているという答え、また一部は広い歴史的な見通し、すなわち救いのご計画の一環として異邦人の時だけでなく、ユダヤ人の時も「満ちて」、「イスラエルはみな救われる」時が来るという答えをもって、理解することができる（ロマ一一章、特に12 25 26節）。

このように少し横道にそれたが、パウロはまた実際的な聖なる生活に話を戻している。「神のあわれみ」のゆえに、すべての主の民は互いに仕え（ロマ一二章）、良心的な市民となり（ロマ一三章）、過敏な良心を持つ弱い兄弟たちをも受け入れる兄弟愛をもって、生活すべきだと言っている（ロマ一四、一五章）。

パウロの一行はコリントを去り、ユダヤの諸教会に対する献金を持って、エルサレムへ向かう長い旅についた（使二〇3—二一16）。途中で寄泊した港はトロアス（そこでパウロの説教は真夜中まで続き、彼らの交わりは夜明けまで続けられた）とミレト（ここでパウロはエペソの教会の長老たちに感動的な説教をしている）であった。

パウロの逮捕とローマへの旅

彼らがその目的地エルサレムにやっと到着して一週間も滞在しないうちに、アジヤのユダヤ人たちが悪意をもってやって来て、パウロを告発し、彼の教えがモーセの律法をおとしめたとか、ギリシヤ人を連れて入って神殿を汚したと中傷した。そこで騒動が持ち上がったが、ローマ軍の千人隊長のすばやい処置によって、リンチを受けていたパウロは救出された(使二一17―二二29)。

次の二年かそれ以上パウロは囚人として捕われていた。当時ルカはパレスチナで自由に活動していた。「ルカの福音書」と「使徒の働き」を書く資料を集めていたことは確かであろう。パウロはエルサレムとカイザリヤで、いくつかの裁判を受けなければならなかった。まずユダヤ人の議会(サンヘドリン―七十人議会)で(使二二30―二三10)、続いて総督ペリクスの前で(使二四1―21)、その後継者フェストの前で(使二五1―12)、それからアグリッパ王とその妻ベルニケの前で裁判を受けた(使二五13―二六32)。しかしパウロはローマの市民権を行使して皇帝に訴えたので、彼は結局、裁判を受けるためにローマに送られた。

長期間の危険に満ちた航海では、船が難破してやっとマルタ島に上陸するという事件もあった。

ルカはそのことについて絵を描くように詳しく記述している(使二七1―二八10)。ついにパウロは夢見たローマに到着した。キリスト者たちが彼を迎え、ユダヤ人たちも彼の口から福音を聞くために彼を訪問した。

ルカはここで、ユダヤの首都エルサレムから世界の首都ローマへ、福音がどのように広まったかを述べている。彼はその記述を終わるにあたって、その主人公である使徒パウロが家の中に閉じ込められても、なお屈することを知らない伝道者として活躍する姿を描いている。

「パウロは……たずねて来る人たちを みな迎えて、大胆に、少しも妨げられることなく、神の国を宣べ伝え、主イエス・キリストのことを教えた」(使二八30 31)。

パウロはローマでの二年間の囚人生活を、ただ口のことばをもって主イエスをあかしするために用いただけではない。彼はいろいろな教会に手紙を書いた。これがいわゆるパウロの「獄中書簡」であり、この時期に書かれたものはエペソ人への手紙(たぶんアジヤ州にある諸教会への回覧形式の手紙)、コロサイ人への手紙、ピレモンへの手紙(ピレモンのもとから逃亡した奴隷が、回心して、再び彼のもとに送り返されるから受け入れるようにという個人にあてた要請の手紙)とピリピ人への手紙(ある 学者たちは、この時期よりも早く、エペソでも 投獄されたと仮定して、そこからパウロが書いた手紙だと言っている)である。これらの手紙を要約するのはむずかしい。その地方地方での独特の問題をその背景に持っているからである。しかしそのすべての手紙の中で、明白に強調されていることは、イエス・キリストの偉大さである。神の満ち満ちた状態が主イエスにあり、主イエスを通して働き、一方では宇宙を創造され、他方ではすべての者をご自分と和解させられたと、パウロは書いている。主イエスは、現在神の座の右に上げられ、すべての権威権力にはるかにまさっておられ、すべての名にまさる名を与えられた。すべての者が主の前にひざをかがめ、すべての舌がイエス・キリストを主と告白すべきである。この全宇宙の主であるイエス・キリストはまた教会のかしらであり、その会員は当然あるべき状態、すなわちきよく、一つに結ばれた、勝利に満ちた人々となるために召されている。

キリストがすべてのものより卓越しておられるという主題は、今まで述べた書と異なったヘブル人への手紙の主題でもある。この手紙は、著者もあて先も知られていない。そのことは書いてないからである。この手紙の目的は、ユダヤ人のキリスト者がもう一度ユダヤ教徒になってしまわないように、イエス・キリストがすべての成就であると強調している。主イエス・キリストによって祭司職も犠牲の儀式も完成し、彼によって永遠の贖いが成就したのである。

使徒の働き以後

ルカが使徒の働きを、パウロのローマ到着とそこでの伝道で終えているので、その後の出来事についてはあまり知ることができない。しかしパウロはその後、期待していたように釈放されて、一、二年旅を続けたのは確かのようだ。パウロはクレテを訪問してテトスをそこに残した(テト一5)。その後間もなくパウロはテトスへの手紙を書き、彼の任務について教えている。テトスは異端の教えと戦える適当な人をすべての町で選んで、長老に任命すべきだった。またテトス自身も教師として、救いの福音の「健全な教え」を受け入れた者としてのキリスト者にふさわしい行ないを強調しなければならなかった。

パウロはそれからエペソに行き、テトスの場合と同じような理由でテモテをそこに残した（Ⅰテモ一3）。テモテへの手紙第一の中でパウロは、異端の教師に立ち向かう方法、公の礼拝の導き方、牧師の候補者の選び方、比較的に若年のため軽蔑されることのないような牧会の仕方、未亡人を養う時の注意、お金に関する適切な忠告の仕方、神の人としての態度など、いろいろな教訓や注意を与えている。これは真に牧会書簡（テモテとテトスへの手紙は普通こう呼ばれている）であり、今日の教会の指導者たちのためにも必要な多くの実際的な知恵が含まれている。

それからパウロはたぶんコロサイへ行き（ピレ22）、そこからマケドニヤへ（Ⅰテモ一3）、それからギリシヤを通ってアドリヤ海のエピルス島の首都ニコポリへ行った（テト三12）。パウロはそこで冬を越してスペインへ向かうつもりだと思われる。彼がスペインへ行ったかどうかはわからないが、初期の伝承によれば、スペインに行っている。とにかくパウロは再び逮捕された。トロアスで逮捕されたのかもしれない。それでトロアスに自分の上衣や書物や羊皮紙など自分の所有物を残してきたのかもしれない（Ⅱテモ四13）。今度のローマでの牢獄は、比較的自由な家宅監禁だった前回と異なって、暗い地下牢だったのだろう。

そのような獄中生活の中から、パウロはテモテへの手紙第二を書いた。彼はルカしかそばにいないので寂しさを強く感じていた。パウロはテモテにすぐ彼に会いに来てくれるよう、冬になると航海できなくなるから、どんな場合でもそれ以前に来てくれるようにと頼んでいる。しかしパウロが最も心配していたのは、自分のことではなく、福音のことであった。福音はパウロがテモテにゆだね、今度はテモテがそれを他の人に伝えることのできる忠実な人たちにゆだねなければならないたいせつな預り物であった。テモテは自分自身それを守り続け、またそれが曲げられることのないように守らなければならなかった。必要ならば福音のために苦しむ準備もしていなければならなかった。何よりも、彼は福音を熱心に忠実に宣べ伝えなければならなかった。パウロは最初のローマでの裁判の時福音を十分に述べたので、法廷に詰めかけていた「すべての国の人々」（Ⅱテモ四17）が福音を聞いた。これはパウロのあかしの生涯をしめくくるにふさわしい結末であった。最後にパウロはテモテにこう言うことができた。

「私は勇敢に戦い、走るべき道のりを走り終え、信仰を守り通しました。今からは、義の栄冠が私のために用意されているだけです。かの日には、正しい審判者である主が、それを私に授けてくださるのです」（Ⅱテモ四７８）。

伝承によれば、パウロはローマの近郊にあるオスティア通りで（ローマ市民ならそうだったと思われるが）首をはねられたという。彼の処刑は皇帝ネロがローマ市内の大火災の責任をなすりつけようとして起こした紀元六四年の大迫害の一部として執行されたようである。

このネロによる迫害が、ペテロの手紙第一の背景になっている。ペテロはその手紙をローマ（Iペテ五13参照。「バビロン」が「ローマ」を象徴していることは確かである）から書いており、小アジヤの北部のキリスト者たちにあてて書かれた。ペテロはその地方に迫害の手が伸びようとしていることを予期したのである。ペテロはその迫害を「燃えさかる火の試練」（Iペテ四12）と呼んでいる。彼らはその迫害を思いがけないこととして驚いたり、恐れたりしないで、むしろキリストの苦難にあずかることを特権として喜ぶように勧めている（Iペテ四13）。キリスト者は、苦難の主であるキリストに従う者であるから（Iペテ二18―25）、キリスト者が受けるいわれのない苦しみを、忍耐をもって耐え忍ぶことは、キリスト者として召された者の任務である。使徒ペテロは自分で書いたこのような勧めを、すぐ自分で実践することになった。彼も（パウロと同じように）ネロの迫害の時に処刑されたからである。伝説によると彼はさかさになって十字架にかかったということである。

新約聖書は使徒の働きが始まったところ、すなわちサタンが教会を内と外との両方から攻撃するところで終わっている。ヨハネの三つの手紙は、ペテロとパウロの殉教後しばらくしてから書かれたが、エペソの近くにある諸教会に対して、ある種のグノーシス主義について警告を与えている。その異端者たちはイエスが「人として来られたキリスト」であることを否定し、正しくなくても神との交わりを経験できると主張し、自分たちはすぐれた知恵が与えられていると称して、そうでない者たちを軽蔑し、高ぶっていた。そのような異端者の教えに対して、ヨハネは真の神、真の人であるキリストの真理、道徳的な従順が必要であること、愛が中心であることを強調した。ペテロの手紙第二とユダの手紙は、「おきてを無視すること」を勧めている者たちに対する反論として書かれている。彼らは、キリスト者の自由を、放縦へと堕落させてしまったにせ教師たちであって（Ⅱペテ二19参照）、神のさばきがその上に下る。

ヨハネの黙示録の背景となった時代には、ドミティアヌス帝（八一―九六年）によって始められたもっと過酷な、もっと広範囲な迫害であったようである。ヨハネは神のあかしを忠実に続けた結果、パトモスというエペソの海岸から数キロ離れた小さな島へ島流しにされた（黙一9）。ここでヨハネは啓示（おおいをとって中を見せること）を受けた。ある意味で使徒の働きは教会の伝道の始まりと迫害について、歴史に現われたことを記しているが、黙示録はその戦いの背景、すなわち見えない所でのキリストとサタンとの霊的な戦いを私たちにかいま見せているからである。

ヨハネの幻は神秘な象徴で満ちている。サタンは「七つの頭と十本の角とを持」った「赤い竜」として現われ、教会に対して全面戦争を宣告する。サタンの同盟者は二匹の恐ろしい怪物と、けばけばしい売春婦であった。海から上がって来た「一匹の獣」とは迫害する国家権力を指し、もう一四の「地から上って来た」獣（にせ預言者とも呼ばれる）は、皇帝礼拝や、すべての誤った教えを指す。また紫と緋の衣を着て宝石で身を飾り、大バビロンという名の「大淫婦」はこの世的なすべての罪に満ちた誘惑を指す。迫害と誤りと罪悪は、現在でもサタンが教会に対する戦いの中で使用している三つのおもな武器である。しかしサタンは決して教会に勝つことはない。

黙示録はすぐれた意味で、竜と戦ってこれを打ち負かす小羊としてのイエス・キリストの啓示である。しかし主はその他の姿でも出て来る。教会の間を巡回して指導しておられ、父とともに王座に着いておられ、全世界の人々をさばくために、王の王、主の主として白馬に乗り、花婿として花嫁を迎えに来られる。この書全体が、迫害を受けて勇気を失いそうになっているキリスト者に対して、目を上げて主を仰ぎ、勇気を出すようにと励ますことばである。キリスト・イエスは、すべての国民から神の民を神のために贖うために死んだが、今はその天の王座からすべてを統治しておられる。まもなく主はさばきと救いをもたらすために来られる。

聖書の終わりに書かれている教会の祈りは、「主イエスよ、来てください」である。そして、主イエスが来られるまで苦難の中を通る教会に与えられている確信は、「主イエスの恵み」がすべての主の民をささえるのに十分だということである（黙二二20 21）。

パウロの伝道旅行

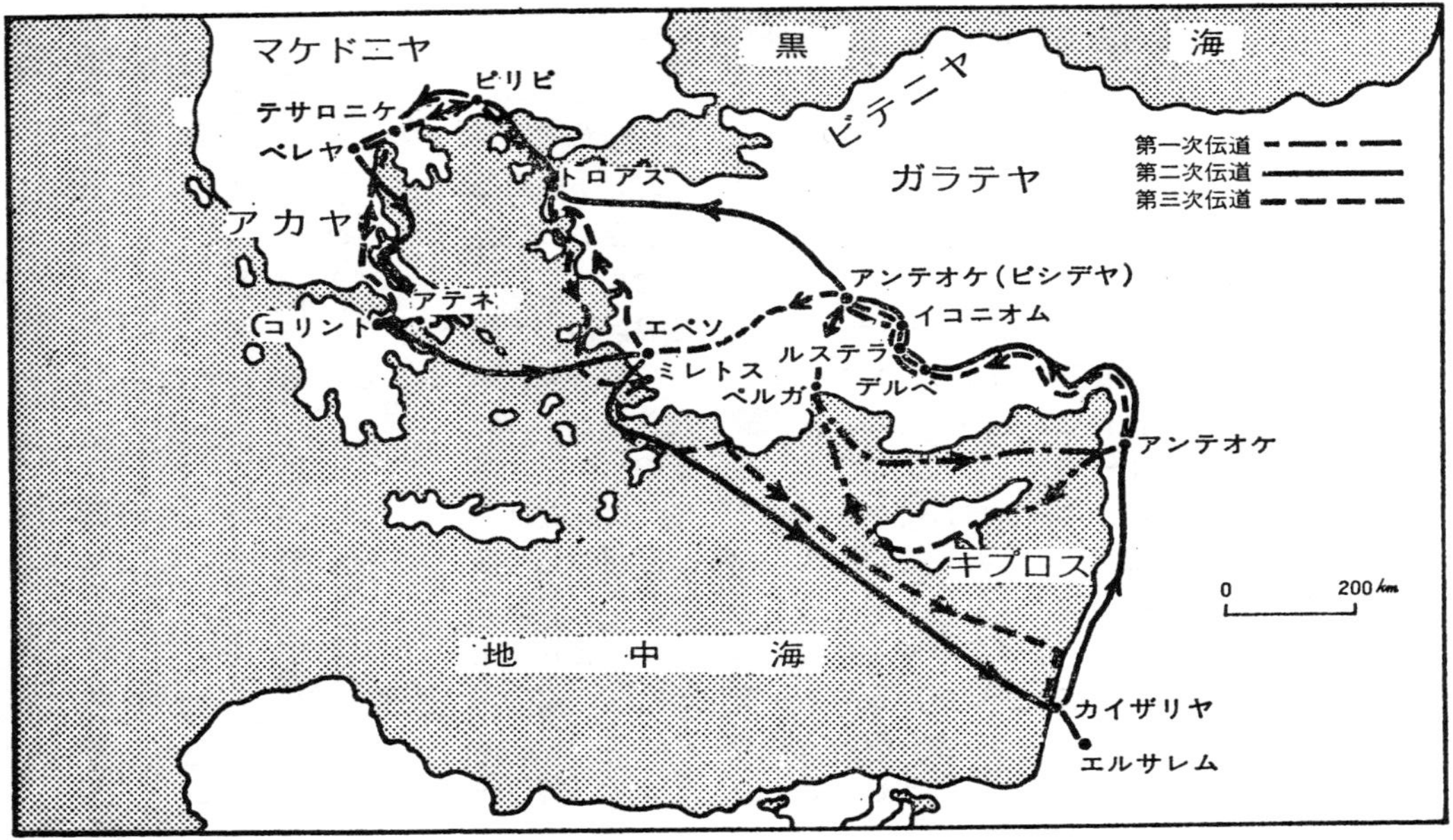

マケドニヤ
ピリピ
テサロニケ
ベレヤ
アカヤ
アテネ
(コリント
トロアス
黒
海
ビテニヤ
ガラテヤ
第一次伝道
第二次伝道
第三次伝道
アンテオケ(ピシデヤ)
イコニオム
エペソ
ミレトス
ルステラ
デルベ
ペルガ
アンテオケ
キプロス
0
200 km
地　中　海
カイザリヤ
エルサレム

記憶すべき年代

新約聖書の年代はわかっているものもあるが、正確に決定するのは困難である。しかし不確定ではあっても、聖書学者の意見の相違はわずか1年か2年のことでしかない。以上に記した年代は、一般に認められている順序で、聖書の出来事を並べたものである。

紀元前五年頃　主イエスの誕生
　四年　ヘロデ大王の死

紀元
　三〇年　主イエスの死と復活と昇天。ペンテコステ
　三三年頃　タルソのサウロの回心
　四四年　ヘロデ・アグリッパ一世の死（使一二20—23）
　四七、八年頃　第一伝道旅行（使一三、一四章）
　四九年頃　エルサレム教会会議（使一五章）
　四九—五二年頃　第二伝道旅行（使一六1—一八22）
　五二—五六年頃　第三伝道旅行（使一八23—二一17）
　五七年頃　エルサレムでのパウロの逮捕（使二一27—二三30）
　五七—五九年頃　カイザリヤでパウロ投獄（使二三31—二六32）
　六〇、六一年頃　パウロ、ローマで監禁（使二八14—31）
　六二—六四年頃　パウロの釈放
　六四年　ローマの大火。ネロの迫害
　六五年頃　パウロの殉教
　七〇年　ティトゥスによるエルサレムの破滅
　八一—九六年　皇帝ドミティアヌスの治世。迫害広まる
　一〇〇年頃　使徒ヨハネの死

5 聖書の教え

神が語られたこと、具体的な歴史的・地理的状況の中で語られたということは、キリスト者の基本的な確信である。これまで四章をさいて聖書の地理と歴史を概観したが、今度はその教えに耳を傾けることになる。聖書の教えのうちいくつかは、聖書の物語の中に含まれていた。預言者の教えは、イスラエルの生活の中に、キリストと使徒たちの教えは、新約聖書の話の中に組み込まれていた。また第一章で、聖書の根本的な教えはキリストによる救いであることも見た。しかし、これらはもっと詳しく学ぶ必要がある。

ある人は、聖書は何千という書物の全集であり、多くの著者により、一千年以上にもわたって書かれた書物の集合体だから、全体として一つの主題があるとも思えないし、またその主題を短く一章でまとめることなど、とうてい考えられないというかもしれない。また旧約聖書と新約聖書は互いに矛盾するのではないかと言われることもある。彼らの意見は、旧約聖書のエホバは怒りとさばきの恐ろしい神であり、新約聖書の主イエス・キリストの父なる神と同じだとはとうてい思えないというのである。シナイ山で示された怒りの神と、柔和で穏やかなキリストとを結びつけることは実際に可能なのだろうか。

私はこの章で、聖書が驚くべき統一性を保っていることを示したい。それによって、この質問に対する正しい答えがはっきりすると思う。とにかくここでは聖書の主張を明白にすることで十分だろう。聖書は矛盾する教えをめちゃくちゃに突っ込んでいるぼろ袋でもないし、人間がおとなになり子どもの考え方を捨てるにつれて、だんだんと進歩してきた、神についての考え方を記述しているのでもない。聖書は神ご自身が、その真の御姿を徐々に明らかにされたのだと主張している。

進歩は確かにある。たとえば旧約聖書は、堕落した異教国の多神教に対して、神が唯一であることを強調している。旧約聖書では三位一体の神のことはある程度は教えられているが、その教理が明確にされたのは新約に入ってからである。さらに、主イエスの教えの記録と、使徒の手紙やヨハネの福音書の序文に記されている主イエスの人格と働きについての、より豊かな理解とを比較してみると、その間に確かに進展が見られる。しかしそれこそ、主イエスが二階座敷で弟子たちに言われたことによって、私たちに予期させようとされたことだったのである。

「わたしには、あなたがたに話すことがまだたくさんありますが、今あなたがたはそれに耐える力がありません。しかし、その方、すなわち真理の御霊が来ると、あなたがたをすべての真理に導き入れます。御霊は自分から語るのではなく、聞くままを話し、また、やがて起ころうとしていることをあなたがたに示すからです。御霊はわたしの栄光を現わします。わたしのものを受けて、あなたがたに知らせるからです。父が持っておられるものはみな、わたしのものです。ですからわたしは、御霊がわたしのものを受けて、あなたがたに知らせると言ったのです」(ヨハ一六12―15)。

しかしながら、進歩と矛盾は同一ではない。画家はまずスケッチをし、それから絵の具で全体ができ上がるまで少しずつ描いていく。見ている者にはそれがわからないが、全体の構想は画家の頭の中ではすでにでき上がっているのである。また、両親は一歩一歩子どもに教えていく。「戒めに戒め、戒めに戒め、規則に規則、規則に規則、ここに少し、あそこに少し」(イザ二八10)という具合である。しかし賢明な親であれば、あとで矛盾して取り消さなければならないことを子どもに教えはしない。彼らがあとで教えることは、先に教えたことを補足し、その上に積み上げるような教えである。そうすれば、先の教えと衝突することはない。それと同様に、神はご自身を徐々に明らかにされた。いつも、より多く教えてこられたが、決して前の啓示を否認することはされなかった。そしてついに、最後に、人となったことばであるキリストによって神の啓示は完成し、使徒たちはそのキリストをあかししているのである。(このキリスト以上の啓示は考えられない。)

ヘブル人への手紙の冒頭には、このことについて貴重な記述がある。

「神は、むかし先祖たちに、預言者たちを通して、多くの部分に分け、また、いろいろな方法で語られましたが、この終わりの時には、御子によって、私たちに語られました」(ヘブ一1 2)。

この手紙の著者は、旧約と新約にはその啓示にいくつかの違いがあることを認めている。啓示は異なった時に(「むかし」と「この終わりの時」)、異なった人々に(「先祖たちに」と「私たちに」)、特に異なった方法で(「預言者たちを通して、多くの部分に分け、また、いろいろな方法で」と「御子によって」)与えられた。確かに時期も、受けた人も、啓示の方法も異なっているが、啓示された神は同じである。先祖たちに、預言者たちを通して、いろいろな方法で語られた神は、私たちに御子を通して語られた神と同じである。

こういうわけであるから、神ご自身が旧新約聖書両方の究極の著者であり、聖書全体が「神のことば」であると主張することを私たちはためらうべきでない。このことについては、次章でもう少し述べることにしよう。

それでは神は何を語られたのだろうか。聖書は本質的に神の啓示である。事実、神はそれによってご自身を表わしておられる。私たちは、神が神について語っておられることを聖書によって聞くのである。このことは第一章で述べたこと、すなわち聖書は救いについて述べた書であり、キリストをあかししているということと矛盾しない。というのは神がご自身について語られたのは、何よりもまず、神が堕落した人をキリストによって救う計画を立て、実行されたということだからである。

生きている、変わることのない神

神の救いのわざについて学ぶ前に、私たちはまず神について二つの根本的な真理に注目しなければならない。聖書はこの真理を一貫して強調している。その一つは、神が生きている神、主権者である神であること、次は神が首尾一貫したお方であり、常に同じだということである。「父には移り変わりや、移り行く影はありません」（ヤコ一17）。

聖書の中では何度も何度も、唯一の、生きている、真の神と、異教の死んだ偶像とが比較されている。預言者や詩篇の記者たちは、偶像をあざわらってさえいる。イザヤはバビロンが占領された時の彼らの神殿の様子を描いている。バビロニヤの主神たちが乱暴にその台座から取りはずされ、人間の肩にかつがれ、牛車に乗せられて運び出されたことを描いた。神が人間にかつがれたり、「疲れた獣の重荷となる」とは全くこっけいである。笑い声が静まったとき、神の声が聞こえてくる。神は人間にかつがれなければならないような偶像とは異なる。神がその民を背負ってくださるからである。

「わたしに聞け、
ヤコブの家と、イスラエルの家の
すべての残りの者よ。
胎内にいる時からになわれており、
生まれる前から運ばれた者よ。
あなたがたが年をとっても、
わたしは同じようにする。
あなたがたがしらがになっても、
わたしは背負う。
わたしはそうしてきたのだ。
なお、わたしは運ぼう。
わたしは背負って、救い出そう。」
（イザ四六３４）

偶像が人々を救い出す力のないことだけでなく、それにいのちが全くないことも預言者の嘲笑の対象となっている。

「彼らの偶像は銀や金で、人の手のわざである。
口があっても語れず、目があっても見えない。
耳があっても聞こえず、鼻があってもかげない。
手があってもさわれず、足があっても歩けない。
のどがあっても声を立てることもできない。」

（詩一一五4―7）

偶像と比較して、「私たちの神は、天におられ、その望むところをことごとく行なわれる」（詩一一五3）。神は生きた神であり、見、聞き、話し、行動する神である。

この生きている神は主権を持っておられる神であり、地上のすべてを治めておられる偉大な王である。神は自然の王であり、すべての国の王でもある。

自然の王として神は、創造された宇宙とその中のすべての生き物を支えておられる。自然の恐ろしい面も神が制御しておられる。「海は主のもの。主がそれを造られた」（詩九五5）。「あらし」も神の命令を実行する（詩一四八8）。

詩篇二九篇には、あらしの様子が劇的に描かれている。「主の声」はレバノンの杉の木を砕く。いなずまがひらめき、荒野はゆすられ、大森林は裸にされる。雨が降ると洪水になる。破壊が広がっていくにつれて、不安と恐怖が生じると思われるが、詩篇の記者は、神がすべてを統治しておられると、静かに自信を示している。

「主は、大洪水のときに御座に着かれた。まことに、主は、とこしえに王として御座に着いておられる」(詩二九10)。

詩篇一〇四篇は生態学のごく初期の研究と言えよう。その中で詩篇の記者は、こうのとり(17)がもみの木に巣を作っている様子に驚いており、「高い山は野やぎのため」、「岩は岩だぬきの隠れ場」(18)だと観察を続けている。それから、神がすべての動物を養っておられると言う。

「彼らはみな、あなたを待ち望んでいます。
あなたが時にしたがって
食物をお与えになることを。
あなたがお与えになると、彼らは集め、
あなたが御手を開かれると、
彼らは良いもので満ち足ります。」
(詩一〇四27 28)

旧約聖書が、神は自然の主であると主張しているように、主イエスは、山上の垂訓で、神がいのちあるものとないもの両方の支配者であることを強調しておられる。一方では神が空の鳥を養い、野のゆりを美しくしておられるし（マタ六26―30）、他方では「悪い人にも良い人にも太陽を上らせ、正しい人にも正しくない人にも雨を降らせてくださる」のである（マタ五45）。

自然の支配者はまた国々の支配者でもある。ダニエルがネブカデネザル王に言ったように、「いと高き方が人間の国を支配し、その国をみこころにかなう者にお与えになる」のである（ダニ四32）。前章で私たちは、小国イスラエルとユダが、まるで国際将棋大会の「歩」みたいなものであることを見てきた。勝負はエジプトとメソポタミヤの間で争われ、形勢が一進一退するにつれて取られるのは「歩」であるイスラエルとユダであり、その他隣国の小国群であった。それにもかかわらずイスラエルの人々はすばらしい信仰の叫びをあげている。

「主は王である。国々の民は恐れおののけ」（詩九九1）。

この地上のどのような権力も、神の民に対して、独力で、いや他の力を借りたときでも、神の許しなくして勝利を得ることはできなかった。国々は陰謀をめぐらし、落とし穴を設け、主と、主に油注がれた者とに逆らうが、その結果はどうだろうか。

「天の御座に着いておられる方は笑う。主はその者どもをあざけられる」（詩二4）。

新約時代の主イエスの使徒たちも同じような確信を持っていた。ペテロとヨハネが主イエスの御名によって語ることをいっさい禁止されたとき（使四18）、彼らは友に祈ることを頼んだ。彼らは心を一つにして、神に向かって声をあげ、神の主権と、宇宙の創造者である神を告白した。そのあとで詩篇二篇の最初の二節を引用し、それをヘロデとポンテオ・ピラトと異邦人とイスラエルの指導者たちにあてはめている。これらの人々はエルサレムに集まって陰謀をめぐらし、主イエスに反抗した。ところが彼らは、「あなたの御手とみこころによって、あらかじめお定めになったことを行なった」のである（使四23―28参照）。

それだけではない。預言者たちは、当時の権力ある皇帝や兵隊が、残酷であり、無慈悲であっても、彼らは主の御手にある器だと言っている。アッシリヤのシャルマヌエセルは神の怒りの杖、憤りのむちであった。そのむちで神はサマリヤをおさばきになった（イザ一〇5 6）。バビロンの王ネブカデネザルは神のしもべであり、彼によって神はエルサレムを滅ぼした（エレ二五9、二七6）。ペルシヤのクロスは神に油注がれた者であり、神の民を捕囚から解放した（イザ四五1―4。四四28参照）。

聖書の神は、生きておられ主権を持つ神であるが、また終始変わることのない神である。神がその主権を気ままに行使することは絶対にない。神はいつもそのご性質に沿って行動される。聖書にしるされている神の最も重要なご性質の一つは、「彼にはご自身を否むことができない」（Ⅱテモ二13）ことである。神に何か「できない」ことがあるというと驚く人がいるかもしれない。その人は、神には何でもできるのではないか、神は全知全能ではないかと詰問してくるかもしれない。確かに神はご自分のご性質にかなったことなら何でもされる。また、しようとお思いになることは何でもされる。しかし神が全能だという意味は、神がどんなことでもかまわずにされるという意味ではない。神はご自分が終始変わらないお方であるので、ご自分の行動を制限されるからである。

神の愛と怒り、神の救いのわざとさばきは、共に両立できないものと考える人もいる。先にも述べたように、ある人々は、旧約聖書の神が怒りの神、新約聖書の神があわれみの神だと思っている。しかし、これは誤った対比の仕方である。旧約聖書の啓示は、神をあわれみの神ともしているし、新約聖書は神を怒りの神ともしている。確かに聖書全体が、旧約聖書も新約聖書も、神を愛なる神であり、同時に怒りの神であるとしている。聖書の著者たちはこのことについて、多くの現代の聖書学者が感じる矛盾は全然感じていない。だから、使徒ヨハネはその福音書に、「神は、実に、そのひとり子をお与えになったほどに、世を愛された」（ヨハ三16）と言い、その章の終わりには、御子に聞き従わない者には「神の怒りがその上にとどまる」（ヨハ三36）と言うことができたのである。同様に使徒パウロは、その読者に、「ほかの人たちと同じように、生まれながら御怒りを受けるべき子らでした」（エペ二3）と言いながら、その次の節には、神が「あわれみ豊かな神」であり、大きな愛をもって私たちを愛してくださったと記すことができたのである（エペ二4）。

愛に満ち、また怒りに満ちた神の働き、救いのみわざとさばきのみわざについて聖書が与えている唯一の説明は、神のご性質がそうだということである。神はそのような神だから、そのように行動される。「神は愛である。」それゆえ世を愛し、私たちのためにそのひとり子を与えてくださった（Iヨハ四8 9）。しかし「私たちの神は焼き尽くす火」でもある（ヘブ一二29―申四24の引用）。神は完全に聖なるご性質を持っておられるので、決して悪と妥協なさらず、「焼き尽く」してしまわれる。神は常に容赦しないで悪を処理される。

神は終始変わることがないという神のご性質を表わす聖書の大胆な表現の一つとして、神は「満足」しなければならない、またそうされるということばがある。（習慣的に神に反逆する神の民に、神が憤りを「注ぎ」、「満たし」、「全う」してさばきをお下しになることについて、エゼ五13以下、六12、七8、一六42 43、二四13 14、哀四11を見よ。しかし詩八九33以下を見ると、神はその契約と誓いに従って、変わらない愛をもって行動なさるとある。「わたしは……わたしの真実を偽らない」（33）と言われた。イザ五三11を見ると、神の苦難のしもべはその激しい苦しみの結果がもたらした実を見て「満足する」とるされている。）その意味は、神は常に完全にご自分であることをやめず、ご自分に忠実に行動されるということである。どんな時でも、神はご自分そのままをあわれみとさばきによって表わされる。

これまで、聖書で啓示されている神は生きて主権を持っておられる神であり、終始変わることがない神であることに注目してきたが、その神がご自身を表わされるおもな方法は、疑いもなくその「恵み」による方法である。「恵み」ということばを知らない者は、聖書の教えを決して理解することができない。聖書の神は「恵みに満ちた神」（Ⅰペテ五10）である。恵みは愛であるが、特殊な愛である。自分を低くして、犠牲を払い、仕える愛である。不親切な者に対して親切を尽くし、感謝しない者や愛を受ける値うちのない者に対して、物惜しみせずに与える愛である。恵みは神が進んでふさわしくない者に与える好意であり、愛らしくない者を愛し、逃げる者を捜し求め、どうにもならない者を助け出し、こじきをごみ捨て場から引き上げて王子たちとともにすわらせるものである（詩一一三7 8）。

恵みによって、神はある民と契約を結ばれたのである。神の恵みは契約による恵みである。もちろん神の恵みはすべての人に例外なく示される。それを一般的恵み（一般恩寵）と言っているが、その恵みによって、神はだれにでも、差別なく、理性と良心、愛と美、いのちと食物、結婚生活と子どもたち、仕事と遊び、秩序ある政府など、それ以外の多くの恵みを与えておられる。しかも神が一つの民と特別な契約を結ばれたことは、神のご性質をよく現わした恵みの行為であると言える。神はその恵みによりご自分のために一つの民を選び出し、ご自分が彼らの神となると約束されたからである。神はイスラエルが他の人々より偉大で善良だからお選びになったのではない。神が彼らをお選びになった理由は、神の側にあるのであって、彼らの側にあるのではない。モーセはそのことを次のように言っている。

「主があなたがたを恋い慕って、あなたがたを選ばれたのは……主があなたがたを愛されたから」（申七7 8）。

「契約」とは法律用語で、相互に義務を生じさせる行為をさす。しかし聖書で神の行為をさして言うときには、二つの同等な立場にある者たちの相互契約のようなものと考えてはならない。むしろその契約は、自分の所有地を一方的に自分の思いどおりに処分することを書いた遺言者の遺言のようなものである。確かに英語ではカベナント（契約）とテスタメント（遺言）を同じ意味で使うことができる。だから聖書の二つの部分が古い契約、新しい契約と呼ばれているのである。ギリシヤ語の「ディアセーケー」も、どちらの意味にも用いることができる。使徒の手紙の中には二回ほどその両方の意味を持たせて使われており（ガラ三15―18、ヘブ九15―18）、神の契約は、神が進んでいくつかの約束をしてくださったという意味で、「遺言」のような性格のものであることを明らかにしている。神の契約による約束は無条件の約束ではない。神の民の側にも守らなければならないことがあり、それが民の側の契約であるからである。神は約束だけでなく、命令もお与えになっている。それで、シナイ山で神が命令をお与えになったときでも、神の契約は以前と同じように恵みの契約である。

このように、神の契約は最初から最後まで、アブラハムからキリストまで、ずっと全く同じであって、信仰によってキリストのものとされた人々はアブラハムの子孫であり（ガラ三29）、神がアブラハムにお与えになった約束の相続者であることを、しっかりと理解しておくことはたいせつである。シナイ山で与えられた律法は、恵みの契約を無効にしたのではない。むしろ恵みの契約がシナイ山において確認され、更新されたのである。律法は人々が従順でなければならないことを強調し、詳しく説明したのである。律法は恵みの契約と切り離して考えられるときにのみ、福音と対立するものとされる。その場合、律法は不従順な罪人を断罪し、福音は恵みによりいのちを与えるものとされる。

さて、今度は神が契約を実行されるいわば三つの段階について考えてみよう。その段階はそれぞれ「贖い」、「子とすること」、「栄化」ということばで表わされる。

罪の贖い

贖うということばは、最初神学用語ではなく、商業用語として用いられていた。旧約聖書には、所有者の手から離れてしまった土地、抵当にはいっている土地を贖う（買い戻す）ことが何度もしるされている。また奴隷や囚人のように贖われる必要のある人々もいた。すなわち、物や人が買い戻されたのである。贖うとは、だれかの自由を買い戻すことか、自分の手を離れていたものを、その代価を支払って取り戻すことをさしている。

神がその民に対して最初になさった恵みのわざについて、このことばが用いられるようになった。彼らが何かの理由で迷い出て神から離れてしまい、捕囚、捕虜として故郷から連れ出されてしまったときに、神は彼らを束縛から解放し、故郷へ連れ戻してくださった。イスラエルの歴史上、このようなことは三回も繰り返して行なわれた。まず神はアブラハムをカルデヤ人の町ウルから呼び出してくださった。（これは厳密に言えば、連れ戻されたのではない。アブラハムはまだカナンに住んだことがなかったからである。）また、イスラエルの人々をエジプトの奴隷であったところから連れ戻してくださった。最後にバビロニヤの捕囚から助け出してくださった。それぞれの場合、神が彼らを呼び出し、神がわざをなし、神が解放して約束の地へ連れて来てくださった。

これらが旧約聖書の示すイエス・キリストの偉大な贖いのわざの背景である。今度の場合、人人の離反と束縛は霊的なものである。それは人の罪、すなわち創造主の権威と隣人の平和に対する反乱であって、それが人を奴隷にし、神から離れさせたのである。罪の中にいる人は、さばきを受けなければならない人である。彼らの反抗への報いは死以外にはない。

このように人々が全く絶望的な状態にある中に、主イエス・キリストは来てくださった。主イエスはその誕生によって人間としての性質をとり、その死によって人間の罪を背負ってくださった。飾りけのない新約聖書のことばを使うと、主はまず「肉となり」（ヨハ一14新改訳脚注参照）、それから「罪とされ」（Ⅱコリ五21）、「のろい」とさえなってくださった（ガラ三13）。簡潔に言えば、真理は、主が私たちの立場をとってくださったということである。主は苦境にある私たちと完全に一つとなり、私たちの罪を負い、私たちの死を死んでくださったのである。私たちは罪のゆえにいのちを失ってしまった。主イエスは私たちの代わりに死に、神に捨てられた暗黒を経験してくださったのである。

新約聖書の著者たちは、イスラエルの人々がエジプトから解放される始めとなった過越と、私たちを罪から解放する保証となった主イエスの死との間に類似点があることを何回も示している。エジプト人のすべての長子のいのちは失われたが、イスラエル人のためには、長子の代わりに羊のいのちが受け入れられた。彼らは羊の血をまず流し、その血を入口のかもいと柱につけるよう命じられた。神はその血をごらんになったとき、その家を過ぎ越して、その家をご自身のさばきを受けないように守ってくださったのである。

新約聖書は劇的にその成就について語っている。使徒ヨハネはその福音書の中で、一つの数え方によると（ヨハ一三1、一八28）、ちょうど過越の小羊が殺されている時刻に、主イエスが十字架でご自分の血を流しておられたことを明らかにしている。パウロは、「私たちの過越の小羊キリストが、すでにほふられた」（Ⅰコリ五7）と言っている。またペテロは、「傷もなく汚れもない小羊のようなキリストの、尊い血」（Ⅰペテ一19）が私たちを贖うために流されたこと、私たちに（もちろん象徴的に）「血の注ぎかけ」（Ⅰペテ一2）がされなければならないと言っている。

神の小羊キリストが、ご自身を過越の犠牲とされ、血を流して、死んでくださったとき、神はキリストの主張が正しいことを証拠づけるために死者の中から主をよみがえらせ、罪のための主のいけにえがむだでなかったことを証明された。今は、主イエスは「神の右に座しておられ」、贖いのわざを終えて、栄光と栄誉の冠を受けておられる。主は私たちのために「永遠の贖い」（ヘブ九12）を成し遂げてくださった。天において大群衆が、「ほふられた小羊は……賛美を受けるにふさわしい方です」（黙五12）と永遠に主を賛美するのである。

子とすること

贖いは救いの消極的な面を表わしており、私たちがそこから救い出された苦境と、支払われなければならなかった犠牲に焦点を合わせている。確かに、私たちがキリストの血によって罪から贖われたのは、「神のため」（黙五9）である。しかし、この救いの積極面を表わすのは、私たちが神の子とされるということばである。パウロはこの二つのことばが、実質的には切り離せないことを次の文によって示している。

「しかし定めの時が来たので、神はご自分の御子を遣わし、この方を、女から生まれた者、また律法の下にある者となさいました。これは律法の下にある者を贖い出すためで、その結果、私たちが子としての身分を受けるようになるためです。……ですから、あなたがたはもはや奴隷ではなく、子です。子ならば、神による相続人です」（ガラ四4―7）。奴隷の身分から贖われて、子とされるという二重のすばらしい特権が、キリストに信頼する者たちに与えられるのである。私たちが神の子どもとされることは、契約に基づく神の約束の基本的な部分である。

「神に属する者」となるという考え方は、旧約時代すでに明らかにされている。契約が更新されるたびに使われる契約の公式は、「わたしはあなたがたの神となり、あなたがたはわたしの民となる」ということばであった。そのうえ、イスラエルの人々は、贖われたらすぐ、神の子、神の民として受け入れられている。神は何度もイスラエルの人々に、「わたしは、あなたをエジプトの国、奴隷の家から連れ出した、あなたの神、主である」（出二〇2）と言って、このことを思い起こさせておられる。神が彼らを贖われた。彼らは神のものである。神は、エジプトからの解放と、シナイ山での契約の更新との間に、イスラエルの人々にそのことをはっきりと示しておられる。

「あなたがたは、わたしがエジプトにしたこと、また、あなたがたをわしの翼に載せ、わたしのもとに連れて来たことを見た。今、もしあなたがたが、まことにわたしの声に聞き従い、わたしの契約を守るなら、あなたがたはすべての国々の民の中にあって、わたしの宝となる。全世界はわたしのものであるから。あなたがたはわたしにとって祭司の王国、聖なる国民となる」（出一九4―6）。

神が贖われた民をご自分の所有する民、神の宝の民とされるという神の契約は、よく結婚の約束にたとえられている。主はその民の花婿である。主は、花嫁であるイスラエルの民が荒野にいるとき、すなわち若いころの愛と誠実を喜んでおられた。しかしカナンにはいると、彼女は「恋人」、その地のバアルの神々のもとに走った。彼女は姦淫を犯し、ついには売春婦となった。このように彼女は契約を破った（エレ二2、三一32）。

この結婚のたとえは、新約聖書にも引き継がれ、拡大されている。使徒パウロは、「キリストが教会を愛し、教会のためにご自身をささげられた」（エペ五25）と述べているが、さらに進んで、主は、花嫁が「キリストに対する真実と貞潔を失うこと」がないように、「神のしっと（熱心）」をしてまでも彼らのことを熱心に思っていると言っている（Ⅱコリ一一2 3）。

しかし、新約聖書が神とその民との関係を表現するときは、夫と妻としてよりは、むしろ父とその家族としてよく描かれている。これはイスラエルが神の長子（出四22）だという旧約聖書の考え方が展開されたものである。主イエスはその弟子たちに、神を彼らの天の父、自分たちを神のいとし子であるとみなすようにと、いつも教えておられた。また、天の父として神に祈り、物質的な必要を与えて満たしてくださる天の父に信頼するように、そうして天の父の御名と国と御旨に注意するようにと教えられた。

神の子どもに与えられる最もすばらしい特権は、私たちのうちに聖霊が住んでいてくださることである。私たちの心の中に、聖霊なる方が永続して住んでくださるということは特別な祝福である。新約が実現した時代の特別な恵みであり、またひとりひとりのキリスト者に与えられている特別な恵みである。私たちは神の子だから「御子の御霊を私たちの心に遣わしてくださった」のである。パウロはこのことを詳しく述べている。

「神の御霊に導かれる人は、だれでも神の子どもです。あなたがたは、人を再び恐怖に陥れるような、奴隷の霊を受けたのではなく、子としてくださる御霊を受けたのです。私たちは御霊によって、『アバ、父。』と呼びます。私たちが神の子どもであることは、御霊ご自身が、私たちの霊とともに、あかししてくださいます」(ロマ八14―16)。

そのように神の子どもの生活は御霊による生活である。聖霊の力と導きに従った生活である。聖霊は、私たちが神の子どもであることを、私たちの霊とともに証明してくださる。私たちにキリストを知らせてくださる「知恵と啓示の御霊」(エペ一17)は、また私たちの心の目を開いて、神をよりよく知らせてくださる。御霊は「聖なる」霊だから、私たちが聖なる者となること、私たちを主に似た者にすることを望んでおられる(Ⅱコリ三18)。御霊は私たちの肉(堕落した性質)の力を征服して、御霊の実である「愛、喜び、平安、寛容、親切、善意、誠実、柔和、自制」(ガラ五22、23)が私たちのうちに熟するようにされる。

神の子どもたちは、ともに神の家族である教会を構成する。そして旧約時代の神の民と直接のつながりを持つ。キリスト者たちが互いに兄弟であることは、すべての民族的社会的な壁を乗り越えるものである。ユダヤ人と異邦人との間にあった敵意という「隔ての壁」がいかに厚かったかは、私たちには想像もつかない。しかしキリストはその壁を破壊された。パウロはエペソ人への手紙の大部分をさいて、ユダヤ人と異邦人とがキリストにあって対等の立場に立つものとなり（エペ二19）、共に神の国民であり、神の家族に属しているという主題を展開している。

ユダヤ人と異邦人との関係以外に、当時もう一つ奴隷と自由人との間にも大きな壁があった。ローマ帝国では、奴隷は法律的に全然権利がなかった。どんな権利もすべて自由人のものだった。しかしパウロが逃亡中の奴隷オネシモを主に導き、その主人ピレモンのもとに送り返すとき、「もはや奴隷としてではなく、奴隷以上の者、すなわち、愛する兄弟として」（ピレ16）迎えるようにと要請している。福音の社会に対する力は爆発的な大きさを持っている。

神の家族に属する者がすべて一つであり、対等であることを要約して、パウロは次のように書いている。

「ユダヤ人もギリシヤ人もなく、奴隷も自由人もなく、男子も女子もありません。なぜなら、あなたがたはみな、キリスト・イエスにあって、一つだからです」（ガラ三28）。

神の民は聖なる民である。聖なる民とは特別の分離された民、神に属する者となるために他の人類から分けられた民という意味である。だから彼らは自分の身分にふさわしい者となり、自分の地位や身分が聖なる者であることを覚えて、性格にも行動にもきよさを現わす者となるように求められている。彼らは聖なる者となるように召されている。その意味は、世間の人々と異なった者となり、世間の考え方や標準を受け入れてしまわないように求められているということである。神は荒野にいたイスラエルの人々に対して、「彼らの風習に従って歩んではならない」と言われた。彼らとはエジプト人とカナン人の両方をさしていた（レビ一八1—5）。同様に主イエスは山上の説教で「彼らのまねをしてはいけません」と言われた。彼らとは異邦人とパリサイ人の両方のことである。

キリスト者はこの世に従うのではなく、キリストに従うべきである。神の道徳規準がイスラエルの人々に対して律法と預言者たちとによって示されたと同様に、主の絶対的な道徳規準は、福音書と使徒たちの手紙との両方に明白にしるされている。

しかし私たちは、神の民がきよくなり、他の人々と異なる者となるように召されているからといって、社会から抜け出て敬虔主義者たちだけで生きていくための口実ができたと思ってはならない。それどころかキリストは、「この世から選び出した民」をもう一度「この世の中へ」、主の代理としてお遣わしになり、へりくだって人々に奉仕し、あかしするように命じておられるのである（ヨハ一五19、一七15—19）。

それだけではない。神の民が主の代わりにこの世に残り、世の必要のために仕えながらしかもこの世の標準に妥協することを拒否していくなら、必ずこの世から敵とみなされる経験をすることになる。この世は彼らが違うということで彼らを憎み、迫害してくると主は警告された（ヨハ一五18 25、一七14）。だから彼らは苦しみを受ける。不当に苦しみを受け、仕返しをしないことも、キリスト者の召しの一部分である。キリストはその模範を残しておられ、私たちはキリストの足跡に従うべきだからである（Iペテ二18―23）。

しかし、苦しみは私たちを栄光へと導く。キリストの場合もそうだったし、キリストに従う者たちも同じである。ペテロは、私たちがキリストの苦しみにあずかることができること、またやがて現わされる栄光にあずかることができることを喜ぶよう命じている（Iペテ四13、五1 10）。使徒パウロも同じように言っている。

「もし子どもであるなら、相続人でもあります。私たちがキリストと、栄光をともに受けるために苦難をともにしているなら、私たちは神の相続人であり、キリストとの共同相続人であります」（ロマ八17）。

私たちが神の家の子とされたことに付随したことがいくつかある。私たちの父なる神の子どもとして、私たちは聖霊の住まいであり、すべてのキリスト者と兄弟関係にあり、この世にあるキリストの大使であり、主のために苦しみ、仕え、キリストとともに相続人となったのである。

というのは、子となるとは相続人となることであるからである。苦しみは栄光の保証である。ここから、神が計画された救いの第三段階、「栄化」を考察することになる。

栄化

新約聖書には、キリスト者の望みが満ちている。私たちは過去においてキリストにより罪から救われ、神の家族の一員とされた結果、子としての特権を楽しんでいるが、将来もっとすばらしいことが待ち受けていると教えている。私たちはその実現の日を心から待望している。私たちキリスト者の「希望」には不確実な点はないからである。私たちは神の約束に基づいて、喜びに満ちた確固とした期待をいだいている。私たちは永遠の家に帰る旅人として、その望みに支えられている。

私たちの望みの対象は何か。私たちは何を待ち望んでいるのか。パウロはそれを栄光の望みとしている（ロマ五2）。この栄光の望みとは何だろうか。

まず、キリストの再臨である。今日、キリストの再臨を信じるのは時代遅れだとされる。少なくとも文字どおりの再臨についてはそう思われている。しかし主イエスは明らかに、繰り返し私は帰ってくると言われた。主は「力と輝かしい栄光を帯びて」帰ってくると言われた。使徒たちは主が保証されたこの確信を、もっと詳しく説明している。私たちの現在の理解力をはるかに越える御姿であろうが、主ご自身が目に見えるように帰ってこられるのである。

「人の子の来るのは、いなずまが東から出て、西にひらめくように、ちょうどそのように来るのです」（マタ二四27）。

第二は復活である。復活は蘇生と同じではない。主が地上の御生涯の間に復活させた人々は蘇生したのである。彼らは死から帰ってきて、元の生活方法に戻り、後にまた死んだ。しかし復活とは、新しい、別種の、不死の生活の始まりである。復活のからだは、現在のからだと一種の連続性を持つからだではあるが、変えられたからだとなる。その相違は、種とそれから出てきた植物との相違と同じだとパウロは言っている。復活のからだは腐敗することもなく、「肉」すなわち肉体にある意味で付随している堕落した性質もなくなっている。新しい力も与えられている。事実、私たちの復活のからだは、キリストの栄光のからだのように（ピリ三21、Iコリ一五35―57参照）、「栄光のからだ」となる。

第三はさばきである。キリストが来られると、救いもさばきも完成する。主イエスが明らかにされたように（ヨハ五19―29）、救いもさばきも、この地上の生涯で始まっているからである。私たちは自分の行ないに従ってさばかれる（マタ一六27、ヨハ五28 29、ロマ二6、黙二〇11―15）。私たちは自分の行ないによって義と認められる（神に受け入れられる）ことはない。私たちが義と認められるのは、神の恵みにより、キリストとその成し遂げてくださったわざを信じる信仰を通してのみである。しかし私たちは自分の行ないによってさばかれる。さばきは公のものであり、私たちの行ない、すなわち私たちの言動が、救いをもたらす信仰の有無を証明する唯一の公の証拠となるからである。行ないが福音を拒否し、キリストに従わなかったことを表わしているなら、その人は滅びる。地獄が正確にはどのようなものであるにしても、恐ろしい現実であることはまちがいない。キリストは地獄を「外の暗やみ」と言われた。また「たましいもからだも、ともにゲヘナで滅ぼすことのできる」（マタ一〇28）神を恐れなさい、と警告しておられる。

第四は新しい宇宙である。これはいろいろなことばで言い表わされている。「新しい天と新しい地」（Ⅱペテ三13、黙二一1）が出現する。神が「すべてを新しく」（黙二一5）されるからである。主イエスは「世が再び生まれる」（マタ一九28、ギリシヤ語の文字どおりの意義）と言われた。パウロはすべてのものがキリストにあって集められる、または結びつけられると言っているし（エペ一10）、ペテロは「万物の回復」（使三21、ギリシヤ語の文字どおりの意義）と言っている。

一般にキリスト者たちはこれまで、天国のすばらしさを消極面から見てきすぎたきらいがある。すなわち黙示録に約束されているように、飢えることもなく、渇くこともなく、太陽も炎熱も打つことがなく、涙も、苦しみも、夜も、のろいも、死もないことなどの面である。もちろん私たちはこれがないことに対して、神に感謝しなければならない。しかし、私たちは神の御座の存在、中心的な、圧倒的な御臨在について、もっと神に感謝しなければならない。

ヨハネが天国の実際の姿を幻で見ることを許され、「開いた戸」からのぞき込んだとき、まず彼の目に映ったものは、御座であった（黙四1 2）。御座は神の主権を象徴するものである。彼が見たすべてのものは、この御座と関係があった。父がその御座に着いておられ、「小羊」がすぐそばに立っておられた。聖霊を象徴する「七つの御霊」もいっしょであった。その回りに円形を描いて、教会を象徴する「二十四人の長老たち」と、被造物を象徴する「四つの生き物」とがおり、その回りには何億何兆もの数知れない天使たちがいた。御座からいなずまと雷鳴が起こった。すると御座の前にあらゆる国民国語から、贖われた者たちの大群衆があり、正義の白い衣を身に着けて、勝利のしゅろの枝を振りながら、救いは御座に着いておられる彼らの神と小羊にあると賛美していた（黙四ー七章）。

聖書は宇宙の創造で始まり、宇宙の再創造で終わっている。初めにエデンの園での人間の堕落と園の喪失を述べ、楽園の回復で終わっている。そこにはえているいのちの木は食物となり、病気もいやすことができる。いのちの水があって人々の疲れをいやす。

いのちの水の川は「神と小羊との御座」（黙二二1）から流れ出ている。ついに神の国は完成したからである。すべての被造物は神に従っている。私たちの最後の相続財産であるすべての恵みは、神の完全な統治による。そこで大群衆が歌う。

「ハレルヤ。万物の支配者である、われらの神である主は王となられた」（黙一九6）。

そして、主が贖って、子として、栄光の姿を与えてくださった者たちも、主とともに治める。

「彼らは永遠に王である」(黙二二5)。

6　聖書の権威

これまで聖書の教えを要約し、また、その教えが与えられ、記録されてきた背景にある歴史や地理の概略を述べてきた。では聖書の教えは、その宣言のように神の啓示なのだろうか。聖書は信頼できるのだろうか。

この質問は非常にたいせつで、いいかげんにしてしまうことは許されない。重大な問題がこの質問にかかっているからである。聖書はこれまで見てきたように、救いの書であり、私たちに知恵を与え、「救いを得させる」書だと主張している。だから私たちは、聖書が明らかにしている救いの道の真偽を、まず見きわめなければならない。人々の永遠のいのちがそこにかかっているからである。

もう一つのことであるが、今日の教会は非常に混乱している。キリスト者以外の人々は、ありがたくもないキリスト者の意見の食い違いや不和を見せつけられている。なぜだろうか。今日教会に起こっている混乱のおもな原因は、みなが認めている権威が存在しないことにある。もちろん、究極的には教会は、その主であるキリストの権威に従わなければならない。しかしキリストが、そのことばによって教会を治め、改革しようとしておられるというのは、ありうることなのだろうか。また、「耳のある者は御霊が諸教会に言われることを聞きなさい」(黙二、三章)というキリストの勧めは、御霊が聖書によって教会にお語りになるから、聖書に聞きなさいという意味なのだろうか。

以上二つの理由で、聖書に権威があるか否かという質問、また、なぜ聖書に権威があるかという質問は、私たちにとって実際上非常にたいせつな問題なのである。

しかし、聖書に権威があるなどというのは、現代の人々の感覚に合わない。今はすべての権威権力に対して絶対に反対しようという時代である。すべての制度や伝統に存在する既成の権威に対しての反乱が広がっている。だから私たちが聖書に権威があることを論証したとすれば、そのことで、かえって多くの人々が聖書を受け入れるより拒否するようになるであろう。その上、今日では小さな宗教混合(シンクレティズム)、すなわち、どのような宗教でもそのもっている排他的要素があればそれを否定し、すべての宗教はそれとして正しいのだからと主張して、一つに結びつけようとする試みが流行している。ほかの宗教にも聖典があるのだから、なぜキリスト教の教典である聖書だけが特別なのかというわけである。

三つの定義

では、私たちが考察しようとしている問題の重要さと、聖書の特別な性質を擁護しようとする私たちの試みの人気のなさを承知したうえで、まずいくつかの定義から始めよう。この問題に関連して、キリスト者がよく使用することばは、「啓示」「霊感」「権威」の三つである。この三つは互いに関連しているが、それぞれ独自の意味をもっている。

基本的なことばは「啓示」である。これは、「おおいを取る」という意味のラテン語に当てた訳語である。このことばは、神が主導的にご自身を知らせようとされることを示している。これは全く筋の通った考え方である。神がどんな方、どんなものであるにしても、神は私たちの知識の限界を越えている。「あなたは神の深さを見抜くことができようか。全能者の極限を見つけることができようか」(ヨブ一一7)。確かに私たちにはできない。神の無限の偉大さは、私たちの目には隠されている。私たちは自力で神を見つけ出すことはできない。もし私たちが神を知らなければならないとしたら、それは、神がご自身を私たちに知らせてくださるよりほかに道はない。

第二のことば「霊感」は、神がご自身を啓示するために選ばれた、おもな方法をさしている。

神は一部は自然を通してご自身を啓示され、この上ない道としてはキリストによって、ご自身を啓示された。また、特別な人々に「語られる」ことによって、ご自身を啓示された。このことばによる伝達の道を、私たちは「霊感」と呼んでいる。このことばは、たとえば詩人や音楽家が「霊感に打たれた」というような場合にも用いられるが、この場合は、そのような一般的な意味ではない。それどころか、これには特別なはっきりした意味合いがある。パウロが、「聖書はすべて、神の霊感によるもの」と書いた場合の「神の霊感によるもの」と訳されているギリシヤ語のことばは一語であり、文字どおりには「神のいぶきとして出てきた」と訳すべきことばである。だから、神が聖書の著者に息を吹き入れたという意味でもなく、神が何らかの方法で文書に息を吹き入れて特別な性格をもつようにしたという意味でもない。人間によって書かれたものが、神の息として出てきたという意味である。神は彼らを通してお語りになった。彼らは神の代弁者だった。

それればかりではない。この聖書の霊感は、人間である著者が使用したことばのことを言っているという意味で、言語霊感であったと言うことを私たちははばからない。聖書の著者たちは、そう主張している。たとえば使徒パウロは、神が自分に啓示してくださったことを人々に伝えるのに、「人の知恵に教えられたことばを用いず、御霊に教えられたことばを用います」（Iコリ二13）と言っている。このことについて私たちは何も驚く必要はない。というのは、正確なことば以外の仕方で正確な教えを伝えることはできないからである。

第三のことば「権威」は、聖書の本質のゆえに聖書の中に本来備わっている力であり、重みである。聖書は神の霊感によって与えられた神の啓示であるからである。神からのことばである以上は、人に対して権威がある。どんなことばでも、そのことばを話す人がその背後にある。話し手自身（その性格、知識、地位）によって、聞き手は話し手のことばをどう受け取るかを決める。それゆえ神のことばは、神の権威を帯びてくる。神が神であられるので、私たちは神のことばを信じるのである。

シモン・ペテロはこの教訓を主イエスから学んだ。主イエスはガリラヤ湖で、網を深い所におろせとお命じになった。漁師としての長年の経験から判断してペテロは、その命令は誤りだと思った。彼は主に抗議して、「先生。私たちは、夜通し働きましたが、何一つとれませんでした」とさえ言った。しかし、そこで言い足したことばにペテロの賢明さが表われている。「でもおことばどおり、網をおろしてみましょう」（ルカ五5）。

それで、私たちが言おうとしているのは、神が語ることによってご自身を啓示されたということである。神からいぶきとして出てきたことばが書き下され、聖書の中に保存されてきた。聖書は、事実、書かれた神のことばであり、それゆえに、真実であり信頼でき、人々に対して神の権威をもっているというのが私たちの主張である。

三つの否認

これらの定義に対して反論が予想されるので、その批判を無効にするために、さらにいくつかの否認をしておかなければならないと思われる。

まず、霊感の過程は機械的ではない。神は聖書の著者たちをディクタフォン（速記用の口述録音器）やテープレコーダーのようにみなしたのではなく、生きている責任ある人格としてお取り扱いになったのである。神は幻や夢によって彼らに語られるときもあったし、耳に聞こえる声で語られることもあり、天使によって語られることもあった。どのように神のことばが著者たちに与えられたかしるされていない場合もある。また、神がことばを与えておられるという事実を著者たちが気づかない場合もあったかもしれない。このようにして福音書記者であるルカの場合、神の霊感と人間の研究は両立できないことではなかった。彼は自分の行なった綿密な調査のことを、彼の福音書の序文にしるしているのである。神が人にお語りになるのに、どのような伝達方法をおとりになっても、彼らの人格を殺してしまうようなことはされなかった。それどころか、著者たちが書いたときには、自分の文体と用語で書いている。また、もっとたいせつなことだが、彼らが書いた主題もそれぞれ特有のものである。アモスが神の公義の預言者となり、ホセアが神の愛の、イザヤが神の王権の預言者となったのは偶然ではない。また、パウロが恵みと信仰の使徒に、ヤコブが行ないの使徒に、ヨハネが愛の使徒に、ペテロが希望の使徒になったのは、決して偶然ではない。聖書自体を読んでそこからあげられる内的証拠は、神が聖書の著者たちの個性、性質、経歴、経験などを十分に利用し、各自を通して適切で特別な教えを与えようとされたことを示している。

このように聖書は、神のことばであると同時に人のことばでもある。聖書自体がそう書いている。「主の御口が語られた」（イザ一20）ことが事実であるなら、「神が昔から、聖なる預言者たちの口を通してたびたび語られた」（使三21）ことも真実である。同様に、「神は……預言者たちを通して……語られた」（ヘブ一1）し、「……人たちが、神からのことばを語った」（Ⅱペテ一21）ことも確かである。また、律法が同じ著者の同じ文段の中で、「モーセの律法」とも、「主の律法」とも呼ばれているのも（ルカ二22 23）、それでよいのである。

聖書には、神と人との二重の著者があることはたいせつな真理であり、私たちはその真理を守らなければならない。一方では「神」が語って真理を明らかにし、人間の著者を誤りからお守りになったが、しかも人格を侵すことなく、他方人間の著者は、自分の力を駆使して語ったが、神の教えを曲げることはなかった。著者のことばは、ほんとうに彼ら自身のことばだったし、同時に神のことばでもあった。（そして、今も神のことばである。）だから聖書が言うことは、神が言われることである。

次に私は、次のことを言っておきたい。神のことばである聖書は正しい。しかしそれは、一般に使われている言い方で、「聖書のすべてのことばが、文字どおり真実だ」と言うのとは違う。この言い方はいろいろな説明を必要とする。次章の「聖書の解釈」で言うべきことを先に言ってしまうことになるが、ここでそのことについて少し言う必要があると思われる。

まず、聖書のすべてのことばは、その文脈の中でのみ真実である。文脈から切り放されたら、真実でなくなってしまうかもしれない。そのよい例はヨブ記である。ヨブ記の大部分は悲嘆にくれたヨブと三人の激励者たちとの対話であり、四人目もあとから出てきている。この対話が一章から三七章までを占めている。それからヨブに、神がご自身を三八章から四二章までの間であらわしておられる。初めの三七章にある苦難についてのヨブの意見とその激励者たちの意見には、誤りもある。それが書かれたのは、それを信じさせるためではなく、それに反対させるためである。ヨブはこの書の終わりのところで、「まことに、私は、自分で悟りえないことを告げました」(ヨブ四二3)と神に言っている。神はヨブの激励者たちに、「あなたがたがわたしについて真実を語ら」なかったと言われた(ヨブ四二7)。だからヨブ記の一部を取り出して、これは神のことばだと言うことはできない。神のことばでない場合もあるからである。ヨブ記全体としてはもちろん神のことばであるが、最初の三七章はあとの五章と関連づけてはじめて理解できる。

次に聖書には、わざわざ象徴的なことばで書かれている個所が多い。たとえば、神があたかも人間のようなからだをもっておられるかのように描かれている。神の目や神の耳ということばが出てくる。伸べられた腕、力強い手、指、主の口、息、鼻などが出てくる。私たちはこれらのことばを文字どおりにとることはしない。なぜなら、「神は霊」（ヨハ四24）であって、からだをもってはおられないからである。そこで、「主はその御目をもって、あまねく全地を見渡し、その心がご自分と全く一つになっている人々に御力をあらわしてくださるのです」（Ⅱ歴一六9）という聖句を読む場合、神が二つの目をもっておられる光景を思い浮かべるのではなく、神はだれでもどこでも見ておられ、地表をずっと見渡しておられ、いつでも神を信じる者を救う用意をしておられると理解すべきである。同じように、人々が神の翼の下に隠れるという表現を読む場合、神が鳥のように羽根をもっておられると考えるのではなく、ご自分に身を寄せる者を守ってくださることを学ぶのである。

同様に、詩篇の記者が、「太陽は、部屋から出て来る花婿のようだ。勇士のように、その走路を喜び走る」とか、天の果てから果てまで太陽が「上」ったり「行き巡」ったりすると書いているが（詩一九5 6）、コペルニクス以前にあった天動説をここで教えようとしているのではない。彼らは、詩歌によくある比喩的表現を使って、太陽の輝く壮大さを言おうとしているのであり、また、地球に住む人間の立場に立って語っているのである。理論ずくめの一九七〇年代の科学万能主義者たちも、太陽について雄弁をふるい、やはり太陽が「上る」とか「沈む」と言うことはありうる。だからといって、何も弁解する必要はない。彼らは詩語、日常用語を用いているのであって、科学用語を用いているのでないことは明らかだからである。

否定をしておくべき第三のことは、何が霊感を受けた聖書であるかという問題に関連している。それのみが書かれた神のことばとみなされうるからである。霊感を受けた聖書とは、ヘブル語とギリシヤ語で著者たちの手によって書かれた原本である。翻訳された聖書は、古代ラテン語でも日本語の文語訳でも新改訳でも、それに特別の霊感があると言うのではない。また解釈については、霊感を受けた解釈と言えるものはない。

なるほど、聖書の原本が現在まで残っていない。残っていないのは、たぶん神がみこころによってそうされたことと思われる。残っていればその聖書の書かれた材料を、迷信的に拝むことになっていたかもしれない。しかし、学者たちがヘブル語の聖書本文の写本をする場合、実に慎重に細かい注意を払いながら書いたことを私たちは知っているし、新約聖書の場合も同じことが言えるに違いない。その上現存する聖書の写本は、他のどの古典の写本よりも古く、また多い。これらの写本相互の比較、また古代語の訳やまた教父たちの引用している聖句などを比較検討することによって、学者たち（本文批評家と呼ばれている）は、信頼できる本文（特に新約聖書は完全と言ってもよいほど）を、疑問の余地がないまでに確定できるようになった。まだ確定できない個所は、全くささいな点ばかりで、重要な教理を左右するような個所はない。

これまで聖書に関して主張している点と、していない点とを示すことによって、私たちの立場を明らかにしてきた。今度は聖書が、書かれた神のことば、人に対して権威をもつ神からのことばであるという確信の根拠を探ってみよう。いくつかの答えがあるが、最初の三つはごく簡単にふれることにして、四つ目の決定的な答えに焦点を合わせよう。

聖書の権威の弁護

まず、歴史的に教会は、一貫して聖書が神からのものであることを支持し、擁護してきたことである。最近になって、この点に関する公の見解を変えた教会もあるが、ローマ・カトリック教会、英国国教会、長老教会、ルーテル教会、その他どの教会の信仰箇条を読んでも、聖書が神からのものであることを一致してあかししている。もちろん、これは決定的な答えにはならないし、この答えは通用しないと思う人もいるだろう。しかし、何世紀にもわたる伝統を簡単に捨てたり軽蔑したりすべきではないし、多くの教会の意見が一致していることは強い印象を与える事実である。

次は、歴史的な教会が一貫して教えたことから、聖書の著者たち自身がそう主張したことに目を向けよう。これは、最初の答えよりも説得力がある。たとえば、モーセは律法を神から受けたと言っているし、預言者たちは「主は私に言われた」とか、「……に次のような主のことばがあった」というきまった形のことばで、神からの御告げを語り始めた。使徒たちはパウロの次のような宣言をすることができた。

「あなたがたは、私たちから神の使信のことばを受けたとき、それを人間のことばとしてではなく、事実どおりに神のことばとして受け入れてくれたからです。この神のことばは、信じているあなたがたのうちに働いているのです」(Iテサ二13)。

聖書の著者たちは、互いに他の著者が書いたものに権威を認めている。聖書には権威の複雑な認め合いがある。たとえば、預言者たちが律法に保証を与えているし、詩篇作者たちも律法の真実さ、美しさ、すばらしさをたたえている(たとえば詩一九、一一九篇)。また、もっと重要なことには、新約聖書が旧約聖書の権威を認めている。新約聖書の著者である使徒たちは、旧約聖書を多種多様に引用して、自分たちの手紙に対する神の保証として用いている。使徒ペテロが「私たちの愛する兄弟パウロ」の手紙のことを述べている有名な個所もある。その中でペテロは、パウロに与えられた「知恵」について述べ、パウロの手紙を聖書として扱っている(IIペテ三15 16)。

聖書の霊感と権威に対する第三の証拠は、聖書の著者ではなく読者によるものである。聖書には注意深い読者が見過ごすことのないいくつかの特徴がある。たとえば、聖書は驚くほど首尾一貫しており、統一がある。このことについてはすでに述べた。数多くの著者たちがしるした聖書にこのような統一性が見られるのは、人間の側の著者たちの背後に、ひとりの真の著者である神がおられて、聖書著作のために導きの働きをしておられるというのが、最も適切な説明だと言える。また、この全体の統一性に関することであるが、預言の驚くべき成就という現象も見られる。また、聖書の大主題が高貴なおごそかさを保ち、その教えが書かれてから何千年後の今日の人々にもあてはまり、現代の多くの人々に親しまれているという事実は、私たちの理解を越えることである。

その上聖書は、人々の生活に対して力があり(聖書を通しての神の力と私たちは信じている)、自己満足している者をその危険な眠りからさまし、悲しむ者を慰め、高ぶる者を卑しくし、罪人を新しい人に変え、気落ちした者を励まし、遺族に希望を与え、迷っている者に行く道を示すのである。その上、宗教改革者たちが「聖霊の内からのあかし」と呼んだ力もある。これは、たとえば考古学的な発見(これも非常に助けになるが)のような外からの確認によるのでなく、聖霊ご自身によって与えられ内からくる、聖書は神からの真理であるという深い確信である。この聖霊のあかしは、最初エマオの途上にあるふたりの弟子に与えられた「心がうちに燃える」経験であり、今日のキリストの弟子たちにも与えられていることである。

「道々お話しになっている間も、聖書を説明してくださった間も、私たちの心はうちに燃えていたではないか」(ルカ二四32)。

しかし、私たちが聖書の霊感と権威を信じる、まず第一の、最も重要な理由は、教会がそう教え続けたからでもなく、著者がそう主張したからでもなく、読者がそう感じたからでもない。主イエス・キリストご自身が言われたからなのである。主が聖書の権威を確認されたので、私たちはキリストの権威と聖書の権威は成否をともにすると結論しなければならないのである（Iコリ一〇15、一一13参照）。

するとすぐ、聖書に対するキリストのあかしをもち出すのは、循環論法になると反論してくる人もいるだろう。つまり次のようになると言うのである。「なぜ聖書の霊感を私は信じるのか。キリストがそう言われたからだ。キリストがそう言われたとどうしてわかるのか。神の霊感による聖書がそう言っているからだ。これは、論点を避けたことではないか。証明しようとしている真理を仮定に使っている。」これが批判者の言い分である。しかし、彼らは誤解している。私たちがまず聖書に向かうとき、何も聖書の霊感を仮定してかかったのではない。私たちは聖書を歴史的文書の集まりとして、また、特にキリストに対する紀元一世紀の人々のあかしを含むものとして受けとるのである。彼らのあかしを読んでいくにつれて、私たちはキリストを信じるようになるが、まだ聖書に関する特定の教理をもっていない。しかし、それから、私たちの信じるようになったキリストが私たちを聖書に引き戻す。そこで主が私たちのために聖書の権威を保証されるので、私たちは新しい理解をするのである。

キリストはどのように聖書を保証されたのだろうか。聖書は言うまでもなく旧約と新約とに分かれている。主はそれぞれ別の方法で旧約と新約の権威を確認される。

旧約聖書に対するキリストの見方

まず、旧約聖書を取り上げよう。福音書を注意深く読めばわかるように、主イエスは旧約聖書の権威を疑いなく認めておられた。主はご自分を旧約聖書の権威の下に置かれた。このことをはっきりさせるために三つの例をあげてみよう。

まず主イエスは、旧約聖書の教えに従って、個人としての行動をとられた。それで主は悪魔の誘惑を撃退するために、それぞれ適切な聖句を引用された。主が悪魔に向かって聖書を引用されたという意見をもつ人もいるが、それは誤りで、主は悪魔の前で、ご自分に向かって聖句を引用されたというほうが正確である。というのは、悪魔が自分の前にひれ伏して礼拝したらこの世のすべての国を全部差し上げると提案したときに、主イエスはこう答えられたからである。

「引き下がれ、サタン。『あなたの神である主を拝み、主にだけ仕えよ。』と書いてある」（マタ四10）。

主イエスはこの聖句をサタンにではなく、ご自身にあてはめておられる。礼拝をお受けになるのにふさわしい方は神だけであると、主イエスは聖書から知っておられた。主はその聖書に従われたのである。人として主は神を拝み、悪魔をお退けになる。主にとっては、簡単なギリシヤ語のことば「ゲグラプタイ」（「と書いてある」の意）だけで十分だった。質問、討議、論議、交渉などは主には不要だった。聖書ですでに決定されていた事がらだったからである。このように神の御子が神のことばに対して自ら進んで従われたことは、非常に重要である。

次に、主イエスは聖書に従ってご自分の任務を遂行された。主は旧約聖書を学ぶことによって、ご自分のメシヤとしての役目を理解するようになられたようである。主はご自分がイザヤの預言した「苦しみのしもべ」であり、ダニエルの言った「人の子」であることを知っておられた。だから主は苦しみを通してのみ、神の栄光の中にはいれることを受けとめられた。こうみれば、主はしいられ、必要に迫られる感をいだいておられたことがよくわかる。

「人の子は必ず多くの苦しみを受け、長老、祭司長、律法学者たちに捨てられ、殺され、三日の後によみがえらなければならないと、弟子たちに教え始められた」(マル八31)。

なぜ「……しなければならない」のか。聖書がそう教えているからである。主は自発的に、わざわざご自分を書かれた文書の権威の下に置かれた。主は個人としての行動だけでなく、その任務も聖書に書かれているとおりに実行しようと決心しておられた。だからペテロがゲッセマネの園で主イエスの逮捕を妨害しようとしたとき、主は剣をさやに戻せと言われたのである。主は人間に護衛される必要はなく、天の父に願えば何軍団もの天使が容易に派遣されたはずである。主はそうされなかった理由を次のように述べておられる。

「そのようなことをすれば、こうならなければならないと書いてある聖書が、どうして実現されましょう」(マタ二六54)。

主は復活されたのちも同じ態度を持っておられ、エマオの途上でふたりの弟子に、また主に従っていた多くの人々に、そのことを明らかにされた。

「キリストは、必ず、そのような苦しみを受けて、それから、彼の栄光にはいるはずではなかったのですか。」「わたしがまだあなたがたといっしょにいたころ、あなたがたに話したことばはこうです。わたしについてモーセの律法と預言者と詩篇とに書いてあることは、必ず全部成就するということでした」(ルカ二四26 44)。

第三に主は論争のときにも旧約聖書に従われた。主は当時の宗教指導者たちとよく論争されたが、意見の食い違いに最終的な決着をつけるために、必ず聖書に訴えられた。主は彼らに「律法には、何と書いてありますか」とお聞きになり、また、「あなたはどう読んでいますか」とお尋ねになった(ルカ一〇26)。「あなたがたは、次の聖書のことばを読んだことがないのですか」と詰問なさったこともある(マル一二10)。主が当時の指導者を非難されたおもな理由は、彼らが聖書を重んじないことだった。パリサイ人は聖書に自分たちの意見をつけ加え、サドカイ人は聖書の一部を削った。主はパリサイ人に言われた。

「あなたがたは、自分たちの言い伝えを守るために、よくも神の戒めをないがしろにしたものです。……こうしてあなたがたは、自分たちが受け継いだ言い伝えによって、神のことばを空文にしています」(マル七9 13)。

また、サドカイ人たちに言われた。

「そんな思い違いをしているのは、聖書も神の力も知らないからではありませんか」（マルー二24）。

このように、主イエス・キリストが進んで聖書に従われたことは全然疑問の余地がない事実である。道徳の標準も、ご自分の任務の理解も、ユダヤ人との論争における姿勢も、聖書の言うことが、主にとって絶対的、決定的なことであった。主は「聖書は廃棄されるものではない」（ヨハ一〇35）と言われ、また次のように言われた。

「まことに、あなたがたに告げます。天地が滅びうせない限り、律法の中の一点一画でも決してすたれることはありません。全部が成就されます」（マタ五18）。

旧約聖書が神からのものであることを主が否定されたという例は全然ない。主が山上の垂訓で六つの反論をあげておられるので、ある人は主が旧約聖書を否定されたと思っている。主は「……と言われたのを、あなたがたは聞いています。しかし、わたしはあなたがたに言います。……」と言われたからである。しかしここで主はモーセに対して反論されたのではなく、律法学者がモーセの律法をゆがめて解釈していることに対して、彼らを責めておられるのである。（神のことばである）聖書ではなくて、（人のことばである）言い伝えを攻撃されたのである。私たちが知ることのできるかぎりの証拠は、主が旧約聖書の権威を認め、生涯その権威に従われたことを明白にしている。主に従う者たちは、主よりも、旧約聖書の権威を低くしか認めないでよいとは思われない。

キリストによる新約聖書のための準備

キリストが、旧約聖書の場合と全く異なった方法で新約聖書の権威を認められたことは言うまでもない。当時新約聖書はまだ書かれていなかった。完全に未来のものであった新約聖書の権威を、主はどんな方法で確認されたのだろうか。

その答えは、まず主が使徒たちを任命されたことにある。主は旧約聖書に対応する新約聖書の必要性を認めておられたようである。旧約聖書では、神ご自身がイスラエルの民を贖い、またさばいておられる。神は預言者をお立てになり、神のみわざの正確な記録、正しい解釈を与えられた。また神はキリストを通して世界の人々を贖い、さばいておられる。この神の最善最後の啓示であるキリストが、未来の世代の人々には何の意味もないことになるのだろうか。そうならないためには、権威ある記録者、解説者が必要である。そこで主イエスは、その任務を遂行する人々を用意された。主は一晩中お祈りになったあとで、慎重に十二弟子を選び、任命し、訓練し、権威をお授けになった。ちょうど神が旧約時代に預言者をお選びになったのと同様である。

「このころ、イエスは祈るために山に行き、神に祈りながら夜を明かされた。夜明けになって、弟子たちを呼び寄せ、その中から十二人を選び、彼らに使徒という名をつけられた」（ルカ六12 13）。

主イエスに従う者はすべて弟子であるが、十二弟子だけは使徒と呼ばれた。新約聖書の使徒という呼称を調べてみると、ほぼ現代の宣教師にあたる者「教会の使徒」と言われる人々はあるが、（Ⅱコリ八23、使一三1―3、一四14、ピリ二25）、「キリストの使徒」は、十二弟子、（ユダの代わりの）マッテヤ、パウロ、主イエスの兄弟ヤコブと、あとたぶん二、三人からなる、小さな限定された人々の集まりであることがわかる。教会全体は主が計画された宣教を遂行するために、世の中に送り出されているという意味で使徒的だと言えるし、この任務はすべてのキリスト者の果たすべきことであるが、新約聖書においては、「使徒」はキリスト者一般をさすことばではない。忠実で信頼できるパウロの同労者テモテさえも使徒とは呼ばれなかった。パウロは自分と同労者との間に、この点では明白な区別をつけていた。だから彼はコロサイ人への手紙の冒頭に書いている。

「神のみこころによる、キリスト・イエスの使徒パウロ、および兄弟テモテから……。」テモテはパウロの兄弟であった。すべてのキリスト者は確かに兄弟姉妹である。しかしパウロと違ってテモテはキリストの使徒ではなかった。

新しい研究によると、ギリシヤ語のアポストロス（使徒）はアラム語シャリアハと同義語であると言われている。シャリアハはラビの教義によれば明確な役目を持った人をさす。彼はサンヘドリン（ユダヤの七十人議会）の使者であり、諸地方に散ったユダヤ人の所に派遣され、議会の名によって彼らを教える者のことだった。このシャリアハについては、「人に派遣された者は派遣した人と同じだとみなされる」とされる。すなわち彼は全権大使であり、彼を遣わした人または団体の権威を持って語るのである。だからタルソのサウロは「祭司長」（使二六12。七12、二二5参照）の「権限と委任」を受けてダマスコへ行ったのである。

このような背景の中で主イエスは十二人の弟子たちを選び、使徒という名をお与えになった。使徒は主イエスを代表する者であり、主イエスの名によって語る権威を受けていた。主は、彼らを送り出すとき、「あなたがたを受け入れる者は、わたしを受け入れるのです」と言われた（マタ一〇40、ヨハ一三20）。

主イエスの使徒たちは四つの特徴を持っていたようである。

まず彼らは、それぞれ主に召され、主から権威を授けられた。十二弟子もパウロも確かにそうだった。パウロは自分が使徒であることを熱心に弁明した。彼は「人間から出たことでなく、また人間の手を通したことでもなく、イエス・キリストと……父なる神に」（ガラ一1）よって使徒に任命されたのだと強調した。またパウロの回心の時の様子がしるされているが、その時主の言われたことば、「わたしは……あなたを……遣わす」（使二六17、二二21参照）は、「わたしはあなたを使徒とする」と訳すこともできる。

次に、彼らはキリストを実際に見た経験を持っている。主が十二弟子をお選びになったのは、「彼らを身近に置き、また彼らを遣わして福音を宣べさせ」るためだとマルコは書いている(マル三14)。この「遣わす」ということばは「使徒とする」とも訳すことができるし、使徒のたいせつな資格は主の「身近に」いたことである。主は死の前に言われた。

「あなたがたもあかしするのです。初めからわたしといっしょにいたからです」(ヨハ一五27)。

このように、主は彼らに、主のことばを聞き、主のわざを見るという比類のない機会をお与えになった。それはあとで彼らが見たこと聞いたことをあかしするためであった(Iヨハ一1—3参照)。特に彼らが主イエスの復活の証人となることはたいせつなことであった。マッテヤが選ばれたのはまさに、ユダがそこから離れた「この務めと使徒職の地位を継がせる」ためであった(使一21—26)。

確かに、パウロは十二弟子のひとりではなかった。彼は十二弟子と違って、キリストのみわざを目撃してはいなかった。主イエスが肉体を持っておられた時の姿をパウロは見たことがなかったのだろう。パウロは三年間アラビヤで過ごし、その時「イエス・キリストの啓示によって」彼の伝える福音を受けたと言っているが、パウロはキリストの三年間の公生涯を見ることができなかったので、その経験不足を補うためにアラビヤで三年間過ごしたとある人々は推測している。その推測が当たっているか否かは別として、パウロは復活されたキリストを見た点で、使徒としての第二の条件にはかなっている。「私は使徒ではないのでしょうか。私は私たちの主イエスを見たのではないでしょうか」（Ⅰコリ九1）とパウロは言った。もちろん、これはダマスコの途上で復活された主イエスと出会ったことをさしている。それは主イエスの昇天後に起こったが、それは現実の、客観的な復活の主の現われであったことをパウロは主張している。彼はそれが復活されたキリストの最後の出現だとつけ加えている。復活の主が現われてくださった例をあげて、その最後にパウロは言った。

「そして、最後に、月足らずで生まれた者と同様な私にも、現われてくださいました。……」（Ⅰコリ一五8 9）。

第三に使徒たちは聖霊の特別な霊感を受けた。前章で、神のすべての子に聖霊が内住してくださり、知恵を与えてくださるという特権のあることを学んだのであるが、この特権は使徒たちのみに限られたものではないのである。しかし、キリストが使徒たちに約束された聖霊のみわざは、確かに特別なものであったことが次の聖句ではっきりわかる。

「このことをわたしは、あなたがたといっしょにいる間に、あなたがたに話しました。しかし、助け主、すなわち、父がわたしの名によってお遣わしになる聖霊は、あなたがたにすべてのことを教え、また、わたしがあなたがたに話したすべてのことを思い起こさせてくださいます。」「わたしには、あなたがたに話すことがまだたくさんありますが、今あなたがたはそれに耐える力がありません。しかし、その方、すなわち真理の御霊が来ると、あなたがたをすべての真理に導き入れます」(ヨハ一四25 26、一六12 13)。

このすばらしい約束は、私たちすべてのキリスト者のためであるとされる。確かに二義的には私たちすべてにあてはまる。しかし、直接には、二階座敷で主を取り囲んでいた使徒たちに与えられたものである。だから、「このことをわたしは、あなたがたといっしょにいる間に、あなたがたに話しました」と言われ、また「わたしには、あなたがたに話すことがまだたくさんありますが、今あなたがたはそれに耐える力がありません」と言われたのである。

ここで主が彼らに約束されたことが二つある。その一つは、主イエスのすべての教えを聖霊が思い出させるという約束であり、もう一つは、聖霊が主イエスの教えを補って、当時弟子たちが受けられなかった真理をすべて教えてくださることである。この約束は、使徒たちが福音書や新約の書簡を執筆するときに成就された。

第四に使徒たちは奇蹟を行なう力を与えられていた。「使徒の働き」という書名は適切であり、パウロは自分が行なった「奇蹟と不思議と力あるわざ」が「使徒のしるし」(Ⅱコリ一二12)であると述べている。また使徒たちに奇蹟を行なう力が与えられた目的は、彼らの任務と教えがまさしく神からのものであることを示すためだった。

「私たちがこんなにすばらしい救いをないがしろにしたばあい、どうしてのがれることができましょう。この救いは最初主によって語られ、それを聞いた人たちが、確かなものとしてこれを私たちに示し、そのうえ神も、しるしと不思議とさまざまの力あるわざにより、また、みこころに従って聖霊が分け与えてくださる賜物によってあかしされました」(ヘブ二 3 4)。

以上四つの面で、使徒たちはほかの人々と違っているようである。

使徒の権威の確認

使徒たちの権威が特別なものだったことは二つの面で確認されている。その一つは使徒たち自身がそれを知っており、それゆえ新約聖書の中に彼らの使徒の権威の自覚が見られることである。確かにこれはヨハネにもパウロにも言えることである。パウロは自分の使徒としての権威を守るだけでなく、それを主張している。パウロがテサロニケの教会に与えた確信の溢れた教えに耳を傾けてみよう。

「私たちが命じることを、あなたがたが現に実行しており、これからも実行してくれることを私たちは主にあって確信しています。……兄弟たちよ。主イエス・キリストの御名によって命じます。……私たちは、あなたがたのところにいたときにも……命じました。……こういう人たちには、主イエス・キリストによって、命じ、また勧めます。……もし、この手紙に書いた私たちの指示に従わない者があれば……」（Ⅱテサ三4 6 10 12 14）。

この「私たち」とはだれのことだろうか。これは使徒的権威を示す複数の「私たち」である。このように権威ある命令を出し、服従を要求してはばからないのはいったいだれなのか。ここでも、それはキリストの名によって語る者、キリストの使徒である。彼はキリストが彼の中で彼を通して語っておられるのだと主張している。その結果、彼が最初にガラテヤを訪問したとき、病気で見苦しかったにもかかわらず、ガラテヤ人たちは嘲笑したり軽蔑したりせずに、彼をあたかも「神の御使いのように、またキリスト・イエスご自身であるかのように」（ガラ四14）迎えたのである。パウロはここで、彼らの敬意の示し方が大げさすぎるといって彼らを叱責しなかった。それどころか、彼らがパウロをそのような態度で迎えたのは正しかったのである。彼はキリストの使徒、大使であり、権威を認められた代表者だったからである。

ヨハネも同様に使徒の権威を示す「私たち」という言い方をしており（Ⅲヨハ9）、彼が与えた独自の教えを読者に思い出すよう命じている。多くのにせ教師がはびこっているのを知って彼は大胆に語った。

「私たちは神から出た者です。神を知っている者は、私たちの言うことに耳を傾け、神から出ていない者は、私たちの言うことに耳を貸しません。私たちはこれで真理の霊と偽りの霊とを見分けます」(Ⅰヨハ四6)。

つまり、ヨハネの手紙を読む人たちが真理と誤りを見分ける安全な方法は、それをヨハネの教えと比較することだと言うのである。にせの教師たちは、ヨハネの言うことを聞かないのでにせ者であることが明白になる。一方、真のキリスト者は使徒の権威に従うことによって、真のキリスト者であることを示すのである。

使徒たちの権威が特別なものだったことが確認される第二の面は、初代教会がそれを認めていたことである。たとえば、使徒後の時代に、最後の使徒ヨハネの死後、紀元一一〇年ごろ、アンテオケのイグナチウス監督は小アジヤとヨーロッパにある教会にいくつかの手紙を書いたが、そのうちローマ人の教会にあてた手紙の中(第四章)で、彼はこう書いている。

「私はペテロやパウロのようにあなたがたに命令を下すようなことはしない。彼らは使徒だったが、私はひとりの罪人にすぎないから。」

イグナチウスは監督だったにもかかわらず、監督の権威は使徒の権威とは比較にならないことを認めている。

紀元四世紀になって、どの書が正典として新約聖書に含まれ、どの書が除外されるかを最終的に教会が決断を下すようになったとき、その規準となったのは、その書が使徒に由来するものかどうかだった。すなわち、使徒によって書かれたものか。もしそうでなければ、使徒たちに指導された人々の中から出て使徒の権威によって認められたものか、ということであった。このつけ加えは、新約聖書のすべての書が使徒によって書かれているわけではないのでたいせつである。使徒の書ではなくても、使徒の認証のしるしがあれば、それは使徒的文書と認めるべきであるということが認められていたようである。たとえばルカはパウロの同行者、同労者として知られていた。またマルコは、パピアスやイレナエウスなどの初期の教父たちによって、キリストに関するペテロの思い出とその説教の実質を忠実に記述したペテロの通訳者だとされている（エウセビウスの『教会史』第三巻三九章一五、イレナエウスの『異端反駁論』第三巻五〇章一を参照）。このように、教会は聖書の正典を決定する権威を持っていたのではなく、ただ、聖書がすでに持っていた権威を認めただけである。

さて、ここで今までの論議を要約することにしよう。キリストは旧約聖書の権威を認証してこられ、また、新約聖書を書かせる準備として使徒たちに主の御名によって教える権威をお与えになった。だから私たちがキリストの権威に従うなら、聖書の権威に従わなければならない。私たちが旧約聖書に従うのは、キリストに従うからである。

以上と違う結論を出すとすれば、どんなことになるのだろうか。それには二通りの答えしかない。その一つは、キリストの聖書観は誤りだったとする考え方である。この場合、だいたい次のような言い方になる。「主は肉体を持たれたとき、紀元一世紀のユダヤ人の考え方の枠の中に捕われてしまった。キリストが聖書の権威をお認めになったのは当然であって、この考え方は当時のユダヤ人の考え方であったからである。だからといって、私たちも聖書の権威を受け入れなければならないわけではない。キリストを含めて彼らの考え方は古くさい。」以上はいわゆる「ケノーシス説」と呼ばれる考え方で、主が人間となられたとき、「ご自分を無に」(ピリ二7)なさったというギリシヤ語のことばから来たものである。主は確かにご自分の栄光を無にして、仕える者の姿をとられたが、人間になることによって神でなくなったのではない。また人間として、ある事柄についてはご存じなかったが(主はご再臨の日がいつか知らないと言われた。—マル一三32)、知らないことがあるのを知らないでおられたのではないということは驚くべきことである。主はご自分の知識に限界があることを知っておられた。だから主が教えられる場合に、その限界を誤って越えてしまうことは決してなかった。それどころか主は、父なる神が教えてくださったことだけを教えていると言われた(ヨハ七14—17、一二49、一七8参照)。それゆえ私たちは、主は全く誤りのない方であり、聖書の権威を確認されたことをも含めてその教えはまことであることを主張するのである。

第二案は次のように表現できよう。「主イエスは、聖書のすべてが神のことばではなく、信頼できるとはかぎらないことをよく知っておられたが、当時の人々がそう信じていたので、彼らの考えに合わせておられたのだ。私たちが、彼らの意見を受け入れる必要はない。」この意見は全く論外である。主イエスの品格を傷つけ、主が真理であり真理を教えるというご宣言とも相いれない。そのうえ主はほかの事柄について当時の人々の意見に反対するのを決してちゅうちょなさらなかったから、聖書の権威についてだけ妥協されたと考える必要はない。また主が最も忌むものとしておきらいになった宗教的ごまかしや偽善を、主に押しつけようとするのは全く無理な話である。

こうして私たちは「ケノーシス説」も「順応説」も拒否する。そして主の話されたことは自分で知っておられることであり、またそのとおりの意味を持っているとはっきり言うべきである。主は知っておられることを、意識して、真実をこめてお話しになった。主は聖書がみな神からのものだとはっきり信じておられたので、そう言われた。主が信じ、言われたことは正しい。

結論

結論として、聖書の権威に服するのは正しく、また筋が通っていることを強調したい。

まずキリスト者ならば聖書の権威を受け入れるのが当然である。聖書の権威を受け入れるのは狂信的行為でもなく、がんこな非理性主義者だからでもない。キリスト者は信仰と謙遜をもって聖書の権威に服すのである。主が私たちにそう命じておられるのだから、キリスト者はみなそうするべきである。聖書が神のことばだという伝統的な教えは、キリストの聖書に対する見方だから、それゆえにキリスト者の見解となるべきである。

次にはいろいろな問題をどうすればよいだろうか。聖書が神からのものだと認めたからといって、問題は一つもないという態度をとることにはならない。率直に言えば、文学的、歴史的、神学的、道徳的に、問題はいろいろある。それらをどう扱ったらよいだろうか。多くの問題に取りまかれているのに、なお理性的に聖書が神からのものだと信じることができるのだろうか。確かにできるのである。

聖書に関する問題は、ほかのキリスト教教理の場合と同じ仕方で扱えばよい。教理にはそれぞれ問題がある。全然問題の残らない教理はない。たとえば神の愛について考えてみよう。どんな色合いを持ったキリスト者でも、ローマ・カトリック、ギリシャ正教、聖公会、改革派、ルーテル派、バプテスト、ブラザレンなど、キリスト教信者と名のつく者はだれでも神は愛だと信じている。これは根本的なキリスト教教理である。この教理を信じない者はキリスト者とは言えない。しかしこの教理に関する問題は多い。だから、たとえば悪や不当な苦難などの、神の愛と関係のある問題はどうすればよいだろうか。私たちはまずその問題と取り組み、苦しんで何か新しい理解が与えられるかもしれない。しかし私たちはその問題を完全に解決してしまえるとは考えられない。だからといって、すべての問題が解決するまで神の愛を信じるのを保留しなければならないのだろうか。いや、多くの問題があっても、主イエスが神の愛を教え、現実にそれを示してくださったというその唯一の理由だけで、神の愛を信じ続けるのである。これが神は愛であると私たちが信じる理由である。多くの問題があるといっても、私たちの信仰はくつがえされはしない。

聖書についても同様である。私たちは聖書の記事相互の明らかな食い違いや、文学的批評をつきつけられるかもしれない。その場合、どうすればよいのだろうか。まずその問題と取り組み、何か新しい解決が与えられるかもしれないが、すっかり解決してしまえない場合もあるだろう。ではその問題が解決するまで、聖書が神のことばであると信じるのをのばすべきだろうか。いや、神の愛の場合と同様に、主イエスが聖書の権威を教えまた現実にそれを示してくださったというその唯一の理由だけで、私たちは聖書が神のことばであることを信じ続けるのである。そう信じ続けるのは、信じないほど非理性的ではない。全く理性にかなっている。キリストに従うことは、理性的で謙遜なキリスト者の現実主義である。

第三に、権威の問題で最終的な論点はキリストが主であるかどうかにかかっている。「あなたがたはわたしを先生とも主とも呼んでいます。あなたがたがそう言うのはよい。わたしはそのような者だからです」(ヨハ一三13)と主は言われた。イエス・キリストが真に私たちの教師であり主であるならば、私たちはその教えと権威の下にある。だから私たちは自分の考えを教師である方に、自分の意志を主である方に服させるべきである。私たちは主に対する不一致、不服従の自由を持っていない。私たちは主の権威に服するので聖書の権威にも従うのである。

7　聖書の解釈

私はかつてシドニーのアレン・コール博士の次のような発言を聞いた。「意外なことのように思われるかもしれないが、神は時々、『小預言書のはっきりできない節の問題のある読み方を、へたに翻訳したもののまずい釈義』を祝福される。」

確かにそうである。神はそうされる。しかし、それを聖書の解釈がいいかげんで良いという口実にすることはできない。かえって、聖書がほんとうに書かれた神のことばであるのなら、私たちは、神が聖書の中で語られた（また語っておられる）ことを見つけ出すのに、ほね惜しみをしたり、労をいとってはならないのである。

では、聖書を学ぶ者は、どのようにして、そのメッセージを正確にとらえたら良いのか。どこに助けを求めたら良いのだろうか。その答えとしてまず、自分の理解には誤りがないというような主張はしないように警告しなければならない。神のことばには誤りはない。神が語られたことは真実だからである。しかし、個人であれ、グループであれ、教会であれ、どんなキリスト者でも、神のことばの誤ることのない解釈者という者はいなかったし、これからもないであろう。人間の解釈は伝承の領域に属する。そしていつも聖書そのものに訴えて伝承に逆らう発言がされることもある。その伝承は聖書の解釈とされているものなのである。

それにもかかわらず、神は、私たちが真理の理解に進み、最悪の型の誤った解釈から守られるように、私たちに備えを与えられた。神は、私たちを教える三人の教師と、私たちを導く三つの原則を与えられた。

聖霊の照明

私たちの第一の教師は聖霊ご自身である。「聖書解釈学」という学術用語が聖書解釈の学問につけられているが、真の聖書解釈が聖書自体の 性質と 矛盾しないものであることは明らかなはずである。それで、もし聖書の著者が自分自身の衝動によってではなく、聖霊に動かされて（II

ペテ一21)、神のことばを語ったのなら、神が彼らに語られたことを解き明かすことができるのは、聖霊である。あらゆる書物の最善の解説者は、その著者である。彼だけが、何を言おうとしたかを知っているからである。それゆえ、神の書は、神の御霊によってだけ解き明かされる。

さて、人間に神の真理を伝達するにあたっての聖霊の働きには、二つの段階があるように見える。第一の客観的段階は、聖書の中での真理の開示、すなわち「啓示」である。第二の主観的段階は、聖書に開示された真理を理解するように私たちの心を照らすこと、すなわち「照明」と言えよう。どちらも欠かすことはできない。啓示がなければ、理解すべき真理がない。また、照明がなければ、真理を理解する力がない。

反逆の民に対するさばきとして、神が彼らに語るのをやめられるという実例が、イザヤの時代にある。神の真理は封印された書物のようになり、その民は読み書きのできない子どものようになった。こうして、彼らが神のみことばを受けることを妨げる二つの障害物があった。

「これを、読み書きのできる人に渡して、『どうぞ、これを読んでください。』と言っても、『これは、封じられているから読めない。』と言い、また、その書物を、読み書きのできない人に渡して、『どうぞ、これを読んでください。』と言っても、『私は、読み書きができない。』と答えよう」(イザ二九11 12)。

神のみことばが理解できるためには、聖霊の照明が必要であることが認められたなら、聖霊はどんな人々を照らされるかを考える用意が整ったのである。

第一に、聖霊は新生した者を照らされる。私たちが天の真理を理解することができるためには、新生の経験が不可欠である。「人は、新しく生まれなければ、神の国を見ることはできません」（ヨハ三3）とイエスは言われた。これと呼応しているのは使徒パウロの次のことばである。「生まれながらの人間は、神の御霊に属することを受け入れません。それらは彼には愚かなことだからです。また、それを悟ることができません。なぜなら、御霊のことは御霊によってわきまえるものだからです」（Ⅰコリ二14）。

自分自身の経験からその証言をする人は多い。たとえば、十八世紀の英国の指導的な福音主義者の一人、ウィリアム・グリムショーは、回心のあとで、一人の友人に次のように言った。「もし神が聖書を天に取り上げてしまわれて、別の聖書を私に下さったとしても、それは、私にとってもっと新しいということにはならなかっただろう」（J・C・ライル監督『十八世紀のキリスト教指導者たち』、一八六八年。バナー・オブ・トゥルース版、一九六〇年、二八頁）。

私自身も非常によく似たことをあかしすることができる。私の母は、毎日、聖書の一個所を読むように私をしつけた。母のおかげと習慣によって、私は十代の終わりまで、それを実行し続けた。しかし、それは全く無意味な決まりきった日課だった。私には自分の読んでいることが理解できなかったからである。けれども回心後、聖書はすぐに私にとって生きている書となり始めた。

もちろん、私が突然全部理解したというわけではない。また、ある個所をもう退屈でむずかしいと思わなくなったなどと言うつもりもない。しかし、聖霊が私の心を照らして、私の生活にそのメッセージを当てはめられたので、それが私にとって新しい適切なことばになったのである。

第二に、聖霊はへりくだる者を照らす。誇りほど理解の大きな妨げとなるものはない。また、へりくだり以上に重要な条件もない。イエスはそれを、議論の余地のないほどはっきりと言われた。

「天地の主であられる父よ。あなたをほめたたえます。これらのことを、賢い者や知恵のある者には隠して、幼子たちに現わしてくださいました。そうです、父よ。これがみこころにかなったことでした」(マタ一一25 26)。

神がその人からご自身を隠されるという「賢い者や知恵のある者」とは、知的に誇っている者であり、「幼子」とは、へりくだった誠実な者たちのことである。イエスがよしとされたのは子どもの単純さではないし、まして無知などではない。その率直な、人を受け入れようとする、かたよらない態度である。神はこういう人たちにだけ、ご自身を現わされる。チャールズ・シメオンは次のように書いている。

「求道の初めに、私は自分は愚か者だと自分に言って聞かせた。全くそのとおりなのだ。私が確実に知っている一つのこと、それは、私が自分の宗教について何も知らないということだ。だから私がすわって聖書を調べるのは、聖霊に導かれて書いた著者たちに何かの意味を押しつけるためではない。著者たちがそれを私に示すままに、それを受け入れるためなのだ。私が彼らを教えようなどとは思わない。私は子どものように彼らから教えを受けたいと思う」（ウィリアム・カラス編〈一八四七年、ハッチャード〉『チャールズ・シメオン牧師の生涯の追憶』に記録された、J・J・ガアニィの、一八三一年にケンブリッジでシメオンと過ごしたある午後の思い出、六七四頁）。

神の前に、へりくだって待ち望むこのような態度を表明する方法は、ただ一つしかない。それは祈りによることである。私たちには、聖書を読む前に祈ることと、祈り深い態度で聖書を読むことの両方が必要である。また、光を与えられるために、聖書自体の中にある祈りのいくつかを用いるのが役に立つことに気がついている信仰者は少なくない。たとえば詩篇の作者は次のように祈願している。

「私の目を開いてください。私が、あなたのみおしえのうちにある奇しいことに目を留めるようにしてください」（詩一一九18）。

あるいは、パウロの偉大な祈りの一つを使うこともできる。彼はどの祈りの中でも、知識と理解が増し加わるように求めている。一例をあげよう。

「どうか、私たちの主イエス・キリストの神、すなわち栄光の父が、神を知るための知恵と啓示の御霊を、あなたがたに与えてくださいますように。また、あなたがたの心の目がはっきり見えるようになって、神の召しによって与えられる望みがどのようなものか、聖徒の受け継ぐものがどのように栄光に富んだものか……私たち信じる者に働く神のすぐれた力がどのように偉大なものであるかを、あなたがたが知ることができますように」（エペ一17—19、なお三14—19、ピリ一9—11、コロ一9—14参照）。

神の御前に私たち自身をこのように低くすること、私たちの心の暗さを認めること、神の照明を求める願いは、報いられないで終わることはない。ジョージ・ホイットフィールドは、オックスフォードのペンブローク・カレッジで回心してまもなく、日記に次のように書いた。

「私は、ほかの本をみな、わきにやって、可能なかぎり、各行各語を祈りながら、ひざまずいて、聖書を読み始めた。これは私の魂にとって、まさしく肉となり、まさしく飲み物となった。私は日ごとに、上から新しいいのちと光と力を受けた」（『ジョージ・ホイットフィールドの日誌』一七三八—一七四一初版、バナー・オブ・トゥルース版、一九六〇年、六〇頁）。

第三に、聖霊は従順な者の心を照らす。このことは特に強調されている。聖書を用いるときの神の御目的は、ただ一般的な「教え」を与えることではなく、特に「救いを受けさせる」（Ⅱテモ三15）ためにあなたを教えることなので、神は、聖書を読む者がみことばに対して示す反応に関心を持っておられる。また、私たちがどのくらい敏感に、また喜んで聞き従うかが、私たちの理解の程度の大きな決め手となる。こうして、イエスは、神のみこころを行なう意志のある人たちが、神の教えが真実であるかどうかを知るようになること、また神に対する愛のあることを従順によって証明する人たちに、神がご自身を親しく示されることを約束された。反対に、信仰の破船をする人は、不従順によって良心を汚す人である。すでに知っていることを実行しない人はだれも、知識の点で前進することも期待できない。

第四に、聖霊は、ほかの人に伝達しようとする者の心を照らす。神が私たちに与えられる理解は、ただ私たちの個人的な楽しみのために与えられているのではない。私たちがそれを分け与えるために与えられている。あかりはベットの下に置くために部屋に持って来られるのではなく、燭台に置かれるためだとイエスは言われた。同じように、神は、ご自分の教えを秘密にしておくためではなく、人々に知らされるようになさった。使徒たちは、何を、どのように聞くかに気をつけなければならなかった。彼らは、人々に伝達するために主の教えに耳を傾けるべきであった。でなければ、それ以上教えを受けることはできなかった。

「あなたがたは、人に量ってあげるその量りで、自分にも量り与えられ、さらにその上に増し加えられます」（マル四24）。

キリスト者の規律ある学び

聖霊は、私たちの第一で最も重要な教師であるが、ある意味では、聖霊に全く信頼しながらではあるが、私たち自身もまた自分自身を教えなければならない。つまり、私たちは神の教育を受ける中で完全に受け身の立場にあるわけでなく、私たち自身の理性を、責任をもって使うことを期待されているのである。私たちが聖書を読むときに、神の照明があれば、人間の努力はいらないということにはならないのである。また、神からの光を求める際の謙遜は、学びの時の最も規律正しい勤勉さと矛盾するものではない。

言うまでもなく、神のことばを批判するためではなく、むしろ、みことばに従うため、みことばと取り組み、理解し、それを現代社会に関連づけるために、キリスト者が良心的に知性を用いることは、聖書自体も大いに強調している。実際、聖書では、人は神のかたちに造られた人間としての基本的な理性を忘れ続けて、かえって「悟りのない馬や騾馬のよう」な（詩三二9）ふるまいをしていることが、しばしば問題にされている。

それゆえ、イエスは、弟子たちの理解力のなさと良識を働かせないでいることを責められた（例 マル八17―21）。

「なぜ自分から進んで、何が正しいかを判断しないのですか」（ルカ一二57）。

「自分から進んで判断する」ようにとのこの命令は、パウロのコリント人への第一の手紙で特に目立っている。ここには、偉大な知恵を持っていると主張しながら、それを実際に示すことができない教会があった。「あなたがたは……知らないのですか」（Ⅰコリ三16、五6、六2 3 9 15 16

19）とパウロは疑うように繰り返し尋ね、「兄弟たち。私はあなたがたにぜひ次のことを知ってもらいたいのです」（例Ｉコリ一〇—一二1）というような決まった言い方をしながら、使徒としての命令を伝えている。彼は、新しく生まれ変わっていない、生まれながらの人は、神の真理を理解することができないのに反して、新しく生まれた、霊の人は、「すべてのことを判断する」ことをはっきりさせている。つまり、生まれつきのままの人が見分けられないことを、霊の人は見分けることができるし、また見分ける。聖霊が彼の中に住んでおられ、彼を治めておられるので、彼は、「キリストの心」を持っているからである（Ｉコリ二14—16）。

この確信に基づいて、パウロは同じコリント人への手紙で、読者の理性に訴えている。

「私は賢い人たちに話すように話します。ですから私の言うことを判断してください」（Ｉコリ一〇15、一一13も参照）。

新約聖書のほかの手紙でも同じような奨励がなされている。キリスト者は「霊……を、ためさ」なければならない（Ｉヨハ四1）（ここで言われていることは、神の霊感を受けたと主張する人間の教師たちのことである）。また、実際に聞くことすべてをためさなければならない。また、善悪のむずかしい決定に直面したとき、その問題に心を傾けるべきである。そうすれば、一人一人が「自分の心の中で確信を持つ」ことができる（ロマ一四5）。私たちが「経験によって、良い物と悪い物とを見分ける感覚」（ヘブ五14）を持つことは、キリスト者の円熟の一つのしるしである。

それで、私たちは聖書の命令を本気で受けて、理性の力と批判力とを用いなければならない。聖書の理解を増すための手段は、祈りか考える力かのどちらかだというように対立させないで、両方を結びつけるべきである。旧約聖書におけるダニエルと、新約聖書におけるパウロは、この釣り合いのりっぱな模範である。

「恐れるな。ダニエル。あなたが心を定めて悟ろうとし、あなたの神の前でへりくだろうと決めたその初めの日から、あなたのことばは聞かれているからだ。……」(ダニ一〇12)。

「私が言っていることをよく考えなさい。主はすべてのことについて、理解する力をあなたに必ず与えてくださいます」(Ⅱテモ二7)。

神の前でへりくだり、理解を得ようとして神にたよるだけでは不十分である。聖書を理解するために心を定め、聖書に書かれていることについてよく考えなければならない。チャールズ・シメオンは次のように言っている。

「神の知識に達するために、私たちは、神の御霊への依存と、私たち自身の研究とを結びつけるように指示されている。それで、神がこのように結び合わされたものを分離するようなことをしないようにしよう」(『ホラエ・ホミレティカエ』一八一九年の説教九七五)。

私たちの理解の進度が、時には高慢な祈りを欠いた自信のために止まることもあるが、全くの怠惰と訓練不足のためにそうなることもある。神の知識に進みたい人は、真理の御霊の前にへりくだり、一生学び続ける覚悟でいなければならない。

教会の教え

第三の教師は教会である。今までのところでは、私たちは、神がみことばによって神の民を教えられる方法を全く個人的なものとして見てきた。それは正しいことであった。一人一人がみことばを聞いたり、自分でみことばを読むときに、みことばによって民を照らし、救い、造り変え、養うというのは、神の愛に満ちたみこころだからである。英国の十六世紀の改革者たちが、聖書を平易な英語に翻訳して、それを一般の人々の手に渡したいと願ったことは、全く正しかった。彼らは、聖書に対する無知が広がっているのを知って、ぞっとしたのであった。ウィリアム・ティンダルを批判したある教職者への彼の有名な愚ろうの意味はそこにあった。

「神がもし私のいのちを長らえさせてくださるなら、何年もしないうちに、私は、すきを使う百姓の少年が、あなたよりももっと聖書のことを知るようにさせる」(フォックスの『殉教者の書』四巻)。

改革者たちは、彼らの用語「個々人の判断の権利」をもって表わしたこと、すなわち、聖書を通して語りかけられる父なる神の声を聞くことができるという、神の子のすべてが持つ生得権を強く主張したが、私たちもそれに同意しなければならない。彼らはこれを、ローマ教会の主張したマギステリウム、すなわち教える権威に反対して主張したのであった。ローマ教会は、その権威によって、教会だけが聖書の真の解釈を与えることができるとしたのである。

にもかかわらず、神と民との間に、ローマ教会、あるいは何かほかの権威ある教える機関を置こうとするあらゆる試みを拒否しようとするあまりに、神のご計画の中で、教会はみことばの正しい理解を神の民に与えるべき役目を持っていることまでも否定してはならない。個人個人のキリスト者のへりくだった、祈り深い、勤勉で従順な聖書の学びだけが、神の現わされたことを、聖霊が明らかにされる方法であるとは言えない。御霊が他の人々に示したと思われる事柄を無視することがへりくだりだとは、ほとんど言うことができない。聖霊はまさしく私たちの教師である。しかし聖霊は、私たちの心に直接教えるのと同様に、間接的に他の人々を通して私たちを教えられる。いま聖書に置かれている真理を、神は一人の人にではなく、数多くの預言者と使徒たちに現わされた。神の照明のみわざもまた多くの人々に与えられる。私たちが「その広さ、長さ、高さ、深さがどれほどであるかを理解する力を持つようになり、人知をはるかに越えたキリストの愛を知る」のは、ただ個々人としてではなく、「すべての聖徒とともに」なのである(エペ三18 19)。

この真理を悟ると、私たちは普通持っている以上の尊敬を「伝承」に、すなわち、過去から現在まで伝えられてきた、聖書の真理の理解に対していだくことになろう。聖書の霊感という聖霊のみわざは比類のないものであるが、聖霊の教えるみわざは、最後の使徒が死んだときに終わったのではない。それは啓示から照明へと変わったのである。真理の御霊は、教会の歴史の長い期間を通じて、次第に少しずつ、聖書の偉大な教理をよりよく理解し、より明白にし、よりよい体系化をすることができるようにされた。私たちは、個々の学者の聖書注解と神学論文とともに、いわゆる公同信条(全教会に受け入れられたので「公同」)と、宗教改革時代の諸告白に多く負っている。

過去の遺産を軽んじてはならないのなら、現代の教会の教師たちをも軽んじてはならない。牧会の奉仕は教える奉仕である。「牧師また教師」は、よみがえったキリストが、今もなお教会に与えておられる賜物である(エペ四11 12)。私たちはまた、喜んで互いに耳を傾け、互いから学ぶべきである。聖霊は、個々人の聖書の学びと同様に、グループを通しても私たちの心を照らすことができる。使徒パウロは次のように書いたとき、地域教会でのこのような互いに教え合うことを、はっきりと考えに入れていた。

「キリストのことばを、あなたがたのうちに豊かに住まわせ、知恵を尽くして互いに教え、互いに戒め……なさい」(コロ三16)。

ルカは使徒の働き八26―39で、教師の役割のすばらしい実例をあげている。エチオピヤの一人の高官が、馬車で、エルサレムから家に帰る旅の間、イザヤの預言書を読んでいた。伝道者ピリポは、「あなたは、読んでいることが、わかりますか」と尋ねた。それに対して彼は、「導く人がなければ、どうしてわかりましょう」と答えた。そこで、ピリポは馬車に乗って、そばにすわり、彼に聖書を解き明かした。カルヴァンは次のように注解している。

「それはまた、今日そのように少数の人々にしか、聖書を読むことの効果がない理由である。なぜなら、教えに対して喜んで従う人は、百人のうちに一人がようやく見出されるほどであるから……。」

「ところで、私たちのうちのだれかが、自分自身について自信はないが、教えを受けることができることを示すなら、主は、私たちにむなしい努力をさせておかれるのではなく、天使たちが、私たちを教えるために天から下ってくる。けれども、(エチオピヤの)宦官の例によると、聖書の理解のために、主が私たちの前に置かれるすべての助けになるものを、私たちは用いなければならない。狂信者たちは、天からの霊感を求め、同時に神のしもべを軽蔑する。しかし、彼らは、この人の手で治められるべきだったのである。他の人々は自分自身の鋭い洞察力にたよって、だれのいうことも聞こうとせず、どんな注解書も読もうとしない。しかし、神は、ご自分が私たちのために定められた補助手段が軽蔑されることを望まれないし、それを軽蔑することを罰しないではおかれない。また、聖書だけが与えられているのではなく、そのほかに注解者と教師も私たちを助けるために与えられていることを、心に留めなければならない。主が、宦官のために、天使よりはむしろピリポを選ばれたのはこのためである」（オリバー・ボイド版、使徒の働き八・三一の注解、二四七頁）。

言うまでもなく、過去、現在を問わず、人間の教師に、絶対誤りのない人は一人もいない。またキリストは、どんな教師にでも奴隷のように従うことは禁じておられる（マタ二三8―10）。究極的には、神ご自身が私たちの教師である。理想的に言えば、私たちはみな「神によって教えられた」（イザ五四13、ヨハ六45、Ⅰテサ四9）と言われてよい。事実、原則として、私たちすべてに与えられている使徒のことばと油注がれた御霊のために、私たちは「だれからも教えを受ける必要がない」（Ⅰヨハ二15―27）。個人の判断の権利が、私たちから奪い去られることがあってはならない。時々、聖書のはっきりとした意味に忠実なために、教会の教師と意見を異にして、（へりくだった態度でありたいが）次のように言わなければならないことさえある。

「私は私のすべての師よりも悟りがあります。それはあなたのさとしが私の思いだからです」（詩一一九99）。

それにもかかわらず、繰り返して言わなければならないが、神は教会の中に教師を定められたのである。尊敬と謙遜、熱心をもって彼らに耳を傾け、彼らが忠実に解き明かすとき、そのくちびるを通して神のみことばの養いを受け、同時に自分自身で、彼らが語ることが真実かどうかを知るため、「毎日聖書を調べ」(使一七11) ることは、私たちキリスト者の義務である。

私たちは今まで、三人の教師、聖霊、私たち自身、そして教会について語ってきた。私たちは聖霊の照明を受け、私たち自身の理性を用い、また教会の他の人たちの教えに耳を傾けることによって、聖書をよりよく理解するようになる。私は誤解されたくない。聖書と理性と伝承は、私たちが神の真理を知るようになるための、等しく重要な三重の権威であると言っているのでは決してない。いや、聖書だけが書かれた神のことばであり、聖霊はその至高の解釈者なのである。個人の理性と教会の伝承は、聖書の解説と適用を行なう立場にある。しかし、両者とも、神がみことばを通して私たちに語られるとき、神ご自身に従属するものである。

次に、私たちを教える三人の教師のことから転じて、聖書解釈において指標とすべき三つの原則について考えよう。

批評家によって、特に私たちが聖書をどんなに高く評価しているかを知っている人たちによって、よく、「あなたがたは聖書を好きなように解釈することができる」と言われる。その人たちはおそらく、聖書の章句をかって気ままに選んだり解釈したりして、自分たち独特の意見の裏づけとする非キリスト教的、あるいは半キリスト教的諸宗派のことを考えているのであろう。しかし、新約聖書自体が、「神のことばを曲げ」(Ⅱコリ四2)、それを自分の目的に合うように「曲解」(Ⅱペテ三16) する人たちを断罪している。このことで、私たちを責める人たちに向かって、私はいつも次のように答える。「あなたの言われることは全く正しい。あなたは、聖書に自分の好むどんな意味をももたせることができる――非良心的な仕方でいくかぎりはそうである。しかし、あなたが良心的に正直に聖書を扱い、解釈の健全な原則を用いるなら、聖書を操作することなど全くできないことであり、かえって聖書があなたを規制し、方向づけることに気づくであろう。」それでは、解釈の健全な諸原則とはどのようなことなのか。

自然な意味

第一に、私たちは、「自然な」意味を捜さなければならない。私はこれを平易の原則と呼ぶことにする。

私たちキリスト者の基本的な確信の一つは、「神は光であって、神のうちには暗いところが少しもない」(Iヨハ一5)ということである。つまり、光の性質が輝くことであるように、神のご性質はご自身を啓示されることである。ところで、神は、おもに語ることによってご自身を現わされた。それゆえ、神がわからせるために語られたこと、また聖書(神のことばの記録)を、読む者にわかりやすいものにされたことを、私たちは確信してもさしつかえない。というのは、啓示はもっぱら混乱ではなく、平明さを旨としており、わかりにくい神秘的な一連のなぞではなく、容易に理解のできるメッセージであるからである。

この平易の原則は、いま非常に流行している解釈法の根本を突くものである。たとえば、破壊的批判をする急進的キリスト者たちは、聖書の中の小麦をもみがらからもふるい分ける能力があると自称するごく少数の学者だけに真理を知る力を認めようとし、一方、福音的キリスト者たちの中には、気ままな再構成を試みて、聖書を、彼らだけがかぎを持っているはめ絵に変えてしまう人々もいる。こういうゆがみに反対して、私たちは、みことばを語り、保たせる神の目的は、ただただ、普通の人々にみことばを伝達し、彼らを救おうとされたことであると、主張しなければならない。

聖書の中で、すべての事が同じ程度にはっきりと書かれているわけではないことは事実である。このことは次の事実から見ても明らかである。それは敬虔で注意深い聖書の研究者たちで、深く心を用いて聖書の権威に従おうとしている人々は、歴史的なキリスト教の根本的な大原則については一致する面が非常に大きいのであるが、それでもなおある点では意見を異にするという事実のことである。たとえば、次のような問題のことを考えよう。バプテスマは成人の信仰者だけに授けられるべきか、キリスト者の両親を持つ子どもにも授けるべきか。また受洗者は水の中に沈められるべきか、または水は頭に注がれるべきか。教会の教理は(各地域教会は自立しているので)「独立した」ものか、(地域教会はある点で連合しているので)「連結的」なものであるべきか。教会の制度は監督制か、長老制か、あるいは、地域の集会の監督はむしろ専門的な牧師ではない人々によってなされるべきかどうか。神癒（すなわち、医療手段なしで体の病気が即座にいやされること）は、現代の教会でいつでも期待すべきか、時と場合によるのか、それとも全く期待すべきではないのか。また「千年期」（千年間のキリストの統治）は、未来の地上の出来事として、文字どおり理解されるべきなのか、それとも現在の霊的な現実として象徴的に解すべきなのか、ということなどである。

同じように、聖書的なキリスト者たちが、このような問題で意見を異にするとき、どうしたらよいのか。私たちは謙遜に健全な解釈の原則の光によって、自分自身でそれらを再吟味するべきである。また、大人らしく悪意をもたないで、互いにそれらを論じ合うべきである。それでもなお意見が合わないなら、そのように異論のある点は第二義的な意味での重要さを持つと考えて、キリスト者相互の愛と寛容によって互いに尊重し合わなければならない。私たちはまた、信仰の中心的な教理のすべてについてなお同意があることを喜ぶべきである。これらの点では、聖書はわかりやすく、明快で、事実上、自己解釈をしているからである。

神は人間の言語を、ご自分の自己啓示の手段として選ばれた。人間を通して人間に語るのに人間の言葉を使われたのである。その結果、聖書は、神のことばであるという点で他のすべての書物と違っているが、また人間のことばであるという点で他のすべての書物と似ている。聖書は神のものなので、独特であるのだから、他の書物の場合とは違って、聖霊の照明を祈り求めて研究しなければならない。また人間のものなので普通のものなのだから、他のあらゆる本のように、語いや文法や文脈の一般法則に注意して研究しなければならない。（前章で見たように）神はご自分の啓示の代理人（人間）に手荒な扱いをされなかったのなら、その道具（人間の言語）にも無理な変更を加えるようなことはされなかったと言えるからである。

であるから、まじめに聖書を読む者はみな、言語研究の訓練をのがれることはできない。第一にたいせつなのは、原語のヘブル語とギリシャ語の知識であろう。しかし大多数の人々は国語で読むわけだから、その場合には正確な現代語訳が不可欠である。よく用いられている説明ふうな訳は有益で付加的な助けとはなるが、文語、協会訳聖書や新改訳聖書のように入念で学問的な翻訳の代わりとして用いられるものではない。英語では、英改訳（RV）や、米改訂標準訳（RSV）が共に英欽定訳の改訳であるが、おそらく両方とも英語聖書としては最上の翻訳であろう。「今日の英語」版もまた特筆に値する。それはまれに見るほど平易で率直なことばで訳されていながら、また信頼できるからである。聖書語句索引（アナリティカル・コンコーダンス）はまた非常に役に立つ道具である（日本語では教文館の口語訳の語句索引、英語ではヤングやストロングのものがよく使われている）。それは、口語や英語の聖書の本文の用語をグループ別に集めているだけではなく、別にまたそれらを原語のヘブル語やギリシャ語から見て再分類し、その意味を示しているからである。

聖書本文のことばと文を読むときは、まず、一目でわかる本来の意味を見なければならない。チャールズ・オドガーズ卿の書いた、法定の証書や文書の解釈に関して一流の書とされている書が第三にあげている原則は、「ことばは文字どおりの意味にとるべきである」ということである。そこで題材になっていることが別のことを示さないかぎりは、「文書の意味をとる際には、使用されていることばのはっきりした、普通の意味を採用すべきである」と彼は書いている（『行ないと教えの形成』、スウィート・アンド・マックスウェル版、初版一九三九年、四版一九五六年、二七頁）。

不幸なことに、聖書の気まぐれな寓喩化解釈が、しばしばまじめな聖書の解釈の評判を落とす結果を招いた。アレクサンドリヤのフィロンが悪名高い実例であるが、すでにキリスト以前のユダヤの注解者たちが寓意的解釈を盛んに使った。使徒以後の時代のキリスト者の注釈者の一部の者が、同じ戯れに手を染めたのも驚くに足りない。たとえば、たぶん紀元二世紀初頭の外典であるいわゆるバルナバの手紙には、いくつかの乱暴な寓喩化が含まれている。ある個所で著者は、ユダヤ人はひずめの分かれた、食べ物を反すうする動物をみな食べてよいというモーセの規定を引用して、それを次のように説明している。

「主を恐れる人々に結びついていなさい。……瞑想は喜びの仕事であることを知る人々と、主のことばをにれはむ人々とともに……。しかし、なぜひずめが分かれているものが出てくるのだろう。それは正しい人はこの世界を歩き、同時に来るべき聖い世界を求めているからである」

（J・B・ライトフット編『使徒教父』、マクミラン、一八九一年、二七九頁）。

ところで、神のことばを「にれはむ」とは、確かに聖書の瞑想を示すのによいことばであり、また、キリスト者が二つの世界の市民であることも確かである。しかし、これは、モーセが食物を反すうし、ひずめが割れている動物についての規定を書いたとき、心に描いていたことではないことも、同じように確かなことである。

寓喩化派の解釈はさらに、四世紀のアレクサンドリヤのオリゲネスと、中世の教会指導者たちによって推し進められた。聖書をこのような気まぐれな取り扱いから救い出し、平易で率直なことが、いつも巧妙な解釈よりも好ましいことを主張したのは、十六世紀の改革者たちの功績と言わなければならない。カルヴァンは、それをみごとに表現している。

「それで、聖書の真の意味は、本来の、一目で明らかにわかる意味であることを知ろう。そのことを肝に銘じて、断固としてそれを守ろう。講解と称していながら、本来の意味から私たちを迷い出させてしまうものを疑わしいものとして無視するばかりでなく、致命的な堕落として、大胆に退けよう」（ガラテヤ四22注解、ウィリアム・プリングル訳〈カルヴァン翻訳会〉一八九四年、一三六頁）。

聖書の本来の意味を求めることは、文字どおりの意味を求めるのと必ずしも全く同じではない。それは、文字どおりの意味よりもむしろ比喩的な意味が本来の意味であることがあるからである。イエスご自身も聴衆のある者たちの過度の直解主義を責めておられる。ニコデモは、第二の誕生についての主のことばを全く誤解してしまったので、人がもう一度母の胎に入って生まれることができるかどうかを怪しみながら尋ねた。サマリヤの女は、主が下さる生ける、渇きをいやす水は、ヤコブの井戸の中にあると思っていたようである。また、その後、イエスが生けるパンとしてご自身を与えて、人々の飢えを満たすことができると主張されたとき、彼らは、「この人は、どのようにしてその肉を私たちに与えて食べさせることができるのか」（ヨハ六52）と尋ねた。私たちは以上の実例を、いのちのない、がんこな直解主義に陥らないための十分な警告とすべきである。イエスがたとえ話を用いておられたことは明白であったはずである。

主は教えるときに、時には寓話も使われたが、最も多く用いられたのは、たとえ話形式であった。この二つの相違は、寓話はその中で多くの類比が用いられるが、たとえ話は、全体が一つの主要な教えを例証するために語られる日常的な話で、細かい説明が豊富に付け加えられているのは、副次的な教訓を与えるためではなく、劇的な効果のためである。寓話の例は、ヨハネの福音書一〇章の良い羊飼い、一五章のぶどうの木とその枝、マルコの福音書四章の種まく人などである。たとえ話の例は良いサマリヤ人の話である（ルカ一〇29—37）。イエスは、「私の隣人とは、だれのことですか」（ルカ一〇29）という質問に答えて、この話をされ、これから真の隣人愛は人種と宗教の障害を越えることを教えられた。細部にまで教えを押しつけることは正しくない。たとえば、宿屋は教会を表わし、宿屋の主人に与えられたデナリ二つは、二つの聖礼典を表わすというようなことを言ってはならない。そのようなことをするなら、はっきりしたたとえ話を寓話に変えてしまい、それで強盗たち、オリーブ油、ぶどう酒、家畜は何を表わすかという質問が出てくることになろう。

聖書には隠喩が非常に多い。どの隠喩についても、そこでどんな点で類比がなされているかを問うことがぜひ必要である。類似から論じることは避けなければならない。つまり、聖書が定める限度を越えて対応関係を作り出してはならないのである。こうして、神は私たちの父であり、私たちは神の子どもである。父として、神は私たちを生み、私たちを愛し、保護される。神の子どもとして、私たちは神に拠り頼み、神を愛し、神に従わなければならない。しかし、たとえば、神は私たちの天の父であるから、私たちにはまた天の母がなければならない、どんな子どもも母なしに父だけを持つことはできないのだから、という論議は許されない。また私たちは「子どもたち」と呼ばれているから、大人の考えや行動の責任を持たなくても良いと言うことはできない。小さい子どもの謙遜を私たちに命じている同じ聖書が、私たちに、子どものように未熟であってはならないと言っているのである。

聖書のある部分は文字どおり、ある部分は比喩的であるなら、どれがどうなのかをどのようにして見分けるのか。無理のない本来の意味を求めるべきだ、というのがその基本的な答えである。普通は、常識が私たちを導く。特に、著者または話し手の意図が何であるかを自分で問うのが賢明である二つの実例をあげてみよう。

まず、旧約聖書の著者たちは宇宙を、人間の住む場所としての地球と、星がそこからのぞく穴のあいた大きな天蓋《てんがい》のような、人間の頭上の天と、人間の下にあるよみ（死者の住まい）の「三層」構造を考えていたとよく言われる。また、これを文字どおりに場所的に存在すると信じていた。また、たとえば雨が降れば、神が文字どおり「天の窓を開かれた」と思った、と言う。彼らがこういう言語を使っていたことをもちろん否定はしないが、彼らがそれを文字どおりに理解してもらおうと思っていたとかについては、私は深く疑う。詩篇七五篇を見よう。三節で、神は「地……が揺らぐとき」、「地の柱を堅く立てる」方として描かれている。詩篇の作者は、文字どおりに地が土台柱でささえられていると思ったのだろうか。私はそうは思わない。次の節で、神は悪者に「角（富と成功のシンボル）を上げるな」と命じておられ、10節では「悪者どもの角を……切り捨てよう」と書いている。一方、8節では、「主の御手には、杯があり、よく混ぜ合わされた、あわだつぶどう酒（主の怒りのシンボル）がある」と語られている。悪者が文字どおり、角を持ち（やがての日、それは切り取られ）、神はいつか地のすべての悪者の上に注ぎ出す文字どおりあわだつぶどう酒の杯を持っておられると、著者は思っていたのだと主張する用意がないかぎりは、彼が地は文字どおり柱の上に置かれていると思っていたと主張することは、全く意味がないと私には思われる。

もう一つの例を「黙示文学」と呼ばれる特別な型の聖書文学の中から取り上げてみよう。黙示は、現在の事実と未来の歴史の両方の隠れた真理を示すと主張し、普通一連の超自然的な、驚異的なイメージの形をとっている。ヨハネの黙示録はキリストの黙示である。その中で、みくらの回りに集められた、神に贖われた民は、「小羊の血で洗って、白くした」（黙七14）白い衣を着ているると言われている。ところで、このことばを文字どおりにとるなら、むしろ、ぞっとするようなものであろう。また小羊の血で洗われた衣が白くなることはないので、これはありえないことである。まさに、そういうことはないのである。著者は明らかに、目に浮かべるためのイメージとしてではなく、象徴として解釈されるようにこの表現を使っている。神の民の義（彼らの「白い衣」）は、全くキリストの死（「小羊の血」）のおかげであって、彼らはそれに拠り頼んだ（「その衣を……洗っ」た）と私たちは理解すべきである。このように、この場合もまた「本来」比喩として書かれているのであって、文字どおりにとるべきではないのである。

原意

第二に、私たちは、聖書の原意を求めなければならない。これが歴史の原則である。

神は、ご自身をはっきりした歴史的関係の中で啓示することを選ばれたということは、この書の初めのほうで学んだ。神の自己啓示は、あらゆる時代、あらゆる国の、あらゆる人々に向けられているが、その各部分は、まず最初に特定の国の、特定の時代の、特定の人々に向けられていた。それゆえ、聖書の永遠で普遍的なメッセージは、それが最初に与えられたときの状況に照らして初めて理解することができる。後世の概念をあてはめて聖書を読むと、大きなあやまちに陥ることは明白である。チャールズ・シメオンが自分の説教の理想について、述べているとおりである。

「私は、聖書からそこにあるものを明らかにするように努め、そこにあるかもしれないと自分が思うものを、押しつけないようにしています。私はこのことに責任を感じて、きびしく気を配っています。解き明かしている個所で、御霊の心と私が信じるよりも多くも少なくも語るまいと努めています」（傍点はシメオンのもの。この引用句は、彼の書の出版をしたホルズワース氏への手紙〈日付なし、ただし一八三二年と思われる〉からのものである。手紙は『チャールズ・シメオン牧師の生涯の追憶』〈ウィリアム・カラス編、ハッチャード、一八四七年、二版、七〇三頁〉にある）。

そこで、聖書を読むとき、私たちは次のことを自問し続けなければならない。著者はこれによって何を伝えるつもりだったのか。実際に何を主張しているのか。最初に聞いた人たちは、著者がそれをどんな意味で言ったと理解したのだろうか。この研究法は、一般に「文法的、歴史的」解釈法として知られている。J・グレシャム・メイチェンの次の説明はすぐれている。

「聖書解釈における、科学的、歴史的方法は、聖書の著者に自分自身で語らせることを要求する。一世代ぐらい前に、科学的方法のその特色は権威ある原理にまで高められ、長い名称をかぶせられ、尊ばれた。それは、『文法的、歴史的釈義』と呼ばれた。この方法の基本的概念は、現代の研究者は、自分が言ったこと、あるいは聖書の著者に言わせたかったことと、聖書の著者が実際に語ったこととをはっきりと区別すべきだということである」(『信仰とは何か』グレシャム・メイチェン。初版は一九二五年。ホッダー版〈日付なし〉二四頁)。

著者の心と時代に私たち自身を連れ戻し、あたかも最初の読者の一人のように、彼のことばに耳を傾けようと試みるとき、私たちは、彼が書いた状況、文体、言語を特に考慮する必要がある。

第一に、状況。文学的、歴史的批評の正しい役割は、問題の聖書の書の舞台装置を再現することである。だれがだれにそれを書いたのか。どんな状況で。どのような理由で。たとえば、私たちがもし、イスラエルの歴史の中に預言者たちを正しく位置づけることができるなら、あふれるほどの光が旧約聖書の預言者の書に投げかけられる。新約聖書の手紙や使徒の働きの中で、ルカが語る初代教会の物語、特にパウロの伝道旅行についても同じことが言える。たとえば、ピリピ人へのパウロの手紙は、一方で、ローマで自宅監禁中(あるいはことによるとエペソで)の著者を、他方では、最初の読者の中にいたルデヤと看守と女奴隷(彼らの回心は使徒の働き一六章に記されている)を心に描くことができるなら、はるかに人間らしい文書となる。

パウロとヤコブの手紙の歴史的な背景について、注意深く考えていたなら、ルターがそれらを相いれないものと考えたり、ヤコブの手紙を「麦わら」でできたなどとさげすむことを防げたであろう。パウロが、人が「義と認められるのは、律法の行ないによるのではなく、信仰による」(ロマ三28、四1―3)と主張して、その実例としてアブラハムをあげていること、それに対し、ヤコブは、人が「行ないによって義と認められるのであって、信仰だけによるのではない」(ヤコ二21―24)と主張し、彼もまたその例としてアブラハムを引いていることは事実である。しかし彼らの立場は、互いに相いれないものではない。パウロは、行ないによる救いを信じていた律法主義者に向かって言っており、ヤコブは、正統主義による救いを信じていた信心家に語っていたのであって、二人ともに、救いは信仰によること、救いをもたらす信仰は良い行ないによって実体的になることを信じていた。けれども、パウロが行ないに現われる信仰を強調し、ヤコブが信仰から出る行ないを強調したことは、それぞれの置かれた状況においては当然なことであった。

第二に、文体。聖書の各書の文学形式に留意するのはたいせつなことである。散文か、詩か、歴史叙述か、知恵の文学か。劇か、手紙か。あるいは「福音書」と呼ばれる、とりわけキリスト教的な形式、つまりイエスをあかしするみことばと行ないの集録かどうか。私たちが、読むものをどう解釈するか、少なくともそれを文字どおりにとるか、比喩としてとるかは、その形式と文体に大きく左右される。

第三に、言語。人間のすべての言語は生きていて、変化するものである。ことばの意味は時代が移り、文化が変わるにつれて変化する。私たちは聖書の中で「愛」ということばを読み、すぐにその意味がわかったと思うことはできない。ギリシヤ語の新約聖書では、英語でみな「ラブ」と訳されている四つの異なったことばが使われている。しかし、その四つのことばはそれぞれ独自の意味を持っている。その中の一つのことばだけが、キリスト者の言う愛の意味を表わしており、それは、二十世紀の大衆雑誌で使われている「性愛」とは全くかけ離れた、正反対のものである。

何世紀もの間、学者たちは、新約聖書のギリシヤ語がどのような種類のものかわかりかねていた。それは古典ギリシヤ語でも、現代ギリシヤ語でもなかった。ある者は、それを聖書を書くために特別に作られたものだと考え、それを「聖霊語」とさえ呼んだ。しかし、前世紀の終わりごろ、考古学者たちが、エジプトの乾いた砂地の中に、大量の古代パピルスの巻き物を発見し始めた。それらはほとんどが非宗教的な、文学でもない文書であった。その多くは、公記録保管所の紙くずかごから出てきたもので、その地域のごみの集積場に捨てられていたものであった。そして、そのギリシヤ語（コイネー、すなわち日常使う言語）は、新約聖書のそれとほとんど同じであることがわかった。そこで、今は、新約聖書のギリシヤ語の意味は、古代ギリシヤ語やヘブルの思想の背景ばかりでなく、当時の非宗教語という背景の前で決めなければならないのである。

そのうちの一つだけを例としてあげよう。

テサロニケ人への二つの手紙の中で、パウロはある人々のことを数回「アタクトス」だと言っている。古代ギリシヤ語では、このことばは、一般に混乱した軍の隊列を乱した兵士たちについて使われた。それを欽定訳は「無秩序の」と訳しており、それでテサロニケ教会の中に、ある種の規律を守らないグループがあったとされている。しかし、二、三の年期奉公の契約書がパピルスの中に発見され、それには、もし少年が仕事をなまけたり、年休を超過したら、その失った時間の埋め合わせをするという約束が含まれていた。その仕事をなまけるということばが「アタクトス」か、あるいはその同種の動詞なのである。そこで、RSVはそれを「無秩序に」ではなく「なまける」と訳した。主の再臨が迫っていると信じたテサロニケのあるキリスト者たちは、仕事をなまけていた。パウロは、こういう怠惰なキリスト者に向かって、自分自身の仕事に心を用い、自分の手で働き、自分の生活の資をかせぐように命じ、さらに、「働きたくない者は食べるな」と言っているのである（Ⅰテサ四11、五14、Ⅱテサ三6—12）。

聖書解釈のこの第二の原則を終える前に、もう一つの問題を持ち出さなければならない。神の啓示は、特定の歴史的、地理的状況の中で与えられたのであるから、特定な文化的位置づけを持っていたわけである。そして聖書のある教えの背景をなしている社会習慣は、今日のそれとは全く異質なものである。それなら、それが文化的に時代に遅れたからといって、その教えを拒むべきだろうか。それとも、反対の極端に走って、教えにもその背景にも、同じ永遠の有効性を与えようとするべきであろうか。これらのどれもが、ジレンマからのがれるための正しい道であるようには思われない。第三の、よりよい道は、永遠に守るべきものとしての聖書の教えそのものを受け入れ、それを現代文化のことばに翻訳することである。そういうわけで、イエスは弟子たちに、へりくだって互いに仕え合う愛のしるしとしてお互いの足を洗うように命じ（ヨハ一三12―17）、使徒パウロとペテロは、読者に、いっしょに集まった時には聖なる口づけ（ローマ一六16、Ⅱコリ一三12、Ⅰテサ五26、Ⅰペテ五14）か、愛の口づけをして互いにあいさつするよう命じた。私たちはこれらの命令を拒むことはできないが、また、それらの文字を杓子定規にとって従うべきでもない。というのは、現代では（少なくとも西欧では）、サンダルでほこりっぽい道を歩くことはないので、足を洗ってもらう必要はないわけだからである。また人前で、みんなにキスして回る習慣もない。それでも、私たちは、外側の形は違っても、ほかの謙遜な奉仕によってキリストの命令に従うことができるし、またそうしなければならない。またJ・B・フィリップが平和の口づけをうまく意訳しているように、「握手して回ること」によって、使徒の命令にも従うことができる。このような文化的な転換の目的は、服従を避けるためではなく、むしろ、それを守るためのものであることをはっきりさせておくべきであろう。

永遠に有効なものと特定の時代の文化を示すものとの間の緊張関係を示す最もむずかしい実例

は、婦人の身分、行動、衣服に関するものである。私たちは詳細な聖書の要求のすべてを守っていくか、あるいは——次第に大きくなっていく「ウーマン・リブ」（婦人解放）運動の声に従って——それを放棄すべきなのだろうか。ここでもまた、もっと賢明な中道があるように思われる。パウロがコリント人への手紙第一、一一章の半分を当てている婦人のベールの問題を考えてみよう。人前で婦人が頭にかぶり物をしないで祈ったり、預言したりすることは、不名誉で恥ずかしいことでさえある、と彼は主張する。彼はその教えを支持するのに、理性、自然、教会の習慣、自分の使徒としての権威に訴えている。私たちはこれをどう考えたらよいのか。おそらく、婦人が教会で帽子をかぶれば使徒の要求は満たされると考えるのが最もふつうの、しかし浅薄な反応の仕方であろう。しかし東洋のベールと西洋の帽子とは、神学的にも、文化的にも全く違っている。パウロの議論の決定的な点の一つが10節に出ている。そこで、「頭にベールをかぶる」（RSV）婦人の義務のことが言われているが、彼は実際には、婦人は「権威」（RSV）をかぶるべきだと書いているのである。これが中心点である。当時、婦人がかぶったベールは、彼女をおおっている夫の権威のシンボルであった。今日、婦人の帽子はこの意味を持たないばかりか、現代の流行のあるものは、正反対——服従ではなく、解放——を象徴しているように見える。パウロの教えの中で永遠に有効なことは夫の権威である。彼はその根拠を、創造に関する不変の神学的真理においているのである。私たちは、神が男性に与えられた権威を婦人が受け入れることを示す他の社会的習慣を見出さなければならない。

さらに、夫の「権威」をどう解釈するかにも十分気をつけなければならない。このことばは、決して権威主義と同義語ではないし、また、男性の「優越」を表わしたり、女性の「劣等」を表わすものとして受け取られてはならない。というのは、――時代に何世紀も先がけて――パウロは力をこめて、キリストにあっては「男子も女子もありません」(ガラ三28)と宣言しているからである。彼はまた、結婚における夫と妻との関係と、神における父と御子との関係との間に深い類似を見ている(Iコリ一一3)。これは、御父がキリストの上であられることが、父、御子の同等であることと矛盾しないのと同様に、夫が妻の上であることが、両者の平等であることと矛盾しないことを示している。たぶん夫の権威は、独裁的なものとしてよりは、責任上のこと、すなわち愛する者の配慮の責任と考えるべきであろう。

全体としての意味

第三に、私たちは、聖書の「全体としての」意味を求めなければならない。これは調和の原則である。

人間的な見方からすると、聖書は幅広い種類の寄稿家の論集である。けれども神の見方からすると、聖書全体は一つの心から発している。それは、神のみこころを表現している神のことばであり、それで、有機的な一体をなしている。こういうわけで、私たちは神が語られたということも、語られた神のことばには矛盾がないということも確信して、聖書に近づかなければならない。

チャールズ・オドガーズ卿は、前出の本の中で、法文書の解釈のための第七の原則として、「証文は、全体としての意味をとらなければならない」と言っている。さらに続けて言う。「証書は、どの特定の部分または表現の意味を引き出すためにも、全体として読まれ、解釈されなければならない。……証書のあらゆる部分は他の部分と比較すべきであり、そこから、一つの全体の意味をとるべきである。……そのあらゆる部分がそうできるなら、全体から一つの一様な一貫した意味がとられるように生かされなければならない。……各文節のことばは、証書の他の条項と調和させるように解釈しなければならない。ただし、それはその解釈が当然そのようにとることのできる意味を無理に変えることがないかぎりにおいてである」(同書三九頁)。

法文書の場合と同じように聖書の文の場合も、私たちは一見食い違いと見られるところが解消されて、聖書を一つの調和した全体として解釈するように努めるべきである。これによって、聖書によって聖書を解釈し、特に明白なところによって、はっきりしないところを解釈するようになるのであって、「聖書の一個所を、それが別のところと矛盾する解き方をする」ようなことはなくなるのである(英国国教会の三十九個条の第二十条「教会の権威について」)。

これは、ジョン・ノックスがスコットランドのメアリ女王に対して論じたことである。一五六一年にエディンバラで女王と個人的な討論をしたとき、彼は、ローマ教会（女王はその教会を神の真の教会として守ると言ったのだが）は、使徒たちによって教えられた純粋なキリスト教から堕落してしまったと主張した。彼がさらに女王自身は教皇と枢機卿によって許可された人たち以外の教師の話を聞いたことがないので、正しい知識をわずかしか持っていないと言った。これに対して女王は言った。

「あなたは そういうふうに聖書を解釈し、彼らは別なふうに解釈する。私はだれを信じたらよいのか。だれがさばくのか。」

ジョン・ノックスは答えた。

「神をお信じください。みことばで わかりやすく語られます。また、みことばがあなたを教える以上に、あなたはだれかを信じないでください。神のみことばはそれ自体でわかりやすいのです。そして、一個所に何かはっきりしないことが出ても、ご自身に決して矛盾のない聖霊が、それを他の個所でもっとはっきりと説明されます」（この論議はジョン・ノックスの「スコットランド教会の改革の歴史」の第四篇の初めのところに記録されている。未完の初版は一五八七年。最初の完全な版一六四四年の三一四頁）。

それゆえ、聖書の文はみな二重の前後関係、つまり歴史の中の前後関係と聖書の中での前後関係を持っていると言ってよい。歴史の中での前後関係は、それが書かれた状況である。聖書の中での前後関係は、その書かれてある場所のことである。そこで、聖書本文は、それぞれの歴史的また聖書的背景の両方に照らして理解されなければならない。これらは、それぞれ、解釈の第二、第三の原則で、歴史の原則と調和の原則である。

さらに、すべての聖書の文の聖書の中での前後関係に直接的な文脈（それが置かれている文段、章、書）と遠い文脈（聖書の啓示全体）の両方がある。

直接的な文脈は、比較的はっきりしている。聖書の文をその文脈から無理にはずしてしまうことは許すことのできない誤りであって、そういうことをした教師たちについての恐ろしい話は少なくない。罪を犯して悔い改めない人々をこらしめるべき地域教会の責任についての教えの中で、イエスは、「教会の言うことさえも聞こうとしないなら、彼を異邦人……のように扱いなさい」と言われた（マタ一八17）。つまり、破門せよと言われたのである。ところが、英国国教会のカトリック（公同）的権威を回復しようと試みたオックスフォード運動の間、その追従者たちが、あまりにもしばしば、「教会の言うことを聞く」というこの短いことばについて説教したので、ワトリイ大監督に、「教会の言うことさえも聞こうとしないなら、彼らを……扱いなさい」という同じような省略したことばに基づく説教で言い返しをさせる結果を招いた。

真の文脈上の意味とは何の関係もない、このようなことばの組み合わせを利用するごまかしは、めったにないとも言えるほど乱暴なことである。それなのに、(そのようなことはよりよく知っていなければならない)世界教会会議が一九六七年のウプサラでの第四回会議の主題聖句として、黙示録二一5の神の偉大なみことば「見よ。わたしは、すべてを新しくする」を選んだことで、私はひどく不安を感じた。文意は、神が新天新地を造られ、終わりの時にしようとしておられることを指すものであるのに、彼らは、それを正当化できる何の根拠もなしに、今日の政治的、革命的運動に当てはめるようなことをしたからである。

聖書を全体として見、全体の光によってそれぞれの文を読むことを覚えることは、ある意味でさらに重要なことでさえある。それはどういうことか、いくつかの例をあげてみよう。

三章で、創世記の初めの数章についてもっと書くことを約束したのを覚えておられると思う。これらの章は、聖書の他の部分から切り離して扱わせると、特に誤解を招きやすい。私自身は、アダムとエバの史的確実性を受け入れるが、いのちの木やへびが精確にどのような性質のものだったか、細かな点についてはわからないことがあるという立場をとっている。しかし、これは気まぐれでも矛盾でもない。二つとも聖書的な理由があるからである。アダムとエバが文字通り人間であったことは、ローマ人への手紙五12―21から明らかのようである。その個所でパウロは、それによって罪と死が世界に入ったアダムの不従順と、救いといのちを確保したキリストの服従とを慎重に対比している。アダムの不従順な行ないが、キリストの従順な行ないと同じように歴史上の出来事でなかったら、その類似は無意味である。しかし、へびといのちの木については、両方とも黙示録に再び出てくるが、そこでは、明らかに象徴的なもので、へびはサタンを表わし、木は永遠のいのちを表わしている。そこで私には、アダムとエバが歴史的人物であることを信じる聖書的（新約聖書）根拠があるが、また、物語の中のへびと木は、ある意味で比喩的に書かれていると考える同様な聖書的根拠がある。

私は、ケンブリッジの学生であったときに、十誡が神の指によって石の板に書かれたと書いてある節にかなり困惑させられたことを今も覚えている（出三一18）。これを文字通りに信じることが私に要求されているのだろうか。神の指がほんとうに現われ、どういう方法で、ヘブル文字を石に刻んだのだろうか。確かにそれは不可能ではない。「人間の手の指が現われ、王の宮殿の塗り壁……に物を書いた」事実が、ベルシャッツァル王に危急の運命を告げられたときに現われたからである（ダニ五5 24―28）。しかし、今日、神の指が律法を書いたことについての陳述を、そのまま受け取らなければならないということには確信が持てない。というのは、聖書をもっと十分に読み、神の指についての他の言及を見たが、そのどれもが象徴的なものだったからである。ダビデは、天を神の指のわざとして語った（詩八3）。また、人間と獣にぶよの災難が襲ったあと、エジプトの呪法師たちは、パロに、「これは神の指です」と言い（出八19）、イエスは悪霊どもを追い出し始めてから、「神の指によって」そうすると宣言された（ルカ一一20）。そこで、律法が書かれたときも、神の指についての言及が、これらの他の言及と比較できるなら、「神の指」は創造（天）であれ、啓示（律法）であれ、さばき（災難）であれ、救い（悪霊どもの追放）であれ、そこでの神の直接の介入を表わす聖書的比喩であるように思われる。このような解釈は調和の原則と一致している。

どんな主題についての聖書の教えでも、その一つ一つの部分を考えるに当たって、全体に照らして考えることが大切であることを示すもう一つの例は、キリストの再臨である。都合のよい聖句だけを選んで教理を組み立てることは、やさしい（が危険な）ことである。ある個所では、キリストの再臨は、個人的な、目に見えるものであること、事実、「天に上って行かれるのをあなたがたが見たときと同じ有様で、またおいでになります」と書いてある（使一11）。しかし、この聖句を、再臨は、昇天の逆の状態でフィルムを反対に回すように、まさしく天に上られたオリーブ山の地点に、足を着けられるだろうという意味にしぼって考える前に、主はある特定の地方に再臨されると言いたがっている人々に反対して、イエスが言われたことを考えてみる必要がある。

「いなずまが、ひらめいて、天の端から天の端へと輝くように、人の子は、人の子の日には、ちょうどそのようであるからです」（ルカ一七24。マタ二四27参照）。

聖書全体に忠実でありたいと心を砕いている真に聖書的なキリスト者は、これら両方の種類の教えを同じように正しく扱いたいと願うであろう。主の来臨は、事実、個人的な、歴史的な目に見えることであろうが、また、それは、いなずまのように普遍的なことで、「力と大いなる栄光のうちに」行なわれ、地球の上に住む全人類が同時に気づくたいへんな事件でもある。

聖書を全体としてみることが必要であることを示す最後の例として、モーセの律法と預言の成就について少し述べたい。これは、新約、旧約両聖書の関係と、したがって漸進的な啓示の問題に光を投じることになる。調和の原則は、神の、ご自身とそのみこころについての啓示の前進があったことを否定するものではない。むしろ、漸進とは誤りから真理へ進むのではなく、真理からさらに多くの真理へ進むものであることを強調するのである。

モーセの律法を例にとってみよう。旧約、新約両聖書で、モーセの律法は神の律法であると認められている。モーセは、神が彼を通してその民に律法を与えられた仲介者にすぎなかった。しかし、律法の起源が神にあるために、なおそれがキリスト者たちを永久に拘束しているということになるのだろうか。そうではない。というのは、モーセの律法は、道徳的教え、儀式規定、公民法から成る複合した法典であったからである。新約聖書では、儀式規定はもうすたれたとはっきり教えている。キリストによって、神殿、祭司、ささげ物は成就され、食べ物のおきては廃止された（ヘブ八5、九24、一〇1とマルセ19の編集者のことばの中での「写し」と「影」の用例を考えよ）。モーセの公民法は、今もなお、神の義と公正とを示すものとして重要性があるが、教会も国家もそれを立法化し、強制する義務はない。それにはいくつかの理由がある。一つには、モーセの公民法は、贖罪によって神のものとされた一民族のために作られたものである。彼らは、国家であるとともに一つの教会であった。それに反して、今日、どのような教会も国家ではなく、また国家も教会ではない。もう一つには、最初は遊牧民であり、次に農業社会を形成した民の非常の場合に適したものであったものである。しかし、モーセの道徳律法は廃止されてはいない。それどころか、それは今でも有効である。キリストは、その律法の正しい要求が、私たちのうちに成就されるために死なれた。そして、聖霊は神の律法を私たちの心に記される（ローマ八3 4、エレ三一33。Ⅱコリ三6―8参照）。英国国教会の三十九個条の第七項は、この区別を上手に要約している。

「律法は、儀礼や儀式に関するものとして、モーセにより神から与えられたが、キリスト者を縛るものでもなく、またその市民生活のための教えは、いかなる国家においても、当然受け入れられなければならないということはない。それでもなお、だれでもキリスト者は、道徳律法と呼ばれるおきてに従うことを免れるものではない。」

次に律法から預言に移ろう。新約聖書の著者たちは、旧約聖書を通して預言された「終わりの日」は、キリストとともに訪れたということ、また、キリストの中に、またその民のうちに、神の大きな約束は成就されたことを強く確信していた。パウロは、アグリッパ王の前で次のように主張をすることさえできた。

「私は……立って、小さい者にも大きい者にもあかしをしているのです。そして、預言者たちやモーセが、後に起こるはずだと語ったこと以外は何も話しませんでした」(使二六22)。イスラエルの未来についての旧約聖書の約束が、文字通りに成就されるものと期待すべきかどうか。また、イスラエルが聖地に居住している現代の状態は、少なくとも預言の部分的な成就かどうかについて、聖書的なキリスト者の間にもいくらかの意見の相違がある。確かに、神はユダヤ人に対してすばらしい未来を約束しておられるが、パウロはそれを、切り取られてしまったもとの枝が、もとのオリーブの木につぎ戻されるという比喩で説明している(ロマ一一13—27)。しかし、新約聖書には、ユダヤ人の約束の国への文字通りの帰還については、何も語られていない。新約聖書で圧倒的に強調されていることは、キリスト教会が、今や「神のイスラエル」(ガラ六16)、真の「割礼の者」(ピリ三3)、「選ばれた種族、王である祭司、聖なる国民、神の所有とされた民」(Iペテ二9)であり、アブラハムに対する子孫と土地に関する神の大きな約束は、キリストと教会のうちに霊的に成就されるということである。

「ですから、信仰による人々こそアブラハムの子孫だと知りなさい。……信仰による人々が、信仰の人アブラハムとともに、祝福を受けるのです」(ガラ三7 9)。

「キリストは、私たちのために のろわれたものとなって、私たちを律法ののろいから贖い出してくださいました。……このことは、アブラハムへの祝福が、キリスト・イエスによって異邦人に及ぶためであり、その結果、私たちが信仰によって約束の御霊を受けるためなのです」(ガラ三13 14)。

「もしあなたがたがキリストのものであれば、それによってアブラハムの子孫であり、約束による相続人なのです」(ガラ三29)。

もっと正確に言うなら、旧約聖書の預言の成就には、普通三段階がある。第一に、直接の、または文字通りの成就が来る。私たちがいま生きている第二段階は、福音すなわち霊的な成就である。やがての日、第三段階が来る。それは、最終的な天での成就である。アブラハムに対する数えきれないほどの子孫の約束は、歴史的にはイスラエルの子らにおいて成就した(民二三10、I列四20)。また、今日、キリストの民のうちに成就されており、そして神の御座の回りの「だれにも数えきれぬほどの大ぜいの群衆」となって、天において成就される。あるいはまた、旧約聖書の預言者たちは、神殿の再建を預言したが、ゼルバベルのもとで、その直接の文字通りの再建が行なわれた。けれども、今日、「この方にあって……聖なる宮……御霊によって神の御住まいとなる」(エペ二21 22)のは、キリストの教会である(Iコリ三16参照。ヤコブが、教会の中に異邦人の含まれたのは、アモスによるダビデの住まいの廃墟を再建するという預言の実現と見たことをも考えよ。使一五13―18、アモ九11 12)。また、こうして、一人一人のキリスト者もまた聖霊の宮である(Iコリ六19

20)。しかし、新しい天のエルサレムでは、神の民の中に永遠に宿られる「万物の支配者である、神であられる主と、小羊とが都の神殿だから」独立した神殿はないことになる（黙二一3 22）。

＊　＊　＊

終わりに、今まで考えて来た聖書解釈の三原則が、独断的なものではないことを強調したいと思う。これらの原則は、書かれた神のことばとしての聖書それ自体の性格から引き出されたものである。

神はその啓示を、普通の人間に対する、分かりやすい、容易に理解できるコミュニケーションにしようと思われたと私たちは信じるので、その自然な意味を求める。

神はみことばを、それを最初に用いた人々に向けて語られたこと、また後世の人々は、それを歴史的に理解する限り受け入れることができると信じるので、私たちは、それが最初語られたときの意味を求める。私たちは、最初の聞き手たちよりももっと完全にみことばを理解することもありうる（たとえば、キリストについての預言）。しかし、本質的には違いはありえない。

神は自己矛盾のない方であり、その啓示も首尾一貫していると信じるので、私たちは全体としての意味を求める。

このように、私たちの、平易、歴史、調和の三原則は、一つには神のご性質から、一つには、人間に対する神からの、平易で、歴史的で、一貫性のあるコミュニケーションとしての聖書の性質から生じている。それゆえ、これらの原則にしたがって、私たちの聖書の見方と一致するように聖書を扱う重大な責任が私たちにあるのである。

8　聖書の使い方

私たちキリスト者の信仰の根底には、神はすでに死んで沈黙しておられるのではなく、今も生きて語っておられるという確信がある。神は明白な歴史的・地理的背景をもって明白なことばを語られ、またその語られたことが書かれるようにされた。またすでに見たように、聖書の権威を受け入れるのに十分な根拠もあるし、聖書を解釈するときの健全な原則がある。

では、どういうことになるのだろうか。なぜ時間をかけてこれらのことを学んできたのか。それはただ神がすでに語られたことばを通して今も語っておられるという理由によるのである。何十世紀も前に神が語られたことが、現代の私たちにとって重要な意義を持っているからである。聖書は博物館に陳列されるのがふさわしいような古代の遺物ではない。むしろ私たちの足の「ともしび」、道の「光」である（詩一一九105。Ⅱペテ一19参照）。神のみことばは現代の複雑な社会生活を送る私たちの相談相手である（詩一一九24 30）。神のみことばは、わきまえのない者に知恵と判断力を与える（詩一一九7）。

しかし、私たちが聖書からどんな益を受けるかは、私たちの聖書の用い方にかかっており、神の教えに対して私たちがどう答えるかによる。聖書の記録自体の中で、神の民が神のみことばを無視し続けたことを、神は繰り返し責めておられる。神の使者はイスラエルの民に繰り返して警告しなければならなかった。

「きょう、もし御声を聞くなら……あなたがたの心をかたくなにしてはならない」（詩九五7 8）。

神のみことばに対しては、究極的には二つの態度、すなわち受け入れるか拒否するかしかない。神のみことばを受け入れる者のことが生き生きとした比喩で表わされている。彼らは神のことばに「おののく者」（イザ六六2 5、エズ九4）だとされている。偉大な神ご自身のことばだからである。また彼らはみことばを純金のようにたいせつにし、蜜のように好む（詩一九10、一一九103 127）。大きな獲物を見つけた者のようにみことばを喜び、生まれたばかりの乳飲み子のように、みことばを慕い求める（詩一一九162、Ⅰペテ二2）。その反対にみことばを拒否する者は、神のみことばを「聞かず、耳も傾けず、うなじのこわい者」となり、「おのおの悪いかたくなな心のままに行なう」と言われている（エレ一七23、一八12、一九15参照）。エホヤキム王はそれらの最も悪らつな例としてあげられる。彼はエレミヤを通して与えられた神のみことばが読まれたとき、その巻き物を小刀で切り裂き、全体を暖炉の火で焼き尽くしてしまった（エレ三六21―23）。

主イエスは同じようにその教えに対する人々の態度について警告をされた。種蒔きのたとえの中で、種が蒔かれる土地は、神のみことばに対する人々のいろいろな反応を実例で示すためのものであった。主は、私たちが主の語られたことばによって、最後の日にさばかれることをきびしく言明しておられる（ヨハ一二47 48）。私たちはそれぞれ、何かの土台の上に生活を築いている。苦難やさばきのあらしの後も生き残ることができる岩の上に家を築く者とは（マタ七24―27）、主の教えに耳を傾け、それを実行する者である。

まず、みことばに耳を傾けるのには時間が必要である。私たちは、神が語られた事実、神のみことばが聖書に記述されている事実、聖書を読むことによって私たちに対する神の御声を聞くことができる事実をほんとうに信じているだろうか。もし信じているなら、神のみことばに耳を傾けることをいやな義務だと思わず、むしろ二十世紀の今日の多忙さに反抗して、人々が忘れてしまったみことばを黙想する時間を回復しようと努力するべきである。現代の教会が必要としているのは、表面的な散漫な聖書知識ではなく、主の勧めに心を向けることである。

「このことばを、しっかりと耳に入れておきなさい」（ルカ九44）。

みことばをしっかり耳に入れるための近道のようなものはない。多忙でも計画的にそのための時間を作って、聖書を繰り返し繰り返し黙想するよりほかかない。そうするとついにはみことばが私たちの心の中にしみ込み、私たちの考え方や行動のすべてを規制するようになる。このように主のみことばを「昼も夜も」黙想する者を、神は「幸いである」と言われる（詩一1 2、一一九97、ヨシ一8）。

聖書を読む唯一の近道というものはないが、また、きびしい鉄則のようなものもない。たとえば、毎日の「静思の時」を朝起きてすぐと、夜眠る直前に持つようにする人々は多いが、絶対にそのとおりにしなければならないのではない。早朝と就寝前の静思の時を通して、昔から確かに多くのキリスト者がすばらしい祝福を受けてきた。私自身も古風かもしれないが、それが全く貴重な規律だという確信を失わないでいる。しかしこれも一つの伝統にすぎないし、聖書にそうしなさいと書いてあるわけでもない。だから神の十誡に加えて第十一誡とすることは許されない。また印刷技術の発達によって安価な聖書がだれの手にでも入るようになる以前は、そのような習慣は全然なかった。毎日の静思の時はキリスト者が絶対守らなければならないおきてだとすれば、紀元十五世紀ごろまでの何百万というキリスト者はすべて失格してしまうことになる。

一日の初めに聖書のことばを黙想し、短い時間でも祈る習慣をつけることによって、その日の責任を果たし、誘惑に立ち向かう心の準備をするという大きな意義がある。武器を持たずに戦いの中に飛び込むのは少なくとも賢明ではない。しかし朝食の準備をし、夫を会社へ、子どもたちを学校へ送り出さなければならない主婦たちは、朝の多忙をきわめる時がすんでから神との交わりの時を持つかもしれないし、早朝出勤しなければならない人々は昼休みに時間を取るほうがよいと思うかもしれない。

毎日の生活がどんなに多忙であっても、だんだんと週五日制労働が採用されてきているので、そういう人は週末にはみことばに親しむ時間をもっと長く取れるはずである。日曜の午後はそのために確かによい時間であろうし、聖書には日曜日に二回教会に出席しなければならないとは書かれていないので、日曜の夜さえもそのよい機会にすることができよう。また月曜から金曜まで食事の時間がまちまちで家族の祈りの時がとれない場合も、週末には家族の全員がそろって、どんな形でもともに神を礼拝することができるはずである。

個人や家族で聖書を学ぶことともに、グループ聖書研究もみことばに耳を傾けるすばらしい方法である。教会で組織された聖書研究グループ、学内でのグループ、家庭集会での聖書研究や、特に教会での聖書講解によって恵まれた学びができる。今日のキリスト者はもっと真剣に聖書を学ぶ必要がある。牧師の説教を責めるのはたやすいことであるが、会衆の側がそういう説教しか望んでいない場合が多いのである。神はエレミヤに言われた。

「恐怖と、戦慄が、この国のうちにある。預言者は偽りの預言をし、祭司は自分かってに治め、わたしの民はそれを愛している」（エレ五30 31）。

牧師の説教に対する会衆の責任は、会衆が気がついているよりずっと大きい。会衆のほうから、牧師に聖書の解き明かしを要請すべきである。また私たちは、神のみことばを受け入れやすい心と期待とをもって礼拝に出席し、自分の聖書を持参し、神が聖書朗読や説教を通して何を教えようとしておられるか、飢えかわきをもって教会に集まるべきである。神の教えを記憶にとどめるために中心聖句をカードに書き留め、一週間そのみことばを黙想するのもよいだろう。私たちが出席している教会で聖書の解き明かしが聞けない場合、幸いなことに今ではカセット・テープを用いてほかの聖書教師の話を、個人的にまたは集まって聞く機会をつくることができる。私たちがどのように聖書の教えを受けるかは問題でない。何かの方法、何かの時間に、とにかく規則的にみことばを聞き、たましいのかてを得ることがたいせつである。

しかし、みことばを通して神の御声を聞くことは、キリスト者のなすべき第一段階にすぎない。主は、「これらのことを知っている」だけでは十分でなく、「それを行なう」ことによって初めて祝福を受けると言われた（ヨハ一三17）。新約聖書によると、真理はただ「知る」（Ⅰヨハ一6――ギリシヤ語原典）ことにあるのではなく、「行なう」ことにある。主の兄弟ヤコブはこの点を明白に記している。

「また、みことばを実行する人になりなさい。自分を欺いて、ただ聞くだけの者であってはいけません」(ヤコ一22)。

真理を行なうとは、そこに記されていることを実行すること、教えを行動に移すことである。簡単のように聞こえるが、実行すべき真理は全く深遠なので、非常に多くのことが要求される。ここで、「みことばを実行する人」の生き方の中で、五つのことについて考えよう。

礼拝

まず礼拝である。真理を知らなければ礼拝できない。パウロはアテネで「知られない神に」と刻まれた祭壇を見つけたが、私たちが知らない神を礼拝するのはこっけいである。私たちが神を知らなければ、その神が私たちにどんな礼拝を望んでおられるかわからないからである。その反対に私たちが生きておられる真の神を知り始めるなら、神を礼拝せざるを得ない。神を深く知れば知るほど、私たちがすべてをかけて仕えるのにふさわしい神であることがわかってくる。神を礼拝するとは、神の御名をたたえ、神のご性格とお働きのすばらしさに対して神に栄光を帰すことである。

「彼らに主の名をほめたたえさせよ。主の御名だけがあがめられ、その威光は地と天の上にあるからだ」(詩一四八13)。

私たちは神の真理を知るからこそ神を礼拝するのだから、つきつめて言えば私たちは、神がご自身を表わされたみことばによって神を礼拝するのである。だから聖書は私たちの公の礼拝にも個人的な礼拝にも欠かすことができない。私たちの公の礼拝には、聖書の朗読とそれに基づく解き明かしや奨励が必要である（ネヘ八8、Iテモ四13参照）。聖書朗読と説教は礼拝のじゃま物ではなく、必須のものである。だから礼拝で聖書朗読の役目を与えられた人は、その個所を理解して読む努力をすべきだし、説教者は良心的にみことばを学び、社会の状況をよく調べて、その両者を関連づける努力をすべきである。神がみことばを通してお語りになり、栄光と恵みに満ちたご自身を明示なさるときに、会衆は真に神の前に頭をたれて礼拝する。

同じ原則が個人の礼拝にもあてはまる。聖書が理解できるように祈る祈り以外に、みことばを読んだあとで、神を礼拝し、祈るべきである。どなたを礼拝するのか、神のご意志に従ってどう祈るべきか、聖書を通して教えられるからである（Iヨハ五14、ヨハ一五7）。

悔い改めと信仰

「真理を実行する人」の第二の特徴は悔い改めである。聖書は神がどのようなお方であるかばかりでなく、私たちがどのような者かも明らかにしている。私たちの罪を示し、私たちがその罪を告白してやめるように教えている。聖書の中にあるいくつかの生き生きとしたたとえが、この真理をさらに明らかにする。神のことばは鏡であって私たちの状態を明らかにし（ヤコ一23―25）、剣であって私たちの心を刺し（エペ六17、ヘブ四12、使二37）、火や金づちであって私たちをきよめ、砕く（エレ二三29）。聖書を読むたびに私たちは神の御声を聞く。

「イスラエルの神、万軍の主は、こう仰せられる。あなたがたの行ないと、わざとを改めよ。」「わたしの前で、あなたがたの悪を取り除け。悪事を働くのをやめよ。善をなすことを習い……」（エレ七3、イザ一16 17）。

「真理を実行する人」の第三の特徴は信仰である。信仰はキリスト者の生活と切り離すことはできない。「信仰がなくては、神に喜ばれることは」できないからである（ヘブ一一6）。新約聖書の中で、キリスト者は「信仰と忍耐によって約束のものを相続する」（ヘブ六12）者だと言われている。ただし、信仰ということばはよく誤解される。信仰とは、どうしても真実でないと思っていることを信じようと努力することではない。真実な神に信頼をおくことである。信仰は真空の中、断絶の中には存在できない。信仰は信頼できるお方を信頼することである。私たちが信仰と知識をあたかも両立できないもののように考えるのは誤りである。信仰は知識に基づくからである。

「御名を知る者はあなたに拠り頼みます」（詩九10）。

私たちは神が信頼できるお方であることを知っているので、神に拠り頼む。どのようにしてか。神はご自身を信頼できるお方として啓示されたからである。聖書に示されている神のご性格と尊いお働きを読み、イスラエルの歴史に表わされている契約に対する神の忠実さを知り、主の「尊く、大いなる約束」（Ⅱペテ一4、協会訳）をいただき、神の約束がことごとく「しかり」となったイエス・キリストを思い、「神には約束されたことを成就する力があることを堅く信じ」た信仰の勇者に目を留めるとき、私たちの信仰は生かされ、養われ、成長するのである（Ⅱコリ一20、ロマ四21）。

私たちが、自分にまつわりつく不信仰を嘆いたり、他の人々の信仰をうらやんだり、自分の信仰は生まれつきの気質のように絶対変化しないと思ったりするのはむだなことである。神は私たちの信仰を厚くする方法を教えておられるからである。

「信仰は聞くことから始まり、聞くことは、キリストについてのみことばによるのです」（ロマ一〇17）。

私たちが信じるためには、時間をかけてよく聞くということをしなければならない。信仰の成長を願うキリスト者は、神のみことばを黙想する時間を持たなければならない。そうするなら、すぐ「聖書の与える忍耐と励まし」（ロマ一五4）が何であるかを知るようになろう。

従順

私たちがみことばを聞くだけでなく「実行する人」である第四の特徴は、従順になることである。従順とは権威に対する服従を示すので、これは今日あまり人気がない。しかし、主イエスは、神のみことばに従ってへりくだった生活をされ、神の約束を信じるだけでなく、神の命令に従われた。私たちが同様にしなければならないことはむしろ当然である。しもべは主人の上に立つ者ではないからである。

イエスはそれ以上のことをされた。昔のイスラエルの人々は神に従うことによって、神に対する愛を表わさなければならなかった。主は、これと同様に、キリストの弟子たちは従うことによって、主に対する愛を証明すべきだと言われた。

「もしあなたがたがわたしを愛するなら、あなたがたはわたしの戒めを守るはずです。……わたしの戒めを保ち、それを守る人は、わたしを愛する人です。……だれでもわたしを愛する人は、わたしのことばを守ります。……わたしを愛さない人は、わたしのことばを守りません」(ヨハ一四15 21 23 24)。

神がみことばの中で、多くの事柄に対するご自身の意志を明確に表わしておられることに対して、私たちはもっともっと感謝すべきではないかと思う。私たちの生活がきよめられる第一歩は、何が神を喜ばせ、どんな行為が神を悲しませるかを知ることである(Iテサ四1参照)。それゆえキリスト者の最もたいせつな志は、「みことばに従って」(Iコリ四6、英訳)生活することである。私たちが確かに神の望んでおられる生活をするためにはそれ以外の方法はない。

このことは私たちの個人的な正しさばかりでなく、社会正義にもあてはまる。神のことばに示されている神のみこころは、私たちの生活の全体にかかわっているからである。神のことばは私たちに、神を愛し、自己を制御し、隣人を愛して隣人に仕えよと教えている。隣人への愛を要求することには様々の意義がある。私たちの隣人はたましいもからだも持っており、神のご意志によって私たちと同じ社会に住んでいる。だから私たちが彼らの肉体的・社会的な福祉を無視するならば、彼らを愛しているとは言えない。

ユダヤの預言者たちが、現実の問題に適用させながら詳しく神の正義を述べていることはすでに見てきた。家庭、市場、法廷、農場――それが正義の実行されなければならない場所であった。どこかで不正が行なわれると、そこに神のさばきが下った。預言者たちは不正な者、不正な計量器で人をだます商人、家と家、畑と畑とをくっつけて、どこまでも自分のものにしようとする強欲な土地所有者、悪い金持ちからわいろを取って公義を曲げ、貧しい正直者を断罪する高級公務員、貞節を守らないで神聖な結婚や家庭を破壊する夫、高利貸、臣民に奉仕しないで圧迫する王などに対して、恐れることなく、のろわれた者ときめつけている。それに反して、実際的な知恵を多く含んでいる箴言は、正直、勤勉、寛容、謙遜、貞節、正義などを賞賛している。

使徒たちもその手紙の中の倫理に関する教えの部分で、社会正義を強調している。夫と妻、親と子、使用者と使用人の関係は互いにどうあるべきかを述べている。パウロは、キリスト者の社会に、個人崇拝的な徒党、訴訟、不道徳などがあるのを許しているという重大問題を暴露している。うそつきは正直に語ることを学び、盗人は自分の手で働いて、困っている人を助けることができるようにならなければならない。すべての苦々しさ、怒り、悪口、悪意などは捨て去るべきである。キリスト者は親切、柔和、寛容、忍耐を身につけ、また主が言われたように、敵までも愛しまた仕えるべきである。ヤコブはキリスト者の交わりに階級差別がはいり込むのを痛烈に非難し、自制しない舌、しっと、利己的な野心などを激しく責めている。彼の手紙の最後で、まるで旧約聖書の預言者のように、金持ちのぜいたくな生活や、その農場で働く人々をだましていることを非難している。

現代の複雑な社会問題について、聖書が直接には触れていないことも確かに多い。しかし原則は明示されているので、キリスト者は責任ある判断を下さなければならない。たとえば戦争、暴力革命、公害、ポルノ問題、貧困、政治論や経済理論などについて、聖書に基づくキリスト者の意見を出す努力をし、そのために苦しむ覚悟も必要である。

あかし

神のみことばを実行する者の第五の特徴は、あかしである。私たちは神の真理を隠しておけないし、ひとり占めもできない。神の真理を受けることについて目が開かれたのなら、それを他の人々に宣べ伝えなければならないことを私たちは知っているはずである。私たちは「神の奥義の管理者」、神の秘密をゆだねられている者である（Ｉコリ四1）。私たちが知っているキリストのことをあかししなければならない。しかし、この奥義を知らなければほんとうのあかしはできない。

あかしということばの意味は低俗化してしまい、宗教的な体験談をちょっと述べることのように考えられている場合が多い。しかしキリスト者のあかしとは、キリストをあかしすることである。私たちのあかしするキリストは、私たちが個人的に経験するキリストだけではない。歴史的なキリスト、使徒によってあかしされたキリストでもある。それ以外のキリストはいない。だから聖書があかしをさせるなら、そのあかしはまた聖書からくるあかしなのである。

そういうわけで、聖書はキリスト者の日常生活に重要な関係を持っている。神の啓示によって、私たちは神を礼拝し、神の警告によって悔い改め、神の約束によって神を信じ、神の命令によって神に服従し、神の真理によってあかしするのである。聖書なくしてキリスト者の生活はあり得ないと言っても過言ではない。確かにこの世界には文盲で聖書を読むことができない人々も多い。また読むことはできるが、文化的背景、機械文明の発達あるいは生来読書ぎらいだというような理由で、聖書を読まない人、少ししか読まない人もいる。では彼らはキリスト者になることはできないのだろうか。そうではない。それは言うまでもないことである。何かの理由で聖書を読まず、みことばを考えることがないなら、その人々は霊的に貧弱になってしまうだろうと言わざるを得ない。しかし彼らも先に記したような方法、すなわち説教、グループ聖書研究、ラジオやテレビ、個人的なあかしなどを通して神のみことばを聞くことはできるはずである。いろいろなことはあるにしても、神のことばは私たちにとって不可欠である。主イエスは申命記を引用して、そのことを疑問の余地がないようにしておられる。

「人はパンだけで生きるのではなく、神の口から出る一つ一つのことばによる」（マタ四4。申八3の引用）。

私たちの肉体に食物が必要なのと同様に、私たちの霊は神のことばを必要としている。私たちは神のことばなくして文字どおりいのちを保つことも、健康を保持することもできない。神は、みことばによって私たちの中に霊的ないのちを植えつけてくださる（ヤコ一21、Ⅰペテ一23―25）。また同じ神のみことばによって、神は私たちを教え、造り変え、養い、励まし、力づけてくださる。神の人は神のみことばによってのみ成長し、「すべての良い働きのためにふさわしい」者へと成熟していくのである（Ⅱテモ三17）。

あとがき

本書の著者ジョン・R・W・ストット氏は、ロンドンの都心部にある英国国教会オールソールズ教会の牧師としての重責をになうかたわら、超教派的な聖書通読運動（SU）や学生伝道（IVF）に積極的に協力し、それらの会長等の要職を歴任され、また、国際的な諸会議で聖書講解をされ、あるいは、福音主義の立場の弁証のために立つなど、広く全世界のキリスト教会の中で用いられている方である。

同氏の聖書講解は、明確・綿密・率直であり、深い霊的洞察力とともに適切な現代への適用を含むことで知られている。本年六月の京都における日本伝道会議で使徒の働きの数章の講解をされたときの感動を、なお生き生きと覚えておられる方も多いと思う。

私は以前SUの国際会議でお会いしたこともあって、伝道会議での通訳をさせていただいたが、その間主にある親しい交わりをいただいた。そこで、長い間準備中であった本書の日本語版についての助言と委任をいただくことができた。原書にある英文の参考書の説明は、著者の指示によって省いていることも付記したい。本書は、英語圏だけでなくいくつかの国語に訳され、広く読まれているが、私たちは、この書が日本においても同氏の序言に語られているような意味で広く用いられることを信じ、またそれを願っている。

翻訳は、原著出版の一九七二年二月岩井満氏によって短期間のうちになされた（第七章は舟喜晃子担当）ものを、その後出版の遅延する中で、私が全体につき原文と照合し必要な個所に手を加えた。それで最終的に、舟喜、岩井共訳としたわけである。編集印刷等については、聖書同盟事務室の諸兄姉、いのちのことば社出版部、業務部の方々の行き届いた協力をいただいた。以上のことを付記して感謝の意を表したい。

舟喜順一記

聖書理解のための
ガイドブック

1974年11月10日　初版発行
2022年 8月 1日　改訂15刷

著者　ジョンR.W.ストット
訳者　舟喜順一
　　　岩井満

発行所　一般社団法人 聖書同盟
〒214－0013 川崎市多摩区登戸新町 432－304